JN207388

仲上 哲 Nakagami Tetsu

格差拡大と日本の流通

文理閣

は し が き

　今世紀最大の世界経済危機であった2008年のリーマンショックから回復する過程において、さらにはこれが一段落した近年にあって先進諸国で進んだことは次の2つである。1つは、この時期において継続された新自由主義的経済政策によって先進諸国内での国民間の経済的格差が広がったことである。2つはこれによる国民の不満を国外事情に向けることを意図した政策が推進されたことである。アメリカ第一主義を掲げるトランプ政権の政策やイギリスの国民投票によるEU離脱の選択といった自国第一主義が公然化した。この2つは絡まりながら次のような影響をもたらす。保護主義的貿易政策は、自国の利益を向上させる以上に輸出産業の不振や輸入品価格の上昇といった不利益を先行させることになる。こうして所得低下や物価上昇の影響を受ける低所得者層が増加し、国民間の経済的格差が促進されることになる。他方で自国第一主義によって促進された政治的右傾化、移民排斥機運の高揚、社会の寛容さ喪失に見られる国民間の分断と社会的閉塞感の強まりは、経済的格差に不満を持つ国民の間に保護主義政策を許容する状況を醸成させることになる。

　日本ではどうか。近年はあまり聞かれなくなったアベノミクスのかけ声ではあるが、長期に実行されたにもかかわらず、デフレ基調の経済は続き消費は停滞したままである。被雇用者所得は減少し、第4次産業化への対応の遅れなど成長産業分野の創出にも失敗しており、日本は先進諸国の中でも最も成長できない国となっている。しかもこの先、保護主義的貿易政策を主内容とするアメリカ第一主義と、途上国でのインフラ建設などを積極的に進める中国の拡張主義の影響によって、従来以上に日本経済の成長は困難になることが予測される。この状況に加えて、巨額の財政赤字が世代間の利害対立の問題にすり替えられながら、国民負担の増加と社会保障の切り捨てなど公共サービスの後退が推進されている。

　成長神話を根拠にしたトリクルダウン効果は現れず低所得者層が増え続け

ていること、財政赤字を理由にした国民負担の増加と公共サービスの後退が
国民の生活不安を高めていること、これがこの間の日本で顕著になっている
事態である。その結果、日本の消費は急速に縮小し、その停滞状況は底堅い
ものとなり、流通と商業にとっての存立基盤である消費が損壊されつつある
と言わざるを得ない状況にある。

　以上のような状況において本書が刊行される意味はどこにあるのか。拙著
『超世紀不況と日本の流通－小売商業の新たな戦略と役割－』（文理閣、2012
年）では、消費の縮小とデフレに対処する日本の流通と商業の対応について
論じた。その後、先に見たように、国民間の経済的格差拡大の実質的な内容
である低所得者層の増加が進み、公共サービスの後退を背景に進む国民の生
活不安が高まっている。この状況に鑑みるならば、流通と商業に対して従来
以上に求められるようになった役割としての公益性について、その実態を把
握し内容を検討する必要が生じている。本書はこの課題に応えようとするも
のである。

　本書の特徴は、流通と商業の具体的な対応として、次の2つのことがらに
焦点を当てながら考察と論述を進めていることにある。

　1つは、所得の低下を前提とした消費者の価値観や購買行動に関するこの
間の変化内容から分析を始めていることである。この消費者行動にかかわる
変化内容のおもな特徴として、値頃感の重視、ライフスタイルへのこだわ
り、利便性や時短の追求などがあげられる。これらは現在の日本の消費者の
多数が固着する低所得者層の範囲内での小差を発現させているような状態で
あるとは言え、これに対応することが現在の日本の流通と商業に求められて
いる。

　2つは、流通と商業の公益性に焦点を当てたことである。行政による公共
サービスが後退させられる中で、国民負担の増加と生活不安の高まりの影響
を大きく受ける低所得者層を対象にする活動へと流通と商業の重点がシフト
している。本書は、プライベートブランド商品の多層的な提供、インター
ネット利用販売の進展、コンビニエンスストア店舗や物流システムおよび大
型商業施設の生活インフラとしての利用などを対象にしてこの状況を検討し
ている。

　本書出版の経緯について簡単に述べておく。出版を意図した2018年4月時点の当初計画では、本書は2018年度刊行の阪南大学叢書に応募し2019年3月に出版する予定であった。しかしながら5月に博士学位の請求を視野に入れた刊行を検討した結果、新たな章を追加して出版も1年延期することにした。ところが6月末、筆者が重い病を患っていることが判明し、7月より延命を目的とした治療を始めることになった。7月に『阪南論集 社会科学編』（第54巻第1号）に投稿した本書終章の初出論文に、8章構成案の追記を執筆し、またこの論文中で既発表論文を関連づけつつまとめようとした。しかしこの記述内容だけでは上手く表現できないと悟り、当初計画に戻した出版を優先することにした。延命の期間などに配慮しながら作業を進めざるを得ず、索引の作成や巻末での参考文献の提示は割愛した。資料も最新情報に変更できないままのものが残ることになった。これらの点はあらかじめお断りしお詫びしておく。

　本書を刊行するにあたり、多くの方々にお世話になり、また励ましていただいた。この場でお礼を申し上げたい。本書の特徴や学術的な意味内容について、若林靖永先生（京都大学）と佐々木保幸先生（関西大学）から貴重なアドバイスをいただいた。また流通研究会の佐久間英俊先生（中央大学）、森脇丈子先生（流通科学大学）、田中彰先生（京都大学）、杉田宗聴先生（阪南大学）、宮﨑崇将先生（追手門学院大学）には、本書に所収された各章の初出論文のすべてをその執筆過程において検討していただいた。日本流通学会会長の江上哲先生（日本大学）、事務局長の堂野崎衛先生（拓殖大学）、前会長の樫原正澄先生（関西大学）をはじめ、同学会の諸先生方には発表や研究上の交流を通じて大いに刺激を与えていただいた。とりわけ海外視察調査は有意義であった。野崎俊一先生（京都外国語大学）、大石芳裕先生（明治大学）、井上真里先生（日本大学）、坂爪浩史先生（北海道大学）、木下明浩先生（立命館大学）をはじめとしてご同行下さった諸先生方には大変お世話になった。

　筆者が勤務する阪南大学流通学部では、学部長の大村邦年先生、副学部長の平山弘先生、井上博先生をはじめとする諸先生方から担当授業や校務への配慮をしていただいた。また本書の初出論文のほとんどが『阪南論集 社会科学編』に発表されている。阪南大学学会運営委員会および事務局の皆様に

はお手間を掛けていただいた。筆者の恩師である故上野俊樹先生の門下が集まる現代社会研究会の上瀧真生先生（流通科学大学）、麻生潤先生（同志社大学）をはじめとする諸先生方からは長年の交流を通じて研究活動のあり方を教わった。

　本書の出版作業を手伝って下さった加賀美太記先生（就実大学）、下門直人氏（京都大学大学院）の協力がなければ本書は刊行できなかった。筆者が病気と治療で思うように作業が進まない状況にあって、お二人には原稿の内容点検や校正など多くの作業をしていただいた。また先述したように、本書は刊行時期や叢書刊行助成などについて変更を繰り返した。末尾になるが、このような状況で快く出版をお引き受けいただくばかりか、その作業を見守って下さった文理閣の黒川美富子代表と山下信編集長に厚くお礼を申し上げたい。

格差拡大と日本の流通

目　次

序章
本書の問題意識と対象および課題

I　問題意識

　2008年リーマンショック後の日本では、国民の所得格差をはじめとして、様々な格差が拡大した。所得格差拡大の内容の根本は、1990年代半ばから継続される雇用破壊の影響によって低所得者層が増加したことにある。また新自由主義的経済政策によって社会保障や公共施策は削減され続けている。

　このような状況に対応する流通とりわけ小売商業の活動内容と新たな役割に関して、考えなければならないと思われる問題が2つある。

　1つは競争活動の変容についてである。雇用破壊とも言われる事態が進められた結果、低所得者層が増え続けた。これに対する小売商業の主要な方策は低価格商品を提供することになるが、ただ品質を引き下げて低価格を達成するだけでは不十分であり、高付加価値化や利便性の提供を低価格化と両立することが必要であり、そのためには高コストが必要とされる。雇用破壊の目的である搾取と収奪の強化の結果としてもたらされた貧困化に対して、小売商業が行い得る有効な競争は、高コストを賄うための何らかの原資を他から入手することによって可能となる。これが収奪によってもたらされるのであれば、収奪の連鎖が広がり、さらに収奪が強められるように競争が変容していると言える。

　もう1つは社会と経済という小売商業の存立基盤そのものの損壊が進んでいることについてである。社会保障費の国民負担増加および公共施策やインフラの維持後退は、可処分所得の低下や公益サービスにかかわる利用者の自

己負担の増加などをまねき、消費を縮小させることになる。流通にとって不可欠な消費という存立基盤が失われることを防ぐための活動を流通と小売商業が自ら肩代わりしなければならないという事態が進行しており、これに必要なインフラなどのコストの拠出が求められている。

　以上のような状況の下、競争の原資を他から入手できる主体とできない主体との間で、また施設やネットワークといった事業活動の基盤を構築・維持し、これをインフラの代替として提供できる主体とできない主体との間で格差が拡大することになる。社会の格差は、流通過程で活動する主体間の格差を生み、生産と消費の結合という流通の本来の活動が展開されるべき基盤を不安定にすることになる。

Ⅱ　問題の背景と対象

　流通と小売商業にかかわる競争の変容と存立基盤の不安定化が生じた背景には、リーマンショック後の不況の継続とデフレ再燃およびこれへの対処政策として推進された安倍政権の経済政策（以下通称であるアベノミクスと表記）の推進がある。2012年から進められたアベノミクスの下でも次のような事態が進行することになった。

　社会的には格差が拡大し、財政面では社会保障および公共施策が後退させられ、低賃金の若年労働力の不足といういわゆるミスマッチをおもな要因とする人手不足と、低収入ゆえの副業従事者が増加した。このような経済的不自由さが拡大することで、消費と購買行動はいっそう縮小する傾向にある。高機能をともなう白物家電人気の回復、自宅で安く済ませる家飲み、生活の一部にこだわりを持つライフスタイル優先型の消費性向、時間短縮生活の志向、購買行動をネット通販へシフトさせることで安さと便利さを志向する消費性向などにその傾向が現れている。

　これに対応する流通と小売商業では、物販にとどまらない活動が進展している。製造・卸・サービスの境界を超えた活動が活性化していること、消費提案や体験型の消費が重視され、これが差別化の重要な方法とされていること、コンビニエンスストア店舗や商業施設の公益性の高まりや買物支援への

貢献など生活インフラとしての利用が期待されていることなどである。

　本書は、リーマンショック後の日本の流通において進展しているこのような小売商業の活動を考察の対象とする。

Ⅲ　対象の設定と課題の整理

　先述した2つの問題意識の背景には不況と雇用破壊、格差拡大といった社会および経済状況があり、この状況下で活動する流通と小売商業の対応を分析することが本書の課題である。この課題をはたすために、流通と小売商業にかかわる次の3つの特徴について評価を試みる。

　特徴の1つは、不況とデフレ再燃への対処の結果として、諸経済主体にとって小売起点の対応が重要視されるようになり、小売商業が製造・卸・サービスの分野へ進出するなど、従来の領域を超えた活動を活性化させていることである。つまり売れない状況で消費に近い位置で活動する小売が起点となるサプライチェーンが多くの分野で進展していることである。経済主体間の関係としてとらえた場合、これは小売へのパワーシフトとして認識される。

　特徴の2つは、不況で消費が低迷するばかりか、雇用破壊による所得格差の拡大の主因である低所得者層の増加に対応するための手法が強化されていることである。これは格差拡大に対応しながらも、提供される商品の特性や利便性の提供など競争手段のすべてを変容させることになる。つまり、雇用破壊による貧困化、所得低下、副業従事などに対応できるように低価格高付加価値商品や時短に役立つ商品を投入すること、買物の利便性を高めて提供することがこの競争手段の優先的な内容となる。この対応は、経済状況の変化が流通と小売商業の競争方法と競争手段の再編成を促進した結果として生じた事態であるが、小売商業はこれを自らの生き残り策として追求している。

　特徴の3つは、新自由主義的経済政策が遂行されることで、社会の公益性が後退させられ、消費者の生活基盤が脅かされていることにかかわる。流通と小売商業にとって、このことは資本としての存立基盤である消費が損壊さ

せられかねない事態である。それゆえこれに対処するため、流通と小売商業は自らがコストを負担してでも買物支援やインフラとしての貢献などといった公益を分担し、競争とは一見無縁に見える公益性に関与することになった。つまり小売商業は自らの存立と競争の基盤を支える機会を増やさざるを得ず、社会的コストを負担してでも公益の提供をはたすという新たな役割を担うようになったのである。

Ⅳ　本書の構成

　以上のような問題意識と課題の領域を持つ本書の構成は下記のようになる。第1章「格差拡大社会における流通の役割」と第2章「小売商業主導のサプライチェーン」では、諸資本の競争の状況と活動領域の変化について論じる。第3章「プライベートブランド商品の多層的配置」、第4章「消費縮小状況における流通チャネルと流通機能」および第5章「ライフスタイル対応小売業」では、競争の手段に関する変化について事例にもとづく分析を試みる。さらに第6章「流通の社会インフラ化」と第7章「総合小売業の公益性」では、流通と小売商業の社会的な存立基盤にかかわる新たな役割について論じる。

　第1章から第7章では、リーマンショック後の日本の流通と小売商業が従来の領域を超えながら、公益性をはたす機会を増やしつつ、売るための手法を進展させていることが確認される。以上の分析を踏まえて、終章ではこれらをそれぞれ独占概念にもとづいて検討し評価することを試み、これら全体を関連づけた上で、現代流通における競争と独占についての見解を述べる。

付記

　各章の初出は以下のとおりである。

序　章　「格差拡大と日本の流通」第Ⅰ節
　　　　（『阪南論集 社会科学編』第54巻第1号、2018年10月、73-83ページ）
第1章　「格差拡大社会における流通の役割」

（『阪南論集 社会科学編』第51巻第1号、2015年10月、15-32ページ）

第2章　「流通情報化とサプライチェーン統合」

　　　（木立真直・齋藤雅通編著『製配販をめぐる対抗と協調―サプライチェーン統合の現段階―』白桃書房、2013年10月、65-86ページ）

第3章　「デフレ不況期におけるプライベートブランド商品の特徴」

　　　（『阪南論集 社会科学編』第49巻第2号、2014年3月、1-18ページ）査読あり

第4章　「消費縮小状況において小売商業が主導する流通機能の変化」

　　　（『阪南論集 社会科学編』第50巻第2号、2015年3月、21-38ページ）査読あり

第5章　「ライフスタイル対応小売業の展開と役割」

　　　（『阪南論集 社会科学編』第53巻第2号、2018年3月、21-41ページ）査読あり

第6章　「流通の社会インフラ化―実態と評価―」

　　　（『阪南論集 社会科学編』第52巻第1号、2016年10月、63-80ページ）

第7章　「総合スーパーの『脱総合』」

　　　（『阪南論集 社会科学編』第53巻第1号、2017年10月、1-19ページ）査読あり

終　章　「格差拡大と日本の流通」第Ⅱ・Ⅲ節

　　　（『阪南論集 社会科学編』第54巻第1号、2018年10月、73-83ページ）

第1章
格差拡大社会における流通の役割

1990年代初頭にバブル経済が崩壊した後、日本経済は「失われた20年」といわれる長期不況下にある。この間、時間だけが失われ、社会と経済の様々な状況が変化しなかったのではない。経済成長、国内産業、正規雇用、消費者の所得など、実際に失われたものも多くある。その帰結として、デフレ基調の経済の下での所得低下および格差の拡大が進行しており、この事態に対する流通のあり方もかわらざるを得なかった。

本章の課題は、この間に変化し形成された日本の流通の特徴をデフレ支援型と規定し、その活動内容を検討することで新たな役割を見いだすことである。さらにこの役割が、デフレの終結を意図し実行することで経済成長を展望しようとする、アベノミクスの下でも継続せざるを得ないことを解明する。

そのためのおもな対象を、デフレ不況期における大手小売商業の活動におく。その理由は、下がり続ける所得で暮らす消費者に対して、生活必需品を低価格で提供するという、デフレ支援型流通の直接的で表層的な活動内容を有している経済主体の典型が大手小売商業だからである。

以下、デフレ支援型流通に関して、1）新たな規定付与の背景と契機、2）その特徴および事例、3）アベノミクスの下での役割の継続について検討を進める。

I　所得格差の拡大と流通のかかわり

　長期不況下での流通活動は、可処分所得が低下する消費者に対して商品を低価格で提供することにその重点が置かれる。このような流通活動のあり方は、低価格販売政策それ自体以上に何か意味があるとすればどのようなことであろうか。格差が拡大する背景や主要な契機との関係と絡めつつ、増加する低所得者層に対して流通が活動を通して関与する形態について予備的に考察しておく必要がある。

1.　先進国内部での所得格差拡大の2つの契機

　近年、主要先進諸国における所得格差の拡大が顕著になっている。これには世界史的な2つの契機が関係している。

　1つは世界経済における先進国の相対的な地位の低下にかかわる。1970年代半ばのオイルショックを端緒とする世界不況をへて、先進諸国の経済は戦後の高成長から低成長へと移行した。他方で途上国の中から韓国や台湾、メキシコといったNICs、さらにはBRICsと称される新興諸国が生産拠点ならびに市場として台頭してきた。先進諸国と途上国との間で隔絶していた経済格差が接近することで、かつての南北間に存在した格差が、先進国内部での経済状況に波及移転することになった。先進国内で有力な投資先が減少するだけでなく、先進国の雇用条件および賃金水準がグローバル競争下での新興国の水準に太刀打ちできず、先進国の水準をこれに近づけるか職を喪失するかという事態が生じた。

　2つは冷戦の崩壊による対立軸の転換にかかわる。1989年のベルリンの壁崩壊に象徴的な戦後冷戦体制の終焉によって、資本主義先進諸国は社会主義的諸国への対抗政策として掲げた平等な所得分配や社会保障を通じた再分配政策を維持する必要性を低下させることになった。こうして計画経済、福祉国家、需要創出といったケインズ主義的経済政策が後退させられ、支配的な経済主体が自由な利得を優先させる新自由主義的経済政策が重視される状況に拍車が掛けられることになった。

2. 長期不況期における日本の状況

　新自由主義的経済政策を先駆的に採用したアメリカとイギリスに後れながらも、1980年代の中曽根政権の臨調行革から、バブル経済崩壊をはさんで2000年代前半の小泉政権にいたる過程で日本でも新自由主義的経済政策が採用されるようになった[1]。経済活動の過当な競争を抑制してきた規制が、自由な競争という理念に基づいて次々と緩和された。労働法制の改定や大店法の廃止も同様にすすめられた。

　新自由主義的経済政策の基本理念は自由な競争である。低成長期にあってパイが増えない中では、限られた利得をいかに早く手に入れるかがすべてとなり、そのための制約はできるだけない方が良いとされる。強いものが先んじて多くのパイを手にするため、多数の弱者は残された少ないパイに甘んじることになる。

　1990年代の「失われた10年」にあって、バブル経済崩壊後の不況から回復する手段として新自由主義的経済体制への移行が進められたが、この帰結は一部の大手輸出メーカーにとっての好況と多数の非正規労働者を生み出すことになった。経済成長は期待できず、新興国との競争上優位に立つための技術革新を待てないばかりか、新商品もすぐに真似されて価格競争に巻き込まれる中で、利益を確保するには労働コストを節減することが企業にとって手っ取り早い競争手段となった。こうしていびつな景気回復と経済の低成長あるいはマイナス成長下での格差拡大がもたらされた。

　大企業と中小零細企業との格差、富裕層と低所得者層との格差が拡大した。国民の所得構成は低所得者層が増加し中間所得者層が減少することになった。2014年には年収200万円未満の被雇用者が20年ぶりに、1,000万人を突破したように、日本の格差拡大は低所得者層の増加によって顕著となっている。

　低所得者層が増加することで、貧困化とも言える消費制限が問題となっている。所得が減少しても、社会保障費等は減額されず、可処分所得が著しく減少する。なかでも日常生活費の節約が目立つが、自動車関連や通信費などの大手経済主体から提供される費目はむしろ増額する傾向にあって、食費や身の回り品の節約や買い控えが顕著となる[2]。勤労者世帯は所得で収奪され

ながら、再分配で調整がなされるのではなく、さらに国家と大企業から逆に再収奪されているという実態が読み取れる。

　所得低下を引き起こした主たる原因は、雇用破壊ともいうべき事態が進められたことである。1999年の法改定で派遣労働が原則自由化された結果、非正規雇用者が急増した。正規労働者に比べて、低賃金で（図1-1参照）昇給昇進がなく、短期雇用でしかも単純作業に従事させられる働き方は、採用する企業にとって労働コストの節減のみならず雇用調整に適している。パート、アルバイト、契約社員などを含む非正規雇用者は、2014年には日本の全雇用者の30％を超え2,000万人を突破した。

　日本においても新自由主義的経済政策への転換によって、雇用破壊が推進された結果、低所得者層が増加し、所得格差と消費制限が問題となっている。

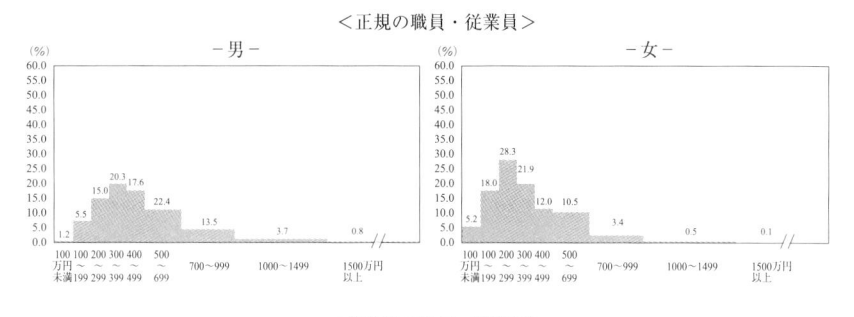

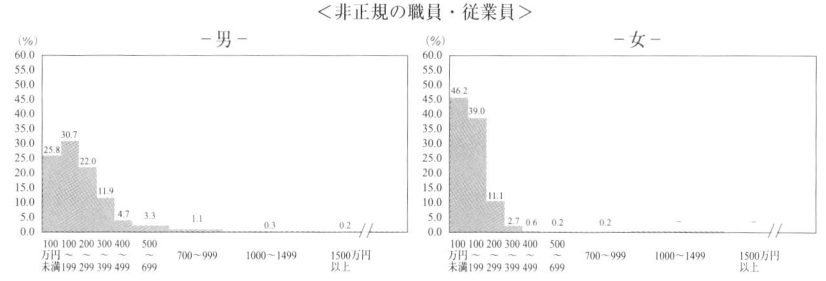

図1-1 正規、非正規の職員・従業員の仕事からの年間収入階級別割合（2014年）
注）1. 割合は、仕事からの年間収入階級別内訳の合計に占める割合を示す。
　　2. 仕事からの年間収入階級のうち、「500〜699万円」以上は、階級幅が異なるので注意が必要。
出所）総務省統計局「労働力調査（詳細集計）平成26年（2014年）平均（速報）」、平成27年、4ページ。

3. 格差と流通の関係

　消費制限が引き起こされるほどに、現代の貧困ともいうべき格差が拡大することに対して、流通はどのように対処できるのか。拡大する格差によって引き起こされる消費制限に対処する流通活動の役割という視点からこの問題を見てみる。

（1）格差と流通

　格差拡大社会で問題とされる格差とは正確には経済的格差であり、その中心は所得格差のことであると確認しておく。格差は直接的に分配される所得の多寡によってもたらされる貧富にかかわるからである。現在の格差は、低所得者層の増加によって、貧富の拡大が際立っていることに主要な問題がある。

　他方、流通は消費者に消費対象を提供することをおもな活動としており、これによって流通は所得と関係し、提供する商品の価格帯や品質、さらにはその売れ行きなどを通じて所得格差がもたらす貧富と関係する。よって食品や生活用品などの具体的な消費対象を提供することを通じて、現実の貧困状態を緩和することも格差と貧富に対する流通からの関与の形態であり、また副次的には、奢侈品などを提供して格差の意識を解決あるいは緩和することも格差と貧富に対する流通からの関与の形態である。

（2）広がる格差への対処法

　拡大する所得格差を解決する方法として、①経済成長によってパイを大きくすること、②税制による所得の再分配、③福祉と社会保障による救済、④富裕層から貧困層へのトリクルダウン効果といった政策が、一般的には採用あるいは期待される。しかしながら、低成長どころかマイナス成長の状況下にある日本では、経済成長は安易に期待することはできない。新自由主義的経済政策では、所得税の最高税率引下げや大企業優遇税制の導入が企図され、累進課税が回避される傾向にある。自立自助の理念によって福祉の諸制度は後退させられている。日本の社会保障は高い保険料ゆえむしろ低所得者層ほど負担が増す逆進的な性格を有している。トリクルダウン効果にいたっ

ては、いったん大企業や富裕層に富を集中させることになるが、それが低所得者層に滴り落ちなければ逆に格差が拡大することにしかならない[3]。

　よって考えられる範囲で実行可能な対処は、拡大する所得格差にあっても低所得者層が生活に困難をきたさないように緩和する政策を講じることである。具体的には、所得低下を前提にしたうえで生活必需品を低価格で提供することである。こうして格差拡大への現実的な対処として、物価水準の抑制が不可欠な要素となってきた。流通にかかわる諸企業にとっては、商品を低価格で販売することが自らの生き残りを図るための手段であるが、日本の経済状況への貢献という視点からすれば、商品を低価格で提供することによって、結果的に労働の低コスト化を支援する活動を展開してきたことになる。つまり新興国との競争に負けない賃金水準への切り下げを目指して実行される雇用破壊、これによって創出される所得低下にともなう貧困化をスムーズに緩和させるという支援を行うことで、流通にかかわる諸企業は支配的な経済主体の利得獲得に貢献してきたことになる。

(3) 消費者物価の下落とデフレ

　日本経済は消費税率引き上げの翌年1998年頃より長期のデフレ基調にある（図1-2参照）。デフレとは物価の下落が常態化することである。バブル経

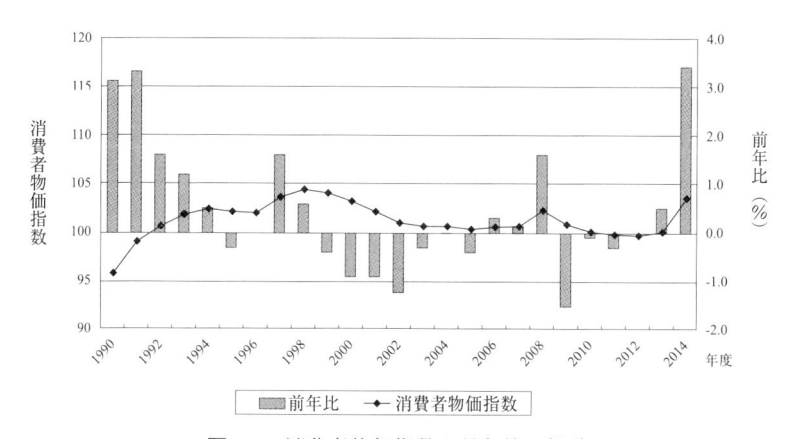

図1-2　消費者物価指数と前年比の推移

注）物価指数は2010年度を100とする。
出所）総務省統計局「消費者物価指数年報」各年版より作成。

済崩壊後に生じたいわゆる価格破壊によって物価の下落が始まった。その後、過剰商品の処分売りが終結した1996年頃には景気の回復も見られたが、翌年からの消費税率引き上げや雇用破壊の進行と重なるように、物価下落が常態化しデフレ状況が出現したのである。

　つまりそこには、次のような事態があった。不況からの回復を目指して、企業はコスト節減策として賃下げを引き起し、所得低下をまねき低所得者層を増大させた。低所得者層の節約的志向に対処するため、売られる商品は価格帯が見直されるか、何らかのコスト見直しによって低価格で販売される。低価格商品で生活できるので、賃下げが再び行われることが容易になる。このようなスパイラルによって物価の下落が常態化し、デフレが誘発されたのである。流通はこのスパイラルの中で、デフレを媒介する活動を行ってきた。次節ではこのような状況で活動する流通の役割をデフレ支援型と規定した上で、これの考察を進める。

Ⅱ　低価格商品を提供するデフレ支援型流通の規定と事例

1. デフレ支援型流通の規定
（1）小売商業の販売様式の変化と流通の特徴および役割

　すでに見たように、1970年代以降の主要先進諸国の経済成長低下や冷戦体制の崩壊などを背景に、新自由主義的経済政策が推進され、日本でも1990年代のバブル経済崩壊とその後の長期不況からの回復を目指す中で、労働コストの節減が急進展させられた。流通活動もこれを支援するものへと変化したのであるが、これはそれ以前の特徴と比べてどのような変化であったのか。

　高度成長期に形成された近代的な流通の特徴は、大量生産された消費財を安定的に大量販売することであるが、これには2つの側面がある。1つは量的な安定性であり、もう1つは価格の安定性であった。大手総合スーパーチェーンが全国展開することで、サプライチェーンが整い安定的な商品提供が可能となったことはもちろん、当初はメーカーごとにばらつきがあった定価や地域間で開きが大きかった価格が、次第に同一の値頃感水準に収斂し、

消費者の間で一般的な値頃感水準が全国的に形成された。図1-3は、消費者が持つ商品の価値および価格に対するこだわりにもとづく消費スタイルとそれに対応する主要な業態、およびこれらによって措定される値頃感水準を示した概念図である。近代的流通はこのような2つの安定性をもって商品流通に貢献した。

　オイルショック後の低成長期には、売れない時代が始まった。売れない時代の始まりに対して、売れるアイテムだけでも確実に売ろうとする販売政策が重視された。多品種化で消費者ニーズにアピールし、売れるアイテムを見つけ出して素早く特化する、無駄を排除した効率的な流通の追求が開始されたのである。つまりこの時期の流通は、消費者ニーズを探索する中で商品価値を高め、売れるアイテムを確実に取り揃え売り方の価値を高めることによって商品流通に貢献した。

　このようにバブル経済が崩壊して価格破壊が始まるまでは、商品の量的安

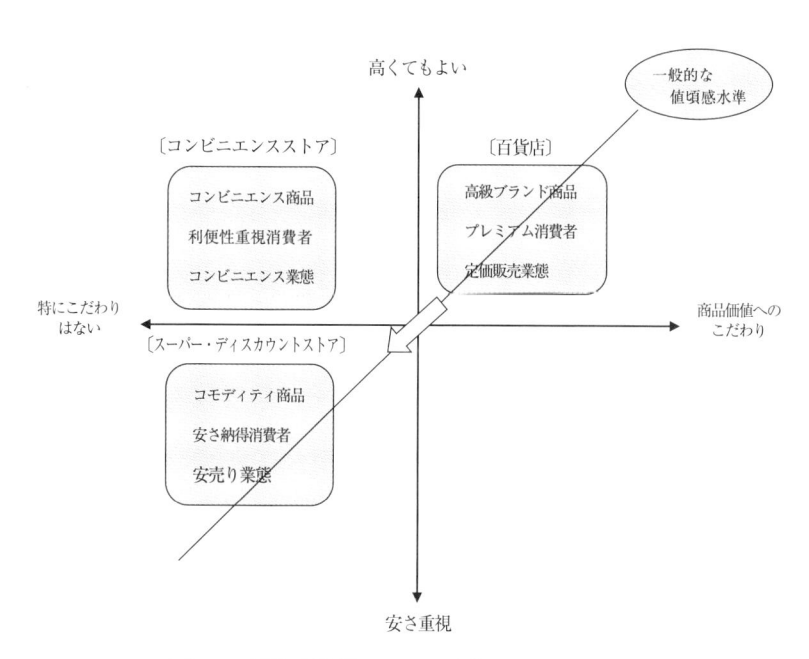

図1-3　価格破壊期における消費スタイルの重点移動

出所）野村総合研究所（2005）を参考に作成。

定性、適正価格での提供、消費者ニーズへの価値対応といった、消費生活を
豊かにすることを基本とする本来の流通の役割がはたされていた。

　しかしながら1990年代のバブル経済崩壊を境にその活動に変化が見られ
る。長期不況期は、概して低価格販売が優先されたことに特徴を見ることが
できるが、当初の消費不況期とその後のデフレ不況期という、直接の契機も
特徴づけも異なる2つの時期に区分できる。

　バブル経済崩壊直後は、過剰商品の処分対策として、劇的な低価格販売が
行われ、これは価格破壊と称された。ここでは、低価値商品を低価格で販売
するということが重視されたが、過剰商品問題の解決に助勢することがその
契機であった。こうして形成された値頃感は、図1-3の値頃感水準上を左下
に移動しただけであって、デフレが生じたわけではない。

　しかし過剰商品の処分売りが終結した後も、過剰雇用への対策は継続され
た。労働コストを節減するため、ベースアップの凍結や非正規雇用への置き

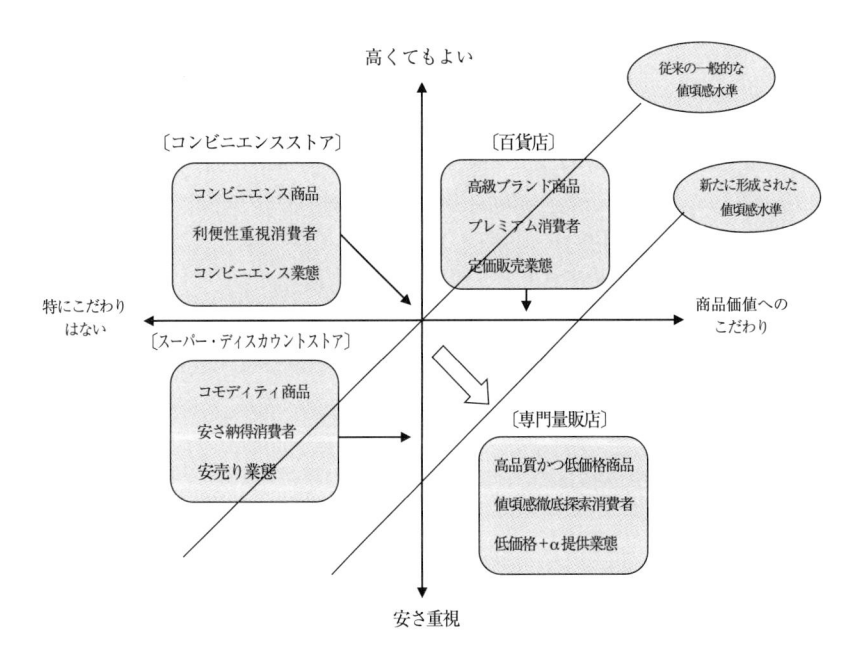

図1-4　デフレ不況期における値頃感水準のシフト

出所）野村総合研究所（2005）を参考に作成。

換えが進められ、可処分所得が著しく減少することになる。消費不況下で始まった価格の下落が、雇用破壊によって継続されることになった。価格が継続して下落するため、消費者はデフレを期待する買い控え行動や安いだけでは購買しない行動をとるようになる。こうして、高価値商品の低価格化あるいは低価格商品の高価値化がはかられることになり、図1-4に見る新たな水準へと値頃感水準そのものがシフトする。小売商業は、この水準に照らして低価格＋αの商品を提供することが求められ、これがデフレ不況期の流通活動の基本的な特徴となる。

　では、上記のような特徴を持つ長期不況期の流通は、客観的にどのような役割をはたしたのかを以下に見る。

（2）デフレ支援型流通の規定と経済および格差意識への関与

　長期不況期の流通の特徴は、商品の低価格提供を実行して物価の下落を開始させることから、さらにはこれを継続させてデフレの進行を支援するというものへと進む。

　これにともない、当初は過剰商品の処分売りから始まる長期不況期の流通の客観的な役割も次の段階へと進むことになる。つまり新自由主義的経済政策の下で雇用破壊によって生み出される低所得者層に対して低価格商品を提供することにかかわる客観的な役割が与えられることになる。その役割とは労働力価値を引き下げることである[4]。

　低所得者層が低価格生活必需品を消費することで労働力を再生産するならば、その労働力の価値は低下することになる。低下した価値に対しては安い価格しか支払われない、つまり支払い賃金が節減されることになる。デフレ不況期の流通はこのように労働コストの節減に貢献しつつ、しかも雇用破壊を社会問題化させないという客観的な役割をはたすことになる。これがこの時期の日本の流通に与えられることになるデフレ支援型流通という規定である。

　日本の流通は、商品を提供して消費を満たすという流通本来の役割から、過剰商品の処分や、労働力コストの節減といった新自由主義的経済政策に貢献することへと主要な役割を転じさせた。消費不況期とデフレ不況期という

2つの時期をへながら、とりわけ後者の時期において、日本の流通は雇用破壊を支える不可欠な要素としての労働力価値の引下げを内容とするデフレ支援という役割を発揮するようになったのである。

　この規定に見合う役割が与えられデフレ支援をできる小売商業とは、収奪した価値を原資に低価格商品を提供できる大手スーパーやコンビニエンスストア、製造小売業（以下SPA）、専門量販店などである。そしてデフレ支援に対して、新自由主義的経済政策の実施主体から、商品輸入の便宜、立地に関する優遇措置や販売および雇用にかかわる法制上有利な判断などが、報賞として与えられる。これについては本節2.における事例の検討を通じて詳述する。

　デフレ支援型流通は、デフレ基調の経済下において商品の低価格提供を継続することで、低賃金労働環境の創出に貢献するが、その際2つの経済的な変更内容が生じる。1つは雇用破壊によって切り下げられた労働力価値しか反映しない商品価値が社会的平均となることである。この低価値商品は低価格帯商品群の大きな層を成しデフレを深刻化させる。もう1つは低価格商品の商品価値が社会の商品価値の平均となり、この低価値商品で再生産される労働力は価値が引き下げられるということである。こうして低賃金労働が創出される。デフレ支援型流通は、この2つの変更内容の後者にかかわることで雇用破壊がスムーズに進むことに貢献する[5]。

　またデフレ支援型流通は、格差拡大を受け入れる意識上の緩和ももたらすことになる。格差拡大の中心的な問題点とは、低所得者層が増大することである。雇用破壊の進展で所得が低下することにより、中間所得者層はそれまでの生活水準で消費していた消費財を購入できなくなり従来の生活レベルを維持できなくなると予測される。この新たな低所得者層であっても、低価格商品が投入されることで同じレベルの生活ができてしまうと、彼らが所得の格差を受け入れることが容易になる。デフレ支援型流通はこのように取り繕うことで格差が拡大するという意識上の条件も与えるのである。

2. デフレ支援型流通の事例

低所得者層に対して低価格商品を提供するデフレ支援型流通の典型的な事

例として、食品や非食品日用品などの最寄り品分野、家電や衣料などの買回り品の分野において展開される活動を取り上げ、その現状と問題点を検討する。

その理由は、労働力価値の基礎的な構成要素である生活必需品消費財がおもに提供されているこれらの商品分野で価格を低下させることで労働力価値が引き下げられ、グローバル競争を優位に進めるための労働コストの節減がスムーズにはたされることになるからである。

以下では、これらの商品分野の代表的な事例として、食品の中でもおもに生鮮食品については低価格輸入食品、加工食品と非食品日用品についてはイオンとセブン＆アイの流通業界2強をはじめとする大手小売商業が提供するプライベートブランド商品（以下PB商品）、買回り品については専門量販店が提供する独自商品をとりあげる。

（1）低価格輸入食品

現在日本の食糧自給率はカロリーベースで40％以下の水準にあり、主要先進国の中では最下位である。1965年の73％から1985年に53％にまで低下したが[6]、その原因は食生活の欧米化によって食肉と飼料、小麦、油脂関連の輸入が拡大したためである。しかし近年の自給率の低下に関しては、国産食品から輸入低価格食品への転換もその原因となっている。日本産の生鮮産品が海外とりわけ中国に持ち出されて栽培され、安く逆輸入されている。また安い原材料と人件費で生産される加工食品などの輸入も増えている。本来国内で生産できるものであっても輸入される理由は、あまりにもかけ離れた国産品との価格差にある。とりわけ1985年にWTOに加盟した中国からの食品輸入量が急増している。

大量に輸入される低価格食品ではあるが、日本国内の安全基準から外れるものも多く輸入されている。農産物からだけでなく魚介類からも残留農薬が検出されている。食肉からは成長ホルモン剤や残留抗生物質が検出され、汚染された土壌で栽培された農産物からはカドミウムやヒ素といった重金属が検出されている。生鮮食品では強い発ガン性を持つカビの付着などが摘発されている[7]。また、日本では認められていない食品添加物が使用された食品

や、遺伝子組み換え食品など、海外で低コスト生産された食品が大量に流入している。

　これらは輸入検査で不合格となる場合もあるが、多くは輸入され国内で流通した後に健康被害を生じさせている。その原因は輸入食品の検査体制にある。図1-5に示されるように、多くの輸入食品は継続して輸入する場合には検査を要しない扱いを受ける。これが全体の9割にものぼる。残りの1割が検査されるが、この場合も輸入業者によってはモニタリング検査など簡略化した措置がとられる。これは本来の食品検疫ではなく、また検査結果を待た

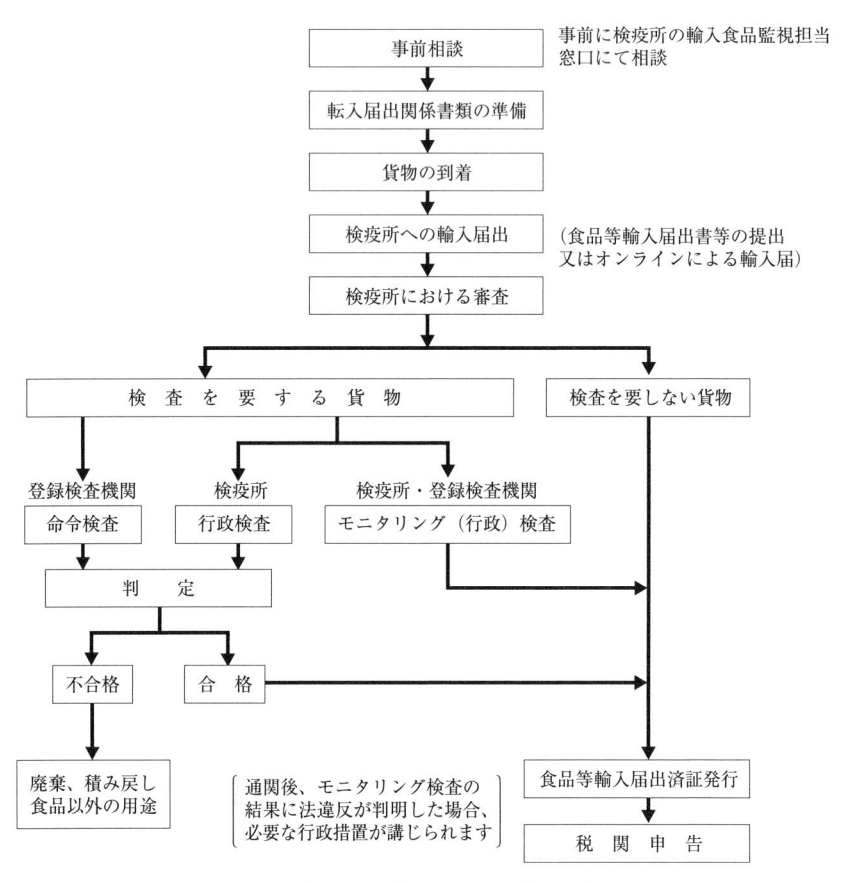

図1-5　食品衛生法にもとづく輸入手続き

出所）公益社団法人日本輸入食品安全推進協会ホームページ（http://www.asif.or.jp/import2.html）

ずに販売することができるものである。本来の食品検疫である行政検査を受けるものは、全体のわずか3%に過ぎない[8]。同様に輸出国内での検査が日本の民間会社に委任されて出荷される場合、日本での輸入検査が省略できることもある。

　このようなずさんとも言える検査体制を残す要因として次のことが考えられる。1つは安全性よりも輸入量の確保を優先しなければならないこと、2つは低価格食料で食品価格を抑制しなければならないこと、3つはこれらに貢献する輸入業者や流通業者に優遇措置を与えなければならないことである。現在の日本ではこれら3つの事情が、消費者の食の安全性よりも優先され、危険性をともなう貧困化が進められているのである。

(2) デフレ不況型プライベートブランド商品

　流通業者が自社企画によって提供するPB商品は、流通業者の粗利益が大きいうえ、ナショナルブランド商品（以下NB商品）からいくつかの機能や価値を簡略化しているため低価格で販売できることに利点がある。そのためPB商品は景気の後退期になるとブームになった。

　2010年頃より、日本では流通業界2強であるセブン&アイのセブンプレミアムとイオンのトップバリュに牽引されるようにPB商品のブームが起きている。これは日本における3度目のPB商品のブームである。1度目は1970年代に2度のオイルショックをへる過程で、低成長経済への移行と物価上昇に起因する高価格NB商品離れが生じた時期であった。2度目は1990年代の価格破壊期に過剰なNB商品の処分売りが行われた後も消費不況が継続する中で、品薄になった安売り商品としてPB商品が支持された時期であった。1度目のブームは1980年代の景気回復によって、2度目のブームはデフレ基調経済下で価格抑制策が講じられたNB商品の復活によって終息した。高価値高価格で販売されるNB商品に対して、価格訴求しかできていないPB商品の側にも問題があった。

　今回のブームの背景にはリーマン・ショック前後の急激な物価変動がある。2007年にアメリカで表面化した金融危機が波及して物価が高騰した。この際は従来と同様に価格訴求型PB商品が支持を集めたが、2008年のリー

マン・ショック後にデフレが再燃し、いっそう深刻な不況が再来した。これを受けたNB商品の投げ売りが引き金となり、消費者の値頃感の水準がより低価格でより価値の高い商品を求める新たな水準へとシフトした。

　このような背景で生じた今回のPB商品ブームの特徴は、それ以前のPB商品の特徴であった価格訴求一辺倒ではなく、高付加価値や高級を特徴とするPB商品が提供されていることにある。さらには、従来にない多層的な商品配置を基礎にした多様化が進展させられていることにある。

　PB商品の多様化の結果生じたタイプについては、エコノミーブランド（基本商品ライン）、クオリティブランド（高級商品ライン）、コンペティティブブランド（超低価格商品ライン）、ライフスタイルブランド（こだわり商品ライン）という4つに分類でき、前3タイプはいわゆる3層構造を成している。

　元々は高価格高価値のNB商品に対して、低価格低価値のエコノミーブランドが対極に位置するという構造が、NB商品とPB商品の基本的な配置であった。しかし商品の価値と価格のバランスである消費者が抱く値頃感の水準がデフレ基調経済下で新たな水準へとシフトすることにともなって、それぞれの商品の訴求内容に変化が生まれる。デフレ不況下の新たな値頃感水準で購入されようとするならば、NB商品は商品価値を維持したまま低価格化することが求められ、エコノミーブランドは低価格を維持したまま高付加価値化することが求められた。この高付加価値化したエコノミーブランドがデフレ不況型PB商品の主要な部分となる。近年のトップバリュやとりわけセブンプレミアムがこれにあたる。高付加価値化したエコノミーブランドに対応するためNB商品は高価格販売に立ち戻ることが難しくなる。高価格高価値のスペースにはNB商品と同等以上の価値を持つクオリティブランドが投入される。エコノミーブランドが移動することで空くことになる元のスペースには価格訴求型のコンペティティブブランドが投入される。さらには特定の機能を特定のニーズを持つ消費者にアピールするライフスタイルブランドの展開が用意されている。

　以上のように多層的にPB商品が展開されているところに、今回のブームにおけるPB商品の急速な進展と定着の可能性を見出すことができる。これ

は縮小する経済と広がる格差を特徴とする日本の社会と経済を前提としたデフレ支援型流通の商品提供として適合的な展開である。しかしそこにはいくつかの憂慮すべき問題もある。

1つは、消費者にとって選択肢が限定されるということである。多層的に提供されるPB商品の範囲内での購入にとどまる傾向が強まり、流通業界2強のような大規模小売商業の大量性とも相まって、それ以外の選択肢が社会から淘汰されることが危惧される。

2つは、デフレ不況型PB商品の典型は高価値商品でありながら低価格で販売されるエコノミーブランドであるが、この高付加価値PB商品が労働力価値の引下げに貢献することである。つまり消費者は自らの値頃感に訴求されるPB商品を消費することで、所得低下を受け入れることが容易になるのである。

3つは、PB商品の多層的な展開が所得格差を前提にして推進され、さらには拡大されるのではないかということである。PB商品の多層的展開はあらゆる所得層の価値欲求にも価格欲求にも対応することで、エコノミーブランドの購入にとどまらない所得層の消費者にも貧困化をもたらすことが懸念される。

4つは、いずれのタイプのPB商品であってもスケールメリットの発揮と製から販へのパワーシフトの進展が提供の条件となっていることにかかわる。中小生産者から調達する場合は直接的に、大手メーカーとの共同提供の場合は原材料の納入業者や商品物流業者から間接的に、いずれかから利益の原資が収奪されており、サプライサイドでの新たな貧困が加速度的に押し進められるのではないかということである[9]。

(3) 専門量販店が提供する独自商品

デフレ支援型流通が提供する商品は、家電や衣料といった買回り品の分野でも登場した。これらはおもに長期不況の下で成長した専門量販店で販売されることになる。買回り品は食品や日用品といった最寄り品に比べて買い控えや節約が可能であるため、所得が減少する不況期には売れ行き不振に陥る傾向が強い。このことが、買回り品を扱う百貨店や総合スーパーの業績不振

の原因ともなってきた。しかし長期不況期にあって、とりわけデフレ不況期でも売上高、利益とも大きく伸ばしてきた専門量販店チェーンがある。ヤマダ電機をはじめとする大手家電量販店やファーストリテイリングに代表される衣料専門店、家具のニトリといったSPAがこれにあたる。

なぜこれらの企業の商品は不況下でも売れるのか。しかもとりわけ低価格販売がいっそう求められて利益の確保が困難になるデフレ不況期にむしろ売上高と利益を伸長させてきたが、どうしてこのようなことが可能であったのか。

デフレ不況期には消費者行動に2つの特徴的な傾向が現れる。1つは所得減少による節約的購買行動である。もう1つはデフレ期待心理による買い控え購買行動である。節約的購買行動に対しては、常にすべての商品がほぼ最安値付近にあるという低価格性を実現していることが不可欠な条件となる。買い控え購買行動に対しては、商品品質の高さと他社商品との差別性および店頭での販売員による接客技術といった、商品と売り方に関する専門性を有していることが不可欠である。

しかし低価格を実現した上で、商品の品質向上や差別化および営業費などにともなうコストを増やし、なおかつ増収を達成することは至難の業である。一部の専門量販店は、どのようにしてこのようなことができたのか[10]。

家電量販店の場合、大手各社の売上高は家電だけで莫大な額にのぼるが、おもなNB商品を相対的に少数の取引相手から仕入れている。買い手市場ではこれが強力なバイイングパワーを生み出す。しかしこのようにして引き出した利益をそのまま値引き原資にしていては、他社も同じメーカーから仕入れた同じNB商品を値引き販売することになり、メーカーも量販店各社も疲弊してしまうことになる。よってNB商品の値引き販売は適度で停止させ、個々の家電量販店がそれぞれに差別化した独自商品を発注取引することになる。これで他社との差別化と、買い取りゆえの低価格仕入れが可能となる。また営業コスト節減を目的として、メーカーに対して無償あるいは低報酬で派遣店員を要請することもある。このように家電量販店が低価格販売を実現するための原資は、直接的にはメーカーから得ているが、それはメーカーが新興国の低賃金労働から収奪した価値を間接的に再収奪したものである。

　衣料や家具のSPAの場合、家電のような複雑な組立加工製品でないゆえ、自ら製造過程に進出している。店舗で把握した消費者ニーズや売れ行きを素早く正確に生産工程に反映させ、新興国での専用工場契約にもとづいて商品を調達している。つまり新興国から直接に価値を収奪して低価格商品を入手している。営業コストについては、大店法の廃止による自由な出店が進められ、認可されたショッピングセンターへの優先的入居、非正規販売員の雇用といった政策的に講じられた優遇的な措置を活用している。

　高品質と低価格を両立するこれらの専門量販店チェーンの経営には共通して憂慮されるべき問題点がある。1つは内外の低賃金労働者が生産した商品を入手することによる収奪が前提となっていることであり、2つは販売コストを外部に負担させることができる措置がとられていることである。内外の労働者や外部の利益をないがしろにしてまで、雇用破壊が生み出した低所得者層に対して買回り品を低価格で提供していることに、デフレ支援型流通としての役割とデフレ不況期における業績の好調さを確認することができる。

（4）デフレ支援型流通の規定に照らした事例のまとめ

　輸入食品、PB商品、独自商品を取り上げて、食料品、日用品、買回り品について、デフレ支援型流通の現状と問題点を概観してきた。3つの事例をまとめるならば、次のようなことが認められる。

　輸入食品については、生鮮品および低価格原料を用いた加工食品ともに、安全性と引き換えにされながらも、何よりも隔絶した低価格であることが優先されている。毎日毎回の食事という高い頻度で購買される食品は、価格訴求がつねに重視される商品分野である。

　PB商品については、高付加価値化したエコノミーブランドが従来の価格訴求一辺倒から値頃感訴求に進化したことが最も重要な点である。しかしながら、高級ラインとして高付加価値化することで値頃感を訴求するクオリティブランドや、新たな価格訴求型のコンペティティブブランドも投入されている。値頃感訴求および価格訴求を含むPB商品の多層的な配置を行うことで、拡大する所得格差と所得低下から生じる節約的志向に対応できる展開が意図されている。

　独自商品については、専門量販店各社が内外から強力に収奪した利益を低価格販売と高付加価値の原資にしており、従来とは比べられないほどの値頃感で訴求している。

　総じてデフレ支援型流通の訴求方法は、隔絶した低価格かあるいは同じ品質水準以上の商品を低価格で提供する値頃感訴求にある。デフレ支援型流通とは低価格商品の投入によって労働力価値を低下させることで、雇用破壊による所得低下が社会問題化することを緩和するという役割を持つにいたった流通である。3つの事例のいずれもが労働力価値を引き下げ、同時にこれを意識の面でも受け入れやすくすることに貢献していることを確認することができる。

III　デフレ支援型流通の役割継続

　バブル経済崩壊後、長期の停滞状況を日本経済にもたらし、格差の拡大を引き起こした原因が、デフレ基調下での経済活動の縮小であることは明らかである。このデフレ状況を解決して成長に向かわせようとする安倍政権の経済政策いわゆるアベノミクスが2012年から展開されている。

　アベノミクスで日本経済は成長するのか、その成果は分配されて格差の拡大に歯止めが掛かるのであろうか。思惑通りに低所得者層が減少し、所得格差が縮まり、労働力価値が適正な水準に回復されるのであれば、流通も本来の役割を取り戻すことができる。

1. デフレ支援型流通の推進要因とアベノミクスの理念
（1）推進要因

　デフレ支援型流通が必要とされる根本的な要因は、新自由主義的国際経済秩序の下でのグローバル競争圧力による雇用破壊である。主要先進諸国の低迷と新興国の台頭という現在の国際経済秩序の下で展開されるグローバル競争においては、雇用破壊による労働コストの節減と低価格商品の投入が主要先進国間に共通する傾向となっている。新自由主義的経済政策とはこのような内容を持つ政策体系であり、これがデフレ支援型流通を必要とする直接的

で主要な要因である。この国際経済秩序とグローバル競争圧力は現在も変らず維持されている。

　また日本の企業が労働コストの節減に継続的に取り組まざるを得ない日本に固有の要因として、投資と消費を低迷させている内部留保と貯蓄の高さを指摘することができる。日本経済は、主要先進諸国の中でも唯一1997年以降名目GDPがマイナス成長にあり、実質GDPでも2008年にはマイナス成長に陥るほどの低迷を続けている。日本にこのような経済状況をもたらした原因として、1,600兆円とも試算される個人金融資産残高に典型的な国民の高い貯蓄と280兆円にものぼる企業の高い内部留保があり[11]、これが現実の消費と投資を低迷させ、経済の縮小を引き起こしてきた。インフレと金融バブルで消費浮揚と投資誘導が試みられようとしているが、今のところ大きな変化は見られない。

（2）アベノミクスの理念

　企業は投資に向かうのではなく、利益を得るために労働コストを節減する行動を重視し、消費者は所得減少と将来不安のために消費に向かわず貯蓄を選好するようになる。投資も消費も低迷し、経済が縮小するという状況にあって、雇用破壊だけを優先的に推進することになる新自由主義的経済政策がデフレ支援型流通を必要としているのである。これに対する政策転換が、アベノミクスと称して図られようとしている。

　その理念は、まずデフレ心理を払拭して景気浮揚を試みることである。景気の浮揚から企業活動を活性化させ、経済成長の実現につなげることが次の課題であり、その成果をトリクルダウンさせて国民に分与し、これにより雇用と賃金の状況を好転させることが最終の目標であるとされる。景気浮揚と経済成長については、金融規制緩和、財政出動、成長戦略といういわゆる3本の矢が企図されている。これではたして景気は回復するのか、成長は実現できるのか、分配方法は確かなものなのか、といったことが懸念される。これら諸点について次に検討する。

2. アベノミクスの現実とデフレ支援型流通の役割継続

(1) 不況脱出とされる第1・第2の矢

「デフレ退治」のため、第1の矢である「異次元の金融緩和」が行われた。この政策は経営者と消費者のデフレ心理を払拭して、投資と消費に向かわせるための短期の矢であるとされる。インフレ率を勘案した実質マイナス金利の実現と、市中銀行から大量の国債を日銀が購入することで、大量の円資金があふれた。まもなく円安と株高が現出し、その波及効果として、輸入品の価格上昇にともなう物価上昇と輸出企業の好調および資産家と大株主の投機活性化がもたらされた。大企業と富裕層が恩恵を受ける一方で、デフレの原因であった労働コストの節減がいっそう進められることになる。輸入原材料費やエネルギーコストが上昇した影響を抑える必要性が高まったからである。輸入品を中心とする物価上昇はインフレ期待効果よりも、むしろ実質賃金の持続的な減少による節約的購買行動という逆の結果を引き起している。総じてデフレ心理を払拭するような消費拡大やそれにともなう景気回復は感じられない状況にある。

　第2の矢である財政出動では、公共投資による受注企業への需要創出が試みられた。しかしながらその効果は限定的でかつ即効性にとぼしい。第2の矢は、公共事業に関連する土木や建設分野での価格上昇と土地のミニバブルをまねき、その煽りによる民間企業の設備投資の延期や、計画そのものの見直しなど、民間投資需要の足かせとなっている[12]。

　短期の2本の矢によって、資金供給はなされたものの、「デフレ退治」や需要創出が成功的に行われたとは言えない。むしろ2本の矢だけでは、物価上昇と実質賃金低下、土地や設備投資費用の上昇が招かれ、不況を長引かせる可能性が高められている。供給された資金を経済成長に結実させることが次の課題となる。

(2) 成長戦略とされる第3の矢

　アベノミクスでは、日本経済を不況から脱出させるためには供給された資金を投資や消費に向けさせる成長戦略が不可欠であり、そのためには世界中の企業が自由に活躍できる場を創出する必要があるとされる。主要な手立て

として、法人税率を引き下げることと労働市場の自由度を高めることが目指される。

2014年、約35％の実効税率を数年後には20％台にすることが閣議決定された。その目的は企業の負担を軽減し競争上の優位を発揮させることと、海外から日本への投資を呼び込むことにある。しかしながら税率引下げは税収の減少と引き換えであるが、減税分が内部留保されずに投資に向けられ増益と税収の増加をもたらすという保障はない。税収の減少が消費税増税で埋め合わされただけということになれば、大企業の内部留保と勤労者世帯の可処分所得の格差はいっそう拡大する。

企業が安く雇い、自由に解雇できる労働市場を創出することを内容とする報告書が、2013年に「規制改革会議 雇用ワーキング・グループ」から提出された（表1-1参照）。その後に展開される雇用政策の基本となるこの4つの

表1-1　雇用分野に関する規制改革実施計画

No.	事項名	規制改革の内容	実施時期	所管省庁
1	ジョブ型正社員の雇用ルールの整備	職務等に着目した「多様な正社員」モデルの普及・促進を図るため、労働条件の明示等、雇用管理上の留意点について取りまとめ、周知を図る。	平成25年度検討開始、平成26年度措置	厚生労働省
2	企画業務型裁量労働制やフレックスタイム制等労働時間法制の見直し	企画業務型裁量労働制やフレックスタイム制をはじめ、労働時間法制について、ワークライフバランスや労働生産性の向上の観点から、労働政策審議会で総合的に検討する。労働政策審議会での検討の基礎資料を得るべく、平成25年上期に企業における実態調査・分析を実施し、平成25年秋に労働政策審議会で検討を開始し、結論を得次第措置を講じる。	平成25年上期調査開始、平成25年秋検討開始、1年を目途に結論、結論を得次第措置	厚生労働省
3	有料職業紹介事業の規制改革	民間人材ビジネスの活用によるマッチング機能強化の観点から、利用者の立場に立った有料職業紹介制度の在り方について引き続き問題意識を持ちつつ、当面、求職者からの職業紹介手数料徴収が可能な職業の拡大について検討する。	平成25年度検討開始、平成26年度早期に結論	厚生労働省
4	労働者派遣制度の見直し	労働者派遣制度については、下記の事項を含め、平成25年秋以降、労働政策審議会において議論を開始する。①派遣期間の在り方（専門26業務に該当するかどうかによって派遣期間が異なる現行制度）②派遣労働者のキャリアアップ措置③派遣労働者の均衡待遇の在り方	平成25年検討・結論、結論を得次第措置	厚生労働省

出所）内閣府「規制改革実施計画」（平成25年6月14日閣議決定）、28ページ。

事項のうち、直接的に労働形態にかかわる3つの事項が注目される。

　1つは雇用形態にかかわることである。「多様な正社員」モデルとして提起される項目では、限定正社員のように勤務地と引き換えに、昇進や賃金水準および解雇ルールなどの点でこれまでの労働基準から後退させられる内容が含まれる。また解雇の要件や解決方法を採用に際して確定しておくという改訂も企図されている。2つは労働時間法制を見直すことで、現在の1日8時間、週40時間という労働時間規制を外せるようにしようとするものである。裁量労働制を適用できる職種をホワイトカラー全体に広げ、一定の年収があれば残業代を支払わずに働かせることが可能となる。3つは派遣労働の見直しである。派遣法を改正して、生涯派遣を可能にすることが企図されている。

　成長戦略としてアベノミクスが進める政策では、勤労者世帯の家計負担が増えるだけでなく、働き方の変更にともなう賃金水準の切り下げや解雇による低賃金労働者と失業者の増加によって貧困がいっそう進むとともにそれが定着することになる。

(3)　雇用破壊と低価格商品投入の必要性

　アベノミクスの下では、勤労者世帯の側における物価上昇、低賃金、増税が進み、大企業や富裕層との格差がいっそう拡大することになる。背景にある国際経済秩序とグローバル競争圧力は変らず、長期不況からの脱出も経済成長も達成されないままに、格差を拡大する最も根本的な原因である雇用破壊による所得低下だけが先行させられているからである。所得が低下してもいずれトリクルダウン効果があるとされるが、今のところは大企業の内部留保と [13]、資産家と大株主の保有株式の時価総額の増加にとどまっている。

　不況が企業の労働コストの節減行動をもたらし、低所得者層に低価格商品を広く継続的に提供される必要が生じ、物価下落が常態化したことが、日本経済を長期停滞させ続けたデフレ基調経済の構図であった。輸出企業の業績回復と株取引を活発にしただけのアベノミクスでは、不況から脱出できず、労働コストはいっそう節減されることになる。つまりデフレの根本原因は何ら解決されていないことになり、低価格商品を投入し労働力価値を低下させ

ることで雇用破壊にともなう社会的な諸問題を取り繕う流通の役割は、これまでと同様に、あるいはそれ以上に必要とされる。アベノミクスの下でもデフレ支援型流通としてはたされた流通の役割は継続されざるを得ないということになる。

　しかしながら、物価は上昇しているばかりか、消費増税も断行された。これまでと同じやり方では低価格商品の投入が難しくなっていることは事実である。

3.　デフレ支援型流通の役割を継続させる新たな方法

　アベノミクスが進められ、生活必需品を含む諸物価が名目賃金の伸びを上回って上昇する局面では、格差の拡大は実質賃金の減少という形で進行する。デフレの局面では、流通は低価格商品あるいは高付加価値商品を投入して所得の低下を取り繕うことで、雇用破壊を社会問題化させないという役割をはたしてきた。今回の物価上昇の局面にあって、流通はどのようにしてこの役割をはたすのか。

（1）政策的倒錯の下での役割継続

　アベノミクスの下では、おもに円安による輸入品価格の高騰でコストプッシュ型の物価上昇が生じている。勤労者世帯の実質所得低下や消費増税による売上減退を承知で、小売商業は値上げを余儀なくされているのである。このようにいわば強要された値上げであるにもかかわらず、「デフレ退治」というスローガンの下では、不況からの脱出について何も解決されていないのに、物価上昇で何かが進んだような倒錯が生じている。

　元々物価下落が継続した原因は、雇用破壊を取り繕うために労働力価値を引下げ続けたことにある。「デフレ退治」というならば、その方策は労働力価値を高める他ないはずであるが、本来改善されるべき低賃金は放置されたままである。それゆえ流通の現場では、インフレターゲットや円安を受け入れ、金融バブルや一部の輸出企業の好業績を好景気として歓迎するという政策的倒錯をも取り込むような新たな対応をせざるを得ない状況すら生じている。

(2) 役割継続のための新たな方法

物価上昇の局面でも生活必需品を低価格提供して労働力価値を引下げるために、小売商業をはじめとする流通各社は以下のような方法を駆使している。

第1は、商品の販売価格引下げのための新たな原資を獲得して値下げを断行することである。ウォルマート傘下の西友など、海外に強力な商品調達基盤を有するわずかな小売商業が、この方法を採用することができる。

第2は、国家政策としてTPP（環太平洋経済連携協定）に参加して安価な輸入品を大量に流入させる方法である。食品物価指数が大きく低下してインフレターゲットには逆行するが、問題はそのようなことよりも食の安全性や国内産業への打撃、医療や金融関連の市場に与える混乱との引き換えが条件となることである[14]。

第3には、低価格高付加価値エコノミーブランドタイプのPB商品や、高級クオリティブランドタイプのような価格上昇を上回る高付加価値化を持つ商品を提供することで、値頃感訴求を追求することである。セブン＆アイがこの方法を採用している典型的な小売商業であるが、大手メーカーと組んでしかもコンビニエンスストア用の大ロット発注によってこそ実現できるものである。

第4には、ネット通販やネットスーパーおよびオムニチャネルのように、過度な利便性やサービス提供をして、事実上の値下げ競争を展開することである[15]。

他の方法として、消費者のインフレ心理を利用して将来需要を取り込むことも試みられるが、借金体質を好まない日本人には馴染みにくく、また金融派生商品も日々の消費節約や貯蓄を取り崩してまで購入されるものではない。これらはむしろインバウンド消費や富裕層の高額消費ほどには進んでいないのが実情である。

4. 役割をはたす方法の限界と転換方策

以上見てきたように、現在の国際経済秩序を前提として、金融バブルと労働規制緩和に重点を置く経済政策であるアベノミクスでは、日本経済の成長

は期待できない。ゆえに格差拡大に歯止めを掛けるような成果の分配もない。低所得者層はむしろ増加し、彼らの抑制された生活費で再生産される労働力価値が適正な水準に回復されることもない。流通に与えられるデフレ支援という役割は、方法を進化させながらも継続されることになる。

　そもそもデフレ支援という役割は、新自由主義的経済体制へと日本経済が移行する過程において、流通に与えられたものであった。新自由主義的経済政策を進化させただけに過ぎないアベノミクスの展開に対応して、流通もその役割をはたす方法を進化させるものと理解することが妥当であろう。デフレ支援型流通という規程の呼称については変更の余地はあるものの、内容に関する変更は必要とされない。

　しかしながら、規定の内容に変更はなくとも、これを実現する方法には制限が課せられている。このまま物価上昇が続くならば、同じように低価格商品を提供することがいずれは限界に直面するということである。いわば格差がもたらす社会的コストを流通が吸収してきたのであるが、このままではそれもできなくなる。格差が拡大することはすなわち貧困が広がることであり、犯罪や救貧の社会的コストが増大し、社会と経済の基盤が崩壊しかねない。そうなる前に、格差がもたらす社会的コストを社会と経済で吸収するように転換すべきである。経済体制の転換をはかり、グローバル競争の呪縛から脱出して、雇用破壊で進展させられた消費制限を払拭することが求められる。こうして流通も、品質や安全面で当たり前の商品が適正な価格で安定的に提供されるという本来の役割を取り戻すことができる。

IV　結　論

　小売商業の活動を中心に検討しつつ、日本の流通の役割について概観した。デフレ支援型流通の規定と事例を通して、現在の日本の流通が新たな役割をはたしていること、それが安倍政権の経済政策いわゆるアベノミクスの下でも継続されることを確認することができた。

注

1)　佐久間（2015）では、格差拡大の直接の原因が大企業の収奪や搾取の強化にあり、これの契機が1985年の「プラザ合意」によってもたらされた経済構造の転換にあると指摘されている（4-5ページ）。

2)　金澤（2014）、38-42ページを参照。

3)　OECDは2014年12月9日に発表した「所得格差の動向と経済成長への影響」と題するワーキングペーパーの中で、トリクルダウンを否定し所得格差が経済成長を損ねていることを指摘している（Cingano（2014））。

4)　流通活動は、デフレを引き起こすことを目的として低価格販売をするのではなく、物価下落の常態化の直接の要因である労働コストの節減に貢献することでデフレ状況を出現させる経済活動を支援するのである（仲上（2009）、4-9ページを参照）。

5)　もちろん労働力の再生産に必要な商品価値の総体には、生活必需品以外に、サービス商品や住居費および社会保障費等も含まれるが、これらを捨象しても基本的な傾向を示すことはできる。

6)　農林水産省ホームページ／統計情報／農林水産基本データ集／食糧自給率に関する統計を参照。

7)　小倉（2014）を参照。

8)　同上参照。

9)　以上のような特徴を持って展開するデフレ不況期における日本のPB商品の動向については、第3章で詳述する。

10)　詳しくは、仲上（2012）、85-93ページを参照。

11)　日本銀行調査統計局および財務省法人企業統計を参照。

12)　「追加財政は成長に寄与せずむしろ民間の投資を困難にする」との指摘もある（『週間東洋経済』（2014）、121ページを参照）。

13)　アベノミクスのわずか1年間で企業の内部留保は42.8兆円増加した（財務省法人企業統計）。

14)　オーストラリアでは、TPP参加によって薬価上昇およびたばこ広告や飲酒警告の規制緩和などが進むことで国民の健康悪化が懸念されるという報告書が学者や非政府組織によって公表された（AFTINETホームページを参照）。

15)　インターネット利用販売およびオムニチャネルの実態と問題点については、第4章を参照されたい。

参考文献

小倉正行「危険な中国産食品、なぜ日本で流通？ 検査率わずか1割、ずさんな食品検疫体制」Business Journal 2014年1月11日配信、http://biz-journal.jp/2014/01/post_3830.html

オーストラリア公正貿易投資ネットワーク（AFTINET）ホームページ、http://aftinet.org.au/cms/

金澤誠一（2014）「アベノミクスの下での国民生活の危機と再構築」『経済』2014年9月号、新日本出版、32-45ページ。

公益社団法人日本輸入食品安全推進協会ホームページ、http://www.asif.or.jp/import2.html

厚生労働省「毎月勤労統計」。
財務省「法人企業統計」。
佐久間英俊（2015）「日本の格差社会と流通」佐久間英俊・木立真直編著『流通・都市の理論と動態』中央大学出版部、1-21ページ。
『週間東洋経済』（2014）10月4日号、東洋経済新報社。
総務省統計局「消費者物価指数年報」。
──「労働力調査」。
Cingano, F. (2014) "Trends in Income Inequality and Its Impact on Economic Growth", OECD SEM Working Paper No. 163.
内閣府「規制改革実施計画」。
仲上哲（2009）「現代日本における流通の特徴と役割」仲上哲編著『「失われた10年」と日本の流通』文理閣、1-17ページ。
──（2012）『超世紀不況と日本の流通―小売商業の新たな戦略と役割―』文理閣。
日本銀行ホームページ。
農林水産省ホームページ。
野村総合研究所（2005）『第三の消費スタイル―日本人独自の"利便性消費"を解くマーケティング戦略―』野村総合研究所広報部。

第2章

小売商業主導のサプライチェーン

　近年とりわけバブル経済崩壊後の長期不況下において、日本の流通に生じた特徴的な変化の1つは、いわゆるサプライチェーン統合が進展したことである。その内容は、生産過程と流通過程との相互連関が強まったことであり、この両過程を分担してきた製造業者と流通業者、言い換えるならば生産者と商業との分業の境界があいまいになったことである。つまり両者の分業関係に生じていた揺らぎとでもいうべき事態がこの時期においてとりわけ顕著になったことである。

　本章では、この分業の揺らぎを顕著にする環境要因と条件を解明する。そのために次の3つの課題を順次取り上げて考察する。

　1つはバブル経済崩壊後の長期不況期には、1970年代半ば以降の低成長期から続く売れない状況がいっそう深まったのであるが、なぜ売れない状況では生産者と商業の分業関係の揺らぎが顕著になるのかということである。

　2つにはこの顕著な揺らぎはどのような仕組みで現実のものとなったのかということである。これは情報技術による外部からの資本のコントロール、とりわけ小売商業による生産過程のコントロールが進んだことと密接に関係していると考えられる。

　3つには両者の分業関係が顕著に揺らぐ必要があったこの事態をどのように評価すれば良いのかということである。つまり事態の進展の範囲と、この事態がいずれの経済主体にとっての利益が目的とされた結果なのかが検察されなければならない。

　以上を検討するにあたり、本章の前提として確認しておきたいことは次の

点である。まず個々の資本は、利潤取得の方法（資本主義の独占段階では独占利潤法則）にしたがってその活動の内容および資本としての存在様式を変化させるのであるが、諸資本間の分業関係はこれを反映して変化するということである。さらに資本の活動領域である生産過程や流通過程は、そこで活動する主体である資本の活動内容に応じてつくり替えられ、それぞれに付与される特徴をもって認識されるということである。

　よってサプライチェーン統合を論じるには、主体である資本が独占利潤を取得するために競争手段を変化させたことから論じなければならない。

I　流通過程と諸資本の共同

　ここでは流通過程の役割と資本主義の独占段階において流通過程で生じる諸問題、諸資本の競争における支配と独占の形態変化、および主体である諸資本の活動がつくり替える流通過程の特徴づけについての見解を示す。

1. 流通過程の役割と問題

　社会的分業が経済の広い分野で成立することによって、生産と消費の分離が進み、これを結びつけるための流通過程とそこでおもに活動する商業が分化することになった[1]。流通過程では生産過程からもたらされた商品の売買と運送・保管がはたされるとともに、需給が調整されながら商品が消費者のもとに届けられる。資本主義経済の流通過程でもこの役割は基本的に同じである。入口と出口を含む流通過程の全体において製・配・販に専門化した諸資本が位置し、社会的分業によってこの役割をはたしている。

　商品が流通過程を滞りなく流れるためには需給が調整されなければならない。資本主義的流通過程にあっては、需給の調整は諸資本間における価格や数量などの取引条件にかかわる諸問題を派生させながらはたされることになる。これは具体的には在庫形成の負担や取引価格の高低をめぐる諸資本間の競争関係として生起する。

　とりわけ供給量が著しく消費を上回ることが常態化する資本主義の独占段階では、これら取引条件をめぐる問題は深刻でかつ一般的なことになり、そ

れまで流通過程における競争にもとづいて成立していた分業関係にも独占段階固有の変化が生じる。資本主義の独占段階では、自由競争段階に一般的であって平均利潤法則の前提となっていた部門間における自由な資本の移動が制約されている。部門間を資本が自由に移動することで利潤を分け合っていた諸資本の活動が停止させられ、独占資本による利潤の取得が優先されたのちに利潤の一般的な分配が行われるのである。このような分配様式にもとづく諸資本間の関係が新たに構築される。分業の揺らぎと新たな編成は、独占段階における利潤の取得と分配を行う上で諸資本が展開する活動内容の変化の結果として生じ、流通過程はこれを最も効率的にはたす場として再編される。これは資本主義の独占段階において支配的な法則となった独占利潤法則の流通過程における発現形態であると理解することができる。独占段階において一般的となる分業関係の揺らぎとは、かつて分化した活動領域および機能に対して、外部からの関与によって分業関係の再編成が図られることであると本章では定義する。

2. 諸資本の関係に生じる変化

　諸資本間における最も基本的な関係とは、利益を目的とした競争であり、これは独占と他の資本に対する支配を内に含んでいる[2]。より多くの利益を取得するために、特定の資本が共同することがある。資本主義の独占段階ではトラストやコンビネーションなどの大規模かつ広範囲な形態はもとより、それ以外にも小規模、短期的なものなど多様な形態の共同にもとづく経営が一般的になる。しかしながら、共同にもとづく経営は、他の資本から利益を収奪するための競争手段の1つの形式であって、当事者間の対抗を否定するものではなく、また協調に転化してしまうものでもない。

　共同の範囲については、それが水平で生じる場合もあれば垂直で生じる場合もある。また共同にもとづく経営の形態である統合については、資本結合にいたる場合もあれば、そうならない場合もある。本題となる垂直的な共同について考察する前に、統合という概念そのものについて考えてみる。

　サプライチェーン統合において実現されている製販統合と称される共同にもとづく経営は、子会社化やグループ関連会社化を含めて資本結合を行って

いる場合もあるが、むしろ互いに外部にある個別資本間における共同の形式をとっていることが一般的である。それぞれの資本に付随している機能の統合を指す場合も同様である。したがって製販統合とは、正確には資本や機能が統合されたかのように共同にもとづく経営が行われることであると理解されるべきである[3]。

　では統合されたかのように見える共同にもとづく経営とはどのような事態をさすのか。その目的は、かつて分業によって外部に分担された機能を再び自らの関与のもとに取り戻すことである。しかしながらこれを資本結合による統合として取り込むのでは、リスクまで抱え込むことになる。そうするのではなく、在庫の負担者や低価格調達相手あるいは高価格販売先を外部に置いておき、それらを外部からコントロールできれば好都合である。外部からのコントロールが細部に達することで支配が他の資本の内部にまで及ぶ事態が生じ、これが統合として認識される。この新たな支配を現実のものとするには、必ずしも資本結合は必要ではない。両者の間に情報技術などの格差があることが、新たな支配を可能とし共同にもとづく経営を行う条件となっている。

　統合をこのように理解した上で、本章では統合されたかのように共同的な経営を行う資本関係として製販統合を理解し、サプライチェーン統合とはそのような経営が行われる流通過程のことであると定義する[4]。

3.　諸資本の共同の具体的な展開

　諸資本間の共同は、おもに規模拡大を目的として水平で生じる場合もあれば、垂直で生じる場合もある。垂直で生じた共同は、生産過程であれ流通過程であれ、分業関係をあいまいにする[5]。

　垂直的な共同が行われる場合、その内部における資本間にWin-Win関係が成立しているとすれば、その際には外部にLoseが前提されることになる。しかし垂直的な共同にもとづく経営の内部が当初からWin-Lose関係であることや、当初は成立していたWin-Win関係が継続されずにWin-Lose関係になることが一般的であろう。垂直的な共同にもとづく経営の内部におけるWinの位置にある資本が主導的な資本である。この資本が主導して構築する

垂直的な共同にもとづく経営とこれに適合する流通過程には主要な2つの類型がある[6]。

　1つは主導的な資本が生産者である場合である。ここではメーカー主導の共同にもとづく垂直的な経営が行われ、流通チャネルあるいはメーカーが主導するサプライチェーン統合と呼ばれる流通過程がこれに適合的な流通過程として認識される。もう1つは主導的な資本が小売商業である場合である。ここでは小売商業主導の共同にもとづく垂直的な経営が行われ、小売商業が主導するサプライチェーン統合と呼ばれる流通過程がこれに適合的な流通過程として認識される。いずれの場合も、主導的な資本が自らWinnerであろうとして、商品の規格や価格および在庫形成といった競争諸手段を有効に働くように都合よく成立させた経営とこれに適合する流通過程の類型である。

　ここではとりわけ近年の分業関係の揺らぎを顕著にした典型的な類型である小売商業主導型サプライチェーン統合について、その具体的な展開を示しておく。

　これには副次的な2つのタイプがある。1つはSPA のように自らのブランドを企画から販売まで手掛けるタイプである。アパレルのファーストリテイリングやホームファッションのニトリなどがこれにあたる。生産者をはるかに凌ぐ詳細で膨大な消費者ニーズにかかわる情報を持ち、これをもとに製品を企画し、素材の選定や調達および製造技術の指示や改良まで手掛けながら、おもに新興国の工場に製造を委託している。自らは多数のチェーン店舗を有し、全国に展開するそれぞれの店舗ごとの販売能力と売れ行きから算出した生産数量とアイテムの取り揃えを指示することで、売れ残りや処分販売を最小に抑えている。

　もう1つは、バイイングパワーにもとづく有利な取引条件によって完成品メーカーから商品を調達するタイプである。大手家電量販店各社がこれにあたる。個別大手メーカーの家電販売額を凌ぐほどの売上高を持つまでに成長したヤマダ電機やヨドバシカメラのような家電量販店は、強力なバイイングパワーを有して家電メーカー各社に低価格での製品出荷を受け入れさせている。また自社向けの独自商品の提供を受けることで、他社との差別化と利益の確保を同時に追求する優位な競争条件を獲得している。このようにして

流通過程の入口に位置する生産者が意思決定すべき製品の仕様、価格および
アイテムの取り揃えにまでその支配を及ぼすことができるようなサプライ
チェーン統合を構築することに成功している。

　しかしこのいずれのタイプにおいて構築されるサプライチェーン統合も、
資本結合をともなう統合ではなく、生産過程を外部からコントロールしてい
るのである。ともに消費者情報を基礎に持ちながら、前者は生産技術にまで
精通することで、後者はバイイングパワーを有することでそのコントロール
の力を現実のものとしている[7]。サプライチェーン統合を主導する小売商業
が、それ以前の時期における PB 商品を提供する小売商業と異なる点は、生
産過程の前提である商品の規格や素材およびコストにまで関与し、支配を及
ぼしていることである。このように分業関係の揺らぎを顕著に生じさせてい
ることが、小売商業主導型サプライチェーン統合の際立つ特徴である。

4. 流通過程の特徴づけ

　資本主義的流通過程においていずれが主導的な資本であるかは、流通過程
の特徴に反映する。つまり資本主義の発展段階に応じて、とりわけ独占段階
においては、流通過程は流通チャネルとして認識されることもあれば、サプ
ライチェーン統合として認識されることもある。

　流通チャネルとして認識される場合、そこでは独占的メーカーが主導する
独占利潤を目的としたマーケティングチャネルが構築されている。流通過程
の入口を含む川上に位置するメーカーが優位であって、価格拘束、出荷量調
整、リベート供与などが行われる。製品技術と取引規模で隔絶するメーカー
と、メーカーから提供される商品を販売する商業の間には分業関係の揺らぎ
は生じるが、基本的にそれほど顕著なものではない[8]。

　サプライチェーン統合として認識される場合には、2つの主要な類型があ
る。メーカーが主導するサプライチェーン統合は、売場における消費者情報
を生産過程に反映させてアイテムの調整を行う方向にマーケティングチャネ
ルを発展させたものであり、需給調整を目的とした在庫対策を行うことに重
点が置かれている。小売商業が主導するサプライチェーン統合は、他の過程
ここでは生産過程への関与が行われることが特徴であり、分業関係の揺らぎ

を顕著にする[9]。

　これらはいずれも資本主義の独占段階において、独占資本が他の資本を支配し収奪するための諸手段を展開しやすいようにつくり替えた流通過程の諸形態であって、それぞれに上で見た特徴がある。しかしながらこれらの区別はいずれも表層でしかなく、競争手段として他の資本を外部から支配するという独占の形態が進化したことに、その本質が見出されなければならない。

5. まとめ

　資本が担っている商品の流れである資本主義的流通過程では、その入口と出口を含めて諸資本の分業が成立している。諸資本は支配と独占を含む競争の手段として、共同にもとづく垂直的な経営を採用することがあり、資本主義の独占段階ではこれが一般的になる。共同にもとづく経営内部の主導をめぐって、また共同する諸資本と他の共同する諸資本との間における優位をめぐって競争が展開される。その結果として分業関係の揺らぎが生じる。つまり分業関係を揺るがせる要因とは、独占資本が自らの商品価値実現のためによりいっそう効率的な収奪の機会を垂直的な共同にもとづく経営に見出したことにある。

　その条件は規模や技術力といった資本間の格差、また後には情報力という新たな格差が生じたことである。現代流通の変容について言えることは、共同にもとづく経営を採用する際に、資本の結合による統合よりもむしろ内部統合に見えるかのように外部からのコントロールが進むことである。こうして垂直的な共同にもとづく経営が採用される流通過程の内部では、主導的な資本が共同相手の機能をコントロールすることが容易になり、分業の揺らぎが顕著なものとなる。情報力格差を基盤にした共同にもとづく経営という、独占の新たな支配の形態が広まることによって製販統合が進んだことを、本章では分業関係の揺らぎが顕著なものになったと認識する。

　分業とその揺らぎに応じて、流通過程の認識のされ方にも変化が生じる。この揺らぎが最も顕著にあらわれる具体的な類型は、小売商業主導型サプライチェーン統合である。次になぜこれが最も顕著な事例となるのかを戦後日本の経済発展に沿って示すことにする。

II　長期不況期における流通過程の状況と諸資本の課題

　流通過程がサプライチェーン統合と特徴づけられるほどに、諸資本間の分業関係の揺らぎが顕著になったのは、バブル経済崩壊後の長期不況期であった。この時期は1970年代半ば以降の低成長期から続く売れない状況がいっそう深まったのであるが、なぜ売れない状況では生産者と商業の分業関係の揺らぎが顕著になるのであろうか。ここではサプライチェーン統合として認識されるほどの変化、とりわけ小売商業主導型のサプライチェーン統合を流通過程にもたらした社会・経済的な環境要因とこれに対応する諸資本の戦略転換について検討する。

1.　戦後日本の流通過程の特徴

　戦後の日本経済は高度成長、低成長、長期不況という3つの時期をへながら発展してきた。それぞれに特徴的な生産の方式と消費スタイルがあり、これらを結びつけるための流通過程とこれを活動の場とする商業が生成してきた[10]。

　高度成長期は、伸長する内需と好景気に支えられた売れる時代であった。戦後の大衆市場に新たに登場した製品分野である自動車や家電をはじめとする耐久消費財や化粧品などの化学品、化学繊維、加工食品などの分野において、卓越した製造技術と巨大な設備を有する大規模メーカーが登場し、独占的な支配を確立して多大な利益を得ることに成功した。これらの分野で構築された流通過程は、チャネルリーダーであるメーカーが自らにとって有利な政策を講じる流通チャネルと特徴づけられ認識されるものであった。これは規模格差と技術格差にもとづく生産起点の流通過程であり、製・配・販に則していうならば、製が主導する流通過程であった。

　戦後内需の一巡とオイルショックによる物価高騰に端を発する低成長期は売れない時代の始まりであった。供給過剰が目立つようになり、需要の不確実性が高まった。しかしバブル経済崩壊後の不況期に比べれば経済成長の点でも景気の点でもそれほど深刻ではなかった。消費者のニーズを創造するた

めに多品種商品を提供しながらも売れ筋商品を見出し、これに特化するという効率性を追求する経営が求められた。売上高の低迷を前提としながら、無駄を削減するために情報と物流を結合させて駆使するシステムの構築が重視されたのである。これは生産者と小売商業の結合部分で需給の調整が行われる流通過程であり、製・配・販に則していうならば、配が結節重点とされるものであり、高度成長期の流通チャネルにおける製の主導性が下流へシフトし始めたことが確認できる。

バブル経済崩壊に端を発する長期不況期には売れない状況がいっそう深まった。需要の不確実性がさらに進み、容易には売れないという前提がかつてなく高まった。この新しい状況を創出した要因の1つは、不況と将来不安の下で消費者が節約的志向を強めることになった可処分所得の低下である。もう1つの要因は消費者の買い控えである。デフレ基調なので買い急ぐことはせず、また個人消費と個人の嗜好にもとづく購買傾向が強まり、ニーズの多様化がいっそう進んだことがその背景にある。これら2つの要因によって消費者は購買を延期できる商品については納得できるまで探索し、延期できない商品についても低価格品の探索と少量購買を選好するようになった。

このような状況では、低成長期の効率性追求も限界に直面する。これを乗り越えるには、売上高の減少を防ぐことから取り組まなければならない。消費者のニーズや購買行動に関する情報を瞬時に把握して、配や製にまで反映させる流通過程の再編が必要になる。消費者に接する小売商業の位置から、物流や生産の過程にまで関与する流通過程がその優位性を発揮することになる。これは製・配・販に則していうならば販である小売商業が主導する流通過程であり、製販統合が進められるサプライチェーン統合として特徴づけられ認識される。長期不況期には、低成長期に際立つようになった供給過剰、需要の不確実性、ニーズの多様化、コストの上昇に加えて、デフレの継続と経済縮小が始まることで、消費制限がいっそう強まったのである。こうして低成長期からの問題が長期化し、激化することになった。

戦後日本の流通過程は経済発展の3つの時期に規定されながら発展してきたのであるが、それぞれの時期に対応して、情報が発信される起点や主導的な資本が、製から配へさらには販へと推移したことが確認できる。

2. 低成長期に始まった諸資本の戦略転換

　長期不況期にサプライチェーン統合と認識されるまでにいたるほどの変化を流通過程に与えた環境要因とこれへの対応戦略は、低成長期にその前兆が見られる。低成長期に特徴的な流通環境要因とこれに対する経営目標およびそれぞれの課題解決手段を表2-1に整理した。総じて、需要への対応を延期化する方向に経営目標が定められ、経営諸手段が動員されたことがわかる。しかし延期化は生産、物流、販売にかかわるすべてのコストを上昇させる。低成長期において流通過程で活動する諸資本は、これを情報技術によって削減する方向に戦略転換を図った[11]。

　低成長期の環境要因の変化に的確に対応するには、供給過剰の解決をはかりながら需給調整を実行しなければならず、しかもこれをニーズの多様化およびコスト上昇への対応と同時に追求しなければならない。この同時追求という課題が始まったことが重要である。つまり需給の調整ができて、なおかつ多品目化とコスト削減を実現するための条件を獲得しなければならない。高度成長期のようなパイの拡大がなく、自らのロスとして吸収する余裕がない状況では、他の資本からの収奪を強化するかコストを転嫁することによってこれを獲得するしかない。低成長期は、ロスやコスト上昇が自らのコストに反映しないように外部に転嫁する手段が開発され始めた時期であった。この対応の不可欠の要件が、主導的な資本と他の資本との間に生みだされた情報力格差とこれにもとづく物流体制であった。

表2-1　低成長期の流通環境要因と経営目標

流通環境要因	経　営　目　標	対　応　戦　略
供給過剰	供給調整	生産と販売の同期化
需要の不確実性	廃棄ロスおよび機会ロスへの対応	多頻度小口物流
ニーズの多様化	多品種少量の品揃えと売れ筋への特化	単品管理情報システム
コスト上昇	ローコスト経営	垂直的な共同経営の効率向上

出所）筆者作成。

3. 長期不況期におけるサプライチェーン統合

　低成長期からの問題に加えて、バブル経済崩壊後の長期不況期にはデフレが基調となり、その帰結として縮小経済の傾向が顕著となった。売れない状

況のいっそうの深まりという課題に諸資本が単独で対処するには限界がある。低成長期には情報をおもに物流に対して適用することで対処できた課題も、長期不況期には情報をサプライチェーンのより後方にまで拡張して適用することが求められることになった[12]。こうして悪化する流通環境に対し、共同にもとづく経営がいっそう進化した形で追求されることになる。

　バブル経済崩壊直後には価格破壊と呼ばれた過剰商品の処分販売が旺盛に行われた。メーカーの再販売価格維持が徐々に崩壊し、消費者は低価格に敏感な購買行動をとる傾向を強めていた。しかし不況が世紀を超えて継続し、デフレの様相を呈し始めた今世紀以降状況は変化する。消費者は安いだけでは購買しなくなった。このいっそう売れない状況においては、低成長期のように多品種アイテムを投入しても、また販売コストを掛けても売れず、それに加えて低価格販売も徐々に効力を失っていった。売上高の低迷が進むことで、諸資本は営業利益を得られないばかりかコストの回収もできないことになった。低成長期のように、配に結節点をおくコスト削減重視の流通過程戦略ではもはや対応できなくなってしまった。

　これを打開する戦略転換は、まず売るために消費者ニーズを徹底的に調査しこれに対処することである。家電であれば機能、デザインで購買を躊躇させない商品を投入することである。次にこの商品を調達するために生じるコストを外部に負担させることである。低成長期のように配だけではなく、製にまで及ぶ負担転嫁が行われる。メーカーに対するバイイングパワーを発揮して低価格で納品させることに加えて、素材や仕様にまで関与することでその支配を強める。家電量販店は完成品メーカーを相手にしつつ、またSPAは縫製工場などを相手にしつつ後方への共同にもとづく経営を追求する。低成長期に結節点とした配を乗り越えて製にまで自らの意思を及ぼすことになる。このように売れる商品を売れるタイミングで低価格調達することが追求された。このシステムを実現するには、消費者行動にかかわる情報と諸資本の共同経営を行うための情報を取り揃えて駆使することが不可欠となる[13]。つまり情報による外部からのコントロールによって、商品生産、仕入れ、販売を統合的に管理する方向に戦略転換が図られた。

4. まとめ

売れない時代の需給調整は、売れる商品の調達と上昇するコスト負担の外部転嫁を追求しながら行われなければない。とりわけパイの縮小傾向が始まった長期不況期には、資本の共同関係にまで深くかかわる必要が生じる。流通過程において分業されていた諸資本間の関係に変化がもたらされる。つまりいっそう売れない時代に対処するには垂直的な共同にもとづく経営が強化されなければならず、消費者に直接かかわる小売商業による生産過程のコントロールが進み、分業関係の揺らぎが顕著になる。

変化する環境から与えられる課題に対して、対処する目標を明確にして解決の条件を取り込むことが行われ、経済過程のすべてにおいて、とりわけ流通過程において現実的な変化が生じた。次にその条件である情報技術の具体的な進展内容について検討する。

Ⅲ 課題解決条件としての情報技術の進展内容

従来から流通過程においては、品揃えや在庫および需給調整にかかわる情報が重視されてきた。しかし長期不況下においていっそう高まった需要の不確実性に対応する上で、消費者行動にかかわる情報が最も有効な条件になった。この傾向は過渡期である低成長期においてすでに現れており、これを取り込む情報技術が独自に開発され、いくつかの企業において先駆的に展開されていた。

1. 低成長期における情報技術の過渡的進展

売れない時代が始まった低成長期、とりわけ1980年代に進展した情報技術としては、生産過程におけるFA（ファクトリーオートメーション）と流通過程における販売時点情報管理（以下POS）システムがそれぞれの過程における調達とコスト管理にとって有効なものであった。

トヨタシステムの事例に典型的なFAは、工場内の生産ラインにおいて、同一ライン上で多種類製品の生産に対応できるように作業工程が策定され、作業員とロボットが配置されていることに特徴がある。フレキシブルな生産

体制とこれによる製品の多様化が可能となることで、トヨタは売れ行き情報を生産ラインへ反映させ、さらには部品納入にまでいたる製品の供給網を構築することができたのである[14]。

セブン-イレブンの事例に典型的なPOSシステムは、コンビニエンスストア店舗で顧客が購買した際に、店員が購入商品、性別、見かけの年齢に関する情報を入力し、本部がこれを一括管理することで単品管理とこれにもとづく納品体制である多頻度小口物流を推進するシステムである。セブン-イレブンはこの情報を活用することによって死に筋商品の排除と、売れる商品の未納や遅納の排除を進め、在庫と廃棄の最小化と同時に機会ロスの解決も図ることができたのである[15]。

低成長期のトヨタとセブン-イレブンの事例は過渡期というより、むしろ長期不況期にも通用する先駆的な事例であって、需要側からの受発注と生産を結合させるという点において、長期不況期の情報技術の段階に達している。しかしトヨタやセブン-イレブンのようなシステムが展開されていたことは例外的であった。多くは工場内や小売チェーン本部および店舗を中心として、その前後の在庫調整を図るものに過ぎず、販売と生産を結びつけるような経営の共同などが必要とされているわけではなかった。生産過程と流通過程における諸資本の分業関係が明確なままで事足りたという点において過渡的な情報技術であったと言える。

他方で生産過程と流通過程の情報を結合させるシステムとして、アパレル企業の事例に典型的な電子データ交換（以下EDI）システムやクイックレスポンス（以下QR）が登場した。しかしこれらは、処理し得る当時の情報量に制限されて、決算や発注業務を行うことを主要な内容としており、供給網の全体をコントロールするものではなかった。EDIやQRもこの時点では生産過程と流通過程における諸資本を統合させるには過渡的な情報技術にとどまっていた。

2. 長期不況期の情報技術と流通過程に生じる変化

低成長期をへてバブル経済崩壊を契機に始まった長期不況が進展する中で、トヨタとセブン-イレブンの先駆的な事例が情報技術の進展によって多

くの企業に普及した。先駆的な企業独自のシステムであったものがオープン
なシステムになり、同じ情報技術で結合することによって共同にもとづく経
営の対象とすることができる取引相手が社会に増加した。長期不況期に進展
した情報技術のインフラとしての整備が、企業間関係を変化させる重要な条
件となった。

　こうして製販統合が進み、流通過程がサプライチェーン統合と認識される
までに流通過程と生産過程の相互浸透が進み、両方の過程に位置する諸資本
間の分業関係における揺らぎが顕著になったのである。SPAや家電量販店の
商品調達などはもちろん、大手小売商業によるPB商品調達の分野において
も情報技術が急速に進展し、多数のメーカーを対象にその生産過程にまで情
報技術によるコントロールを及ぼすことが可能となった。

　かつて高度成長期における大手小売商業のPB商品は、大手メーカーに対
抗するという性格上、製品開発力や製造技術で劣る中小および海外のメー
カーから商品を調達していた。大手メーカーも安売りを目的とする小売商業
をチャネルから排除しこそすれ、互いに共同することはなかった。しかしバブ
ル経済崩壊後に状況がかわる。大手メーカーは過剰商品の処分ルートとし
て安売り業態を利用し、ある程度処分が済んだ後には、空きラインをPB商
品生産用に躊躇なく提供するようになった。大手小売商業のPB商品は、こ
うしてメーカーとの共同経営にもとづいて提供されている。

　過渡期の段階を超えて構築された製販のシステムを支える情報技術に依拠
しながら、消費者情報を把握し、商品の規格、素材、製法に精通した大手小
売商業は、従来の発注にかかわる情報の適用を超えて生産過程にまで及ぶ情
報コントロールを実行する。販売数量のデータから生産数量を算出し決定す
るばかりでなく、仕入価格や販売価格に関する決定も、大手小売商業がコン
トロールするのである。

　長期不況期に進展した情報技術にかかわって留意しなければならない2つ
のことがある。1つは情報の偏在と資本の主導性にかかわっている。メー
カーの情報と小売商業の情報は当然異なるものである。いっそう売れない状
況にあっては、小売商業によって入手、蓄積されおもに利用される消費者の
ニーズにもとづく製品情報や購買行動にかかわる情報が重要になるのである

が、この情報の偏在と格差は諸資本間の分業関係に影響し変化をもたらす。流通過程では川下に位置する小売商業の主導性が高まり、従来生産過程において生産者が行っていた商品規格、素材選定、製造方法、生産数量と出荷価格にまで小売商業のコントロールが及ぶことになる。

　2つは、このことにかかわって流通過程に質的な内容進展が生じることである。つまり在庫と情報のトレードオフ[16]が発生するのである。長期不況期の大手小売商業は、外部に位置するメーカーの機能をコントロールして内部に取り込む。低成長期には在庫の押しつけという形で行われていたコストの外部転嫁が、情報による外部からのコントロールによって行われるようになる。

3. 情報技術のさらなる進展

　外部からのコントロールを可能とする情報技術は近年も進展し続けている。流通分野における情報技術の進展としては、情報の内容、利用手段、組織整備の点で、適用の具体化と範囲の拡大がなされつつある。

　1つ目の情報の内容にかかわる進展については、ビッグデータと呼ばれる大量情報のように、処理できる情報量の拡大にともなって情報の意味内容が拡張したことがあげられる。たとえば、電子マネーの利用件数増加やICカード、スマートフォンといったデジタル環境の進化により、消費者の購買行動が正確に把握できるようになった。新たに得られるようになった情報内容は、従来のPOSシステムによって得られるデータに取って代わる可能性を持つ。購入商品や顧客情報に関して、POSシステムは単品の動きをスポット的に把握した情報であり、しかも店員の目測で判断した程度の情報でしかなかった。しかし個人識別情報を処理することで、顧客の年齢や所得、居住地などの属性を正確に把握でき、さらにその顧客の購買履歴まで参照できるのである[17]。

　2つ目は情報の大量処理方法の進展についてである。通信網上にデータを保持することで、情報量の大容量化とアクセスの容易さを実現するクラウド利用が広がりを見せている。NECが開発したクラウドコンピューティング型の流通業向け基幹システムでは、小売商業各社が、入手したデータの分

析、商品発注、顧客の管理などの業務をネットワーク経由で提供されるシステムによって処理し、コストの削減に役立てている（図2-1参照）。

　3つ目の情報技術を普及させるための業界組織整備に関して、2011年5月に経済産業省の呼掛けで「製・配・販連携協議会」が発足した。この組織の主要な課題は、製配販の間の取引規格を共通化するための新しいEDI規格として流通BMS（ビジネス・メッセージ・システム）を構築することである。取引の範囲を広げ経費を削減するためのシステムが構想されている。

　このように流通過程を主導するための消費を起点とする川下重視の情報を処理し利用する技術は、その容量拡大と適用の具体化を継続的に進展させている。

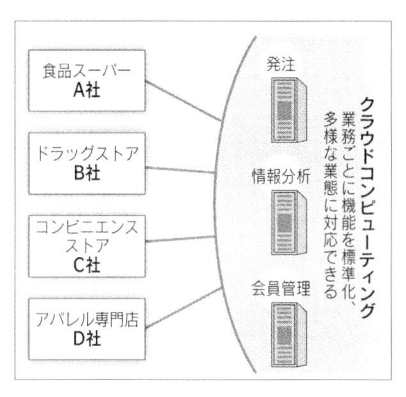

図2-1　NECの小売業向け基幹システムのイメージ

出所）『日経流通新聞』2012年3月2日付。

4.　まとめ

　売れない時代の始まりである低成長期には、工場内の情報化やPOSシステムを利用した情報と物流の結合が行われていた。またEDIやQRなどのデータ交換が先駆的に取り組まれていた。しかしこれらは諸資本の分業関係を再編するほどの内容と広がりを持ってはおらず、その意味において過渡的な情報技術であった。

　分業関係の揺らぎを顕著にする要因は、バブル経済崩壊後の長期不況期に個別企業の努力だけでは立ち行かないほどの売上不振に直面したことであ

る。工場内や物流面での効率性追求の限界が明らかとなった。共同にもとづく経営でこれを突破する他ない。そのカギは他の資本の内部機能を取り込むこと、しかも資本結合によってリスクまで取り込むのではなく、外部からコントロールすることである。この目的を実現可能とする条件が、情報技術の進展であった。

これは1つには情報の適用方法にかかわる。川下の消費者情報を、POSデータであっても、EOS（自動発注システム）利用を通り越して生産過程にまで反映させることである。もう1つは大容量性とアクセスに容易なシステムとして提供することである。総じて、低成長期にはコスト管理と決済システムにしか利用されてこなかったEDIのような情報技術を生産過程のコントロールに本格的に適用させること、これが長期不況期に進展した情報技術の内容である。

分業関係の相互連関が資本結合から解放されることによって、社会と経済の全体における広い裾野を得て、製と販は相互連関の深まりと強まりを増すことになった。消費制限を突破する目的で開発され、流通分野に適用される情報技術は、こうして分業の揺らぎを顕著にし、サプライチェーン統合を小売商業主導で進展させたのである。本章が検討の課題としてきた分業関係の揺らぎが顕著になるというのはこのことである。

Ⅳ　サプライチェーン統合の評価

ここまで、サプライチェーン統合を流通過程の新たな段階として認識しながら、その特徴および登場背景と成立の条件について検討してきた。この事態を評価するために、次の2つについて検討する。1つは、それが社会と経済にとっていかなる意味を持つのかということである。このように進展した事態がいずれの経済主体にとっての利益が目的とされた結果なのかを検察することを通してこの意味を考えたい。2つは、この事態が情報技術の進展によって現実のものとなったことの意義は何かということである。情報技術の採用にあたっての広がりと限度が、流通過程の変化の進展度合いに及ぼす影響について検討したい。

1.　社会と経済にとっての意味

　バブル経済崩壊直後には、過剰商品の処分や不良債権の処理が優先されながら、消費停滞からの脱却が図られた。だが安売り処分が済んだ後も、雇用破壊によって生み出された低賃金労働者向けの低価格商品投入が高じてデフレが基調の経済となり、今世紀から日本経済は縮小傾向を示すようになった。縮小経済下における価値実現は困難を極める。

　低成長期には消費者ニーズへの対応や在庫問題は、生産や仕入れを延期化することで解決が図られてきた。延期化は見込生産や大量仕入れ、在庫投資とは対極の企業行動様式を要求するためコストの増加をまねく。その対策として、情報と物流でコストを削減する方法がとられてきた。

　しかしながら長期不況期における縮小経済ではこれが限界になる。延期しても売れないものは売れない。最初から需要が供給者の身近にないのである。共同にもとづく垂直的な経営も、その形を変えることになった。在庫調整から生産過程のコントロールへと、競争の手段と内容が変更されることになる。低成長期には単純な在庫の押しつけにすぎなかった支配のための共同が、長期不況期には生産過程における支配と収奪のための共同に置き換わる。これを可能にする情報技術の進展があったわけである。

　検察すべきことがらの1つ目は、これがもたらす効果は、経済過程におけるトータルな効率性を実現していると言えるのか、言い換えるならば全体最適に近づいているのかということである。主導する小売商業にとってその影響範囲が広がり、この範囲内での効率性が向上した。Win-Win関係が成立している範囲ということであるならば、最適範囲が拡大していることもある。しかしあくまで部分最適の範囲が広がったにすぎず、社会と経済の全体最適にはいたらない。サプライチェーン統合は、消費制限や供給制限を個別にとって最適化しただけである。

　検察すべきもう1つのことがらは、これが消費者利益にとってどのように影響するのかということである。サプライチェーン統合にあって、構成員である経済主体は消費起点の情報を収集および蓄積し利用するのであるが、消費者のニーズは満たされているのであろうか。

　サプライチェーンマネジメントの目的は、トータルリードタイムの削減で

あるとされる[18]。トータルリードタイムを削減することは、在庫量の削減だけではなく、顧客満足の向上と消費者ニーズの変化への対応にとってもメリットがあると認められるからである。

　サプライチェーンマネジメントは、供給側のコスト削減に貢献しながら、同時に消費者にも受け入れられる特徴を持っている。売れ残り分を前提としてその廃棄コストを上乗せすることに比べれば、実需に見合った商品数量を低価格で提供することは消費者の利益に結びつく。また買い控えることに以前ほどの苦痛を感じなくなっている消費者行動に鑑みるならば、商品を早期に調達させることに様々な手立てを講じることは、供給側にとっても需要側にとってもメリットはない。このように価格形成や需給のタイミングがうまく実現されている場合には、サプライチェーン統合が消費者利益に貢献することは可能であると言える。しかしこれは、サプライチェーンが天災などなく安定しており、かつ所得の減少と将来不安などによって消費が低迷しているという条件が継続していることが前提である。この前提が全体最適であるのかという点から、消費者利益に適っているのかが問われる必要がある。

2．情報技術によるサプライチェーン統合実現の意義

　サプライチェーン統合をもたらした情報化への過渡期である低成長期における情報技術が大容量化されることと社会インフラとして整備されることで流通情報化が実現された。しかしこのような情報技術の適用は、「複雑で高価なもの」[19]とならざるを得ない。消費者情報の収集についてはPOSシステムにとどまらない電子マネーをはじめとする顧客識別カードの発行と普及および利用件数の増大が必要となる。また生産者との頻繁で膨大なデータ交換を行うシステムの開発と導入および管理に多大なコストを要する。情報技術のシステム化による統合が進むことは、とりもなおさず「大企業の資本関係に拘束され」[20]ることが意味されている。この点において、サプライチェーン統合は平等に与えられるものではなく、新たな格差構造を定着させる装置であると言える[21]。

Ⅴ　結　論

　本章では、商品の流通過程において生じた分業関係の揺らぎが製販統合に見えるほどに顕著になったことについて、その状況、背景、条件を検討した上で評価を与えた。確認できたことは次の点である。

　第1に、この分業関係の顕著な揺らぎは、資本主義的流通過程における諸資本の垂直的な共同にもとづく経営の発現形態の1つであって、バブル経済崩壊後の長期不況期に、サプライチェーン統合として認識される流通過程の主要な内容であったということである。

　第2に、この揺らぎの現実化は、情報技術の進展を条件としていることである。資本主義的流通過程における需給調整の不都合は、元来より在庫問題として発現してきた。在庫が需給調整のすべてである段階では分業関係に変化が生じる必要はなかった。しかし在庫問題が情報技術によって吸収可能になることで、製と販の機能的な統合が進み製販統合あるいはサプライチェーン統合と認識される状況が生じたのである。

　第3に、社会と経済および経済主体間関係において、サプライチェーン統合をどのように評価するかということについてである。需給を調整することによってこれが社会と経済に高い効率をもたらすことは確認できた。しかしこれの導入とこれに付随する利益の取得に関しては、かかわる経済主体の間で分け合うか、あるいは主導的な小売商業が独占することになる。サプライチェーン統合は消費制限と供給過剰を解決するものではなく、どこまでいっても部分最適の範囲を超えるものではない。

注
1)　本章ではとくに断らないかぎり、流通過程とは生産過程より下流の流通過程を指すものとする。
2)　資本主義の独占段階における競争については、上野（1993）を参照。
3)　崔・石井（2009）では、製販統合は「対立なき長期的な協調関係を目指した大手メーカーと大手流通業者の間の戦略的意図の連携」と定義されている（300ページ）。
4)　本来のサプライチェーンとは、完成消費財の流通過程だけでなく、生産過程に

投じられる部品や原材料の流通過程も含むものであり、サプライチェーンマネジメントとはこの両方の流通過程と生産過程のすべてを直結して管理することである。本章では、この本来のサプライチェーンの理解を前提としながら、サプライチェーン統合を、最終消費財が流通する下流の流通過程に生産過程およびその上流の流通過程が統合されたかのように見える流通過程であると定義する。

5) もちろん社会的分業が独占資本の意思によって残され、利用されることもあるが、この資本主義の自由競争段階における社会的分業の法則は独占利潤法則によってその発現が抑制される。また独占資本の側でも自らの形態を変容させることにより、分業関係のあいまい化に適応しつつ、これが進展することに協力する。つまり生産資本がその内部に調達・製造・販売といった部門を派生させ、商業資本がその内部に仕入れ・販売といった部門を派生させることで、自らも分業の範囲を超えた活動を展開できるように準備するのである（矢作（1993）、20-21ページ参照）。

6) 卸売商業主導を数えるならば3つの類型とすべきであるが、現実の展開に鑑みてここでは2つの類型として論じる。

7) チャネル論ではパワーの資源として経済力とならんで情報力が従来から指摘されている（崔・石井（2009）、301ページなどを参照）。

8) 販社の設立や小売店の系列化も分業関係の揺らぎの発現形態である。しかしこれはチャネル間の競争を優位に進めるための活動の結果であって、分化した機能の内部への取込みを目的とするサプライチェーン統合がもたらす分業関係の揺らぎとは区別すべきである。

9) 崔・石井（2009）では、流通系列化と製販統合の区別とともに同一性も見ることの必要性が述べられている（314-315ページ）。

10) 日本経済の3つの発展時期に対応する流通の時期区分については、仲上（2012）2-4ページを参照。

11) 「不確実性の高い経営環境下では、情報投入による組織間、部門間調整が優れた成果を発揮する」（矢作（1993）、20ページ）。

12) 石原（2000）では、在庫調整のために「生産過程にまで内向」した在庫すなわち「トータル在庫」の調整と適正化が指摘されている（261-262ページ）。

13) 「需要拡大期の大量生産システムは、実際に売れる量を超えて生産しても過剰在庫に苦しむ企業は少なかった。しかし、現在は売れ筋商品をタイミング良く供給しないと在庫が急速に膨らむ」（『日本経済新聞』1998年9月3日付）。小売側の情報の著しい進展や情報処理機能の内部化については、矢作（1996）で指摘されている。

14) 門田（1991）参照。

15) 小倉（1994）参照。

16) 矢作（1996）、207ページ参照。

17) ビッグデータの多様な利用方法については『日経流通新聞』2012年2月24日付参照。

18) 馬場（2006）、166ページ。

19) 阿部（2009）、71ページ。

20) 同上、同ページ。

21) 近年では中小企業向けのEDIデータ交換のシステム導入が検討されている。流

通BMSの普及に向けて、情報システム大手のSCSKが進める小売業界団体と協力してスーパーマーケット・クラウドEDIの普及などが注目されるが、これはサプライチェーン統合にいたる内容とは異なり、事務処理面での負担軽減に重点が置かれた利用が意図されているものである（『日経流通新聞』2012年2月12日付）。

参考文献

阿部真也（2009）『流通情報革命―リアルとバーチャルの多元市場』ミネルヴァ書房。

石原武政（2000）『商業組織の内部編成』千倉書房。

上野俊樹（1993）「競争と独占―現代資本主義の基礎的法則―」上野俊樹・清野良栄編『現代資本主義をみる目』文理閣、1-37ページ。

小倉正男（1994）『イトーヨーカ堂グループの秘密―業務改革が企業・組織・システムを強くする』こう書房。

崔相鐵・石井淳蔵（2009）「製販統合時代におけるチャネル研究の現状と課題」崔相鐵・石井淳蔵編著『流通チャネルの再編』中央経済社、285-327ページ。

仲上哲（2012）『超世紀不況と日本の流通―小売商業の新たな戦略と役割―』文理閣。

馬場一（2006）「リードタイム」加藤義忠監修『現代流通事典』白桃書房、166-167ページ。

門田安弘（1991）『新トヨタシステム』講談社。

矢作敏行（1993）「『モノ』と情報の相互作用」矢作敏行・小川孔輔・吉田健二『生・販統合マーケティング・システム』白桃書房、3-22ページ。

――（1996）「製販統合の焦点―情報的在庫調整メカニズム」石井淳蔵・石原武政『製販統合―変わる日本の商システム―』日本経済新聞社、205-234ページ。

第3章
プライベートブランド商品の
多層的配置

　日本経済は20年以上にわたる長期不況下にある。とりわけ本章が「デフレ不況期」として対象とする今世紀以降の日本経済は、物価下落が常態化するデフレとこれにともなうマイナス成長に苦しんでいる。2007年にアメリカで表面化したサブプライムローン問題に端を発する金融危機が波及した後一時的な物価上昇が生じたが、2008年秋のリーマンショック後にデフレが再燃しいっそう深刻な不況が再来することになった。このリーマンショック前後における急激な物価変動と不況の深まりのなかで、欧米に比べて遅れているとされていた日本のPB商品の売上が急速に伸びている。

　このPB商品の伸長には、商品領域や品質に関する次のような特徴が見られる。1つは大手小売企業、とりわけセブン＆アイとイオンの2強が主導していることである。2つは提供されるPB商品の領域について、従来大手メーカー優位であった商品領域にもPB商品が浸透し大規模に展開されていることである。3つは提供されるPB商品の品質に関して、日本のそれ以前のPB商品の特徴であった「価格訴求」一辺倒ではなく、「高付加価値」や「高級」「高額」を特徴とするPB商品が提供されることで、多層的な商品配置を基礎にした多様化が進展していることである。

　よって本章は、これらの特徴とその生起要因とをあわせて、以下のような構成において論じる。PB商品の提供主体と商品領域のひろがりにかかわる問題については、日本におけるPB商品の歴史と大手小売企業へのパワーシフトとの関連においておもにⅠで考察する。多層的な商品配置を基礎にしたPB商品の多様化については、Ⅱでそのタイプを整理したのち、デフレ不況

期における消費者の値頃感シフトとの関連においておもにⅢで検討をすすめる。

　以上の検討を通じて本章が解明すべきであると考える課題は次の2つであり、おもにⅣで論じたい。1つはデフレ不況期において大手小売企業が主導的に展開したPB商品戦略の社会的経済的な意義は、それまでの価格訴求型PB商品に比べて、どのような点に見いだすことができるのかということである。もう1つは、現在製と販の関係変化と役割分担の変更などを内容とする新たな流通革新が進行していると考えられるが、その内容を必要とさせる現実的な要因として大手小売企業とりわけ2強が主導するPB商品の多層的な商品配置が位置づけられるのではないかということである。

　なおPB商品の発展段階に関しては、イギリスにおける研究から派生して、日本でもジェネリック、低価格、NB商品の模倣、付加価値という4段階でとらえることが一般的である[1]。本章ではこの4段階を前提とした上で、価格訴求型と、価値訴求型を含む多様化という2段階に大括りして論じることとする。

Ⅰ　プライベートブランド商品提供の根拠と日本におけるブーム

1. 小売商業の品揃えとパワーシフト

（1）分業関係の成立と揺らぎ

　社会的分業が浸透する以前、商品の供給者は自ら生産した商品を自ら販売していた。しかし分業が浸透した資本主義経済においては、商人つまり流通業者は仕入れによって販売する商品を入手する。仕入れによる商品入手の理由は、自ら生産できないもの、あるいは他の生産者が提供する商品の方が品質およびコストにおいて優れているからである。つまり資本主義経済において流通業者は、生産者が提供する優良品を調達することによって品揃えを行うことが一般的であり、こうして製と販の分業が広く認識されNB商品が成立することになる。小売を含む流通業者とNB商品生産者とが活動を前提し合うことで効率的な商品の供給が可能となる。

しかしながら経済発展は、その活動主体である資本の集積と集中を促進し、独占的産業資本および独占的商業資本を誕生させる。個別の独占資本は社会的分業による利益に優先して、自らの利益取得のために分業を犠牲にした活動を行おうとする。独占的産業資本（大手メーカー）は、自社製品の優先的販売のため自らの利益取得に貢献するマーケティングチャネルを構築して販への関与を強める。同様に独占的商業資本（大手流通グループなど）は、中小メーカーに対し厳しい商品仕様や納品条件を提示して自らの支配下に置こうとする。

商業資本と産業資本の社会的分業は、独占資本の成立によってその有効性を失効させられてきたと言える。近年の傾向として分業関係の揺らぎがいっそう目立つようになってきたのは、製と販の個別の独占資本が中小の流通業者やメーカーに向けていた関与から、製と販の独占資本間の相互浸透および共同へと事態が進展し始めたからである。

(2) パワーシフトの進展

衣料や小型家電にまでいたるコモディティグッズを小売企業が生産できるようになるなど流通業者の製への関与が高まった。他方で売れない状況で生産者が消費者の近くで活動する小売企業との共同を求めるなど生産者の販への関与が高まった。長期不況がこれらの条件を結びつけることにより、小売企業が自社企画商品の提供に進出し、大手メーカーがこれに共同することでPB商品の領域が大規模に拡大されることになったのである。

この両方からのアプローチによって構築される関係はWin-Winである場合もあるが、長期不況下で定着する低価格志向と買い控えという消費者行動の変化に対する川下へのパワーシフトが進行する状況では大手小売企業優位で構築されることになる。大手小売企業がチャネルにおける支配力と取引相手に対する優位性を獲得して、従来NB商品が優位であった生活必需品分野において売上高と利益を追求することに成功し始めたのである。このパワーシフトは、リーマンショック後のデフレ再燃をともなう深刻な不況の下でいっそう進むことになる。

（3）小売業主導型プライベートブランド商品の目的とメリット

　小売企業が自社企画商品つまりPB商品を提供する目的は、概ね次の点にある。1つは高利益を取得できることであり、もう1つは低価格帯商品の品揃えを充実させることである。

　高利益については、メーカーの余剰設備を利用しているため、大ロット発注であればNB商品と同品質である場合でも、その仕入価格が安くなることに起因している。低価格帯商品の品揃えに関しては、NB商品からいくつかの機能を省くことで、基本機能をはたしながらも低価格販売向けの商品として設計されており、そのための特別な調達先や特別な製造ラインに頼らずにある程度差別的な独自商品として入手することができることによる。

　低価格販売を実現して、なおかつ高利益を得ることができるため、PB商品はデフレ不況期における戦略商品として高く位置づけられることになる。

2.　日本におけるプライベートブランド商品のブーム

　大手メーカーが提供するNB商品が全国市場に行きわたっている状況にあって、流通業者のPB商品が受け入れられる要件は、流通業者の経営基盤の確立と経営規模の拡大によって与えられる。これが主体的前提である。他方、流通業者のPB商品を取り巻く社会的経済的環境は、景気や物価変動の影響を受けた消費者ニーズおよびメーカーとの関係によって変化する。これらを勘案すると、日本ではこれまで2度のPB商品ブームがあり、今回は3度目のブームである。つまり1970〜80年代におけるNB商品の代替品として生じた第1のブーム、1990年代前半〜半ばにかけての円高と品質向上による進化をはたした第2のブームがあり、今回のブームはこれらに続く第3のブームである[2]。

（1）1970年代2度のオイルショック後の物価高騰と不況への対処

　1970年代半ばに生じたオイルショックによって、日本ではエネルギーと資源不足が露呈し、耐久財から日用品にいたるまでほとんどの商品の原材料価格が引き上げられた。これに買い占めによるモノ不足・モノ隠しが輪をかけ、いわゆる狂乱物価の状況となった。この第1次オイルショックを境目に

日本の高度経済成長は終焉し、1970年代終わりに生じた第2次オイルショックとその影響を経過しながら低成長期へと移行する。このような状況が推移する1970年代後半から1980年代前半にかけては、物価上昇と当時戦後最大とされた不況が蔓延した時代であった。

　同時期に総合スーパー各社によるPB生活用品がシリーズとして充実されることになる。ダイエーのセービングおよびニューセービングや西友の無印良品が登場し、ジャスコやニチイがこれに追随した（表3-1参照）。

　それまでも流通業者が提供するPB商品として、百貨店各社の衣料やあるいはダイエーのストアブランド商品が存在していたが、この時期の特徴は、積極的にPB商品提供に取り組んだ主体が大手総合スーパー各社であったこと、また生活用品を網羅する商品領域を目指したこと、メーカーとの価格決定権をめぐる対抗を第一義とせず消費者への低価格アピールを第一義としたことにある。

　NB商品が値上げされる状況にあって、総合スーパー各社はそれまでのように大手メーカーに対抗してNB商品を安売りするのではなく、中小メーカーから調達した低価格帯商品を低コストで消費者に提供することに活動の重点を移行させた。これが消費者の支持を集めてPB商品ブームとなったのである。つまりこのブームは、NB商品の価格引き上げと一線を画す方向で、消費者の節約行動と総合スーパーの経営戦略がマッチした結果として生じたことに特徴がある。

表3-1　第1次PB商品ブームに発売されたおもなPB商品

小売業者	PB商品シリーズ名	発売年
ダイエー	ノーブランド商品	1978
	セービング	1980
	ニューセービング	1984
西友	無印良品	1980
ニチイ	生活発シリーズ	1984
	わたしと生活	1985
ジャスコ	シンプルリッチ	1985

出所）野口（1995）より作成。

（2）1990年代バブル経済崩壊と価格破壊後の過剰処分品不足への対処

　1990年代初頭にバブル経済が崩壊した。バブル経済期に過剰となった設備は廃棄され、過剰な労働はリストラの対象となった。同様に売れないまま在庫となった過剰な商品がディスカウンターなどに流れ、処分売りに出されることでいわゆる価格破壊と呼ばれる状況が生じた。

　しかしながらバブル経済崩壊当初は過剰であったNB商品の在庫も極端な処分売りによって品薄状況になると、これに代替するものとしてPB商品が取り扱われるようになった。低価格とはいえNB商品に代替する商品であったため、当時の流通業者は海外からの輸入品などをPB商品として扱うことでこれに対応した。ミネラルウォーターやビールの輸入PB商品、また日用品では国内調達されたコーラや洗濯洗剤などが消費者の支持を大いに集めることになり、PB商品の第2のブームが生じた[3]。

　バブル経済崩壊直後、消費者は不況とリストラの深刻化や長期化について想定できないほどの将来生活不安を抱いており、節約や買い控えの志向を強めていた。しかし、景気やこれに規定される将来生活の最低限度のラインが見えてくることで徐々にその不安も緩和されていった。バブル経済崩壊後の不況慣れとでもいう状況において、NB商品人気が復活することでPB商品の第2のブームは終息して行くことになる。

　日本においてこれまで生じた2つのPB商品ブームは、オイルショック後の物価高や価格破壊後の処分売り商品不足への対処が求められた結果として生じたものであった。ここに見いだせる日本のこれまでのPB商品の特徴は、総じて、高価格で販売されるNB商品の対極に位置づけられるものであった。つまり高価格提供を特徴とするNB商品に低価格で対抗することによるブームであった。そのため、NB商品の価格下落やあるいは高価格でも消費者に受け入れられる状況が生じると、そのブームは低調になった。PB商品は自らの魅力によって売れ続けるほどには定着してこなかったのである。つまり日本の従来のPB商品はNB商品との価格対抗を基本的性格とするゆえ、低価格優先であり、品質は二の次であったと言える。

（3）2008年リーマンショック前後の物価変動とデフレ再燃への対処

　2007年アメリカでサブプライムローン問題が表面化した。その影響は世界中に波及し金融危機と物価高騰がもたらされた。日本でも、2008年には輸入資源価格高騰の影響を受けて一般消費財の物価が上昇した（図3-1参照）。それまでのデフレ状況から一転して値上げされたNB商品を尻目に、これに対抗するように低価格PB商品に消費者の支持が集まった[4]。

　しかし2008年秋にアメリカで大手証券会社リーマンブラザーズが経営破綻したことにともない、世界中に経済停滞が蔓延した。日本でも不況がいっそう深刻化しデフレが再燃することになる。このような状況の下で、NB商品の低価格販売が開始され、低価格PB商品に対する消費者の割安感が薄れることになる。

　ところが2010年秋あたり以降におけるPB商品の展開過程は、失速状況に陥ったもののすぐに回復した。それはこれまで2度あったPB商品ブームの終焉と比べて、次のような特徴を示しながら、少し異なる展開を見せることになる。1つは不況の深刻さゆえNB商品の復活が遅れていることである。2つは値頃感を重視する消費者に向けて、PB商品が多層的に展開されながら、それ自体の魅力を強力にアピールし始めたことである[5]。3つはこの両方の

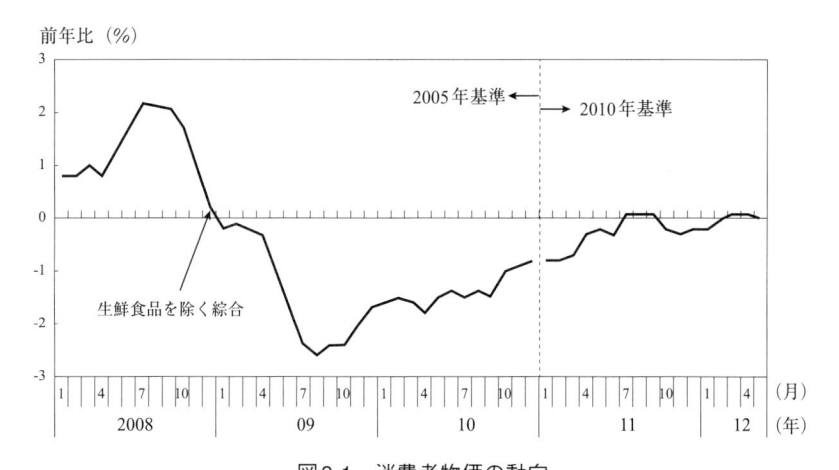

図3-1　消費者物価の動向

出所）内閣府『平成24年度 年次経済財政報告』、54ページより。

事態を受けて、大手小売企業と大手メーカーが一体化したビジネスモデルが多く見られるようになったことである。

　つまり2010年以降におけるPB商品の新たな展開と第1および第2のPB商品ブームとの違いは次の点にある。まずPB商品がNB商品と品質および価格において全面的に競うことが意図され、高付加価値、高級、さらには後述するように超低価格（激安）といった多層的な展開をしたことである[6]。とりわけ高付加価値PB商品および高級PB商品は差別化を追求する上で重視され、そのため自社開発型から大手メーカーとの共同開発型にビジネスモデルを進展させる必要性が高まった。2010年以降に際立つ特徴を有するこのPB商品展開を、本章では第3のPB商品ブームと規定する。

（4）まとめ

　以上見たように、第1と第2のブームおよび第3のブーム直前の状況のいずれもが、NB商品との対抗を意識した低価格対応を行うためのPB商品展開となっていた。

　しかしながら今回のPB商品ブームは、第1および第2のブームと異なる展開を示している。この要因として、その事前状況および条件がかかわっていると考えられる。ここでは次の3つを確認しておきたい。1つは1990年代から続く長期不況に対応する低価格商品戦略として位置づけられたPB商品が、品質に関する信頼の獲得を重視して継続的に取り組まれ、リーマンショック前に生じた一時的物価上昇期に消費者の支持を集めたことである。2つは長期不況下におけるパワーシフトが日本における小売業主導型PB商品の提供を拡大させた主体的条件であったが、これがリーマンショック後の不況再来でいっそう進展したことである。3つは長期間継続する不況の下で雇用と賃金水準の状況が悪化し、低所得者層が増えることによる急速な所得格差の拡大が進んだことである。

　以上の状況から今回のPB商品ブームが生じた。その具体的な展開過程と問題点について、以下ⅢおよびⅣで論じる。これに先立ち、多層的な商品配置に関する枠組みをⅡで整理する。

Ⅱ　プライベートブランド商品のタイプと多層的商品配置

　PB商品はNB商品が全国市場に行き渡ったのちに、おもに流通業者によって自主的に企画されるため、提供順序における後発性がある。またNB商品の価格や品質の変更に反応して対処するという商品の改訂における後発性もある。

　それゆえ消費者の支持が最も多く集まるトップブランドのNB商品を基準にして、価格の上・下、品質や機能にかかわる価値の優劣、およびそれらの組み合わせなどから、様々な特性を持つ商品のタイプが登場する。このことはNB商品、PB商品を問わず、商品政策（以下MD）にかかわる当然の帰結である。とりわけ後発性の強いPB商品はそうならざるを得ず、むしろ多様な商品配置がなされるほどに本格的な展開がなされているとさえ言える。

1. 4つのタイプのプライベートブランド商品と3層構造

　PB商品は、トップブランドのNB商品を基準にして、複数のタイプが展開されるが、ここではこれを4つのタイプとして整理する[7]。

（1）エコノミーブランド

　NB商品の機能のうちいずれかを省略することによって低価格で提供される、最も本来的なタイプのPB商品である。イオンが提供するPB商品トップバリュのメインブランド「トップバリュ」などがこれにあたる。基本的な機能をはたす品質を満たす限り、低価格であることを優先する消費者の節約ニーズに訴求する。

（2）クオリティブランド

　エコノミーブランドよりも高い品質で提供される、いわゆる高級PB商品である。トップブランドの NB商品と同程度の品質である場合は価格を安く設定し、同程度以上の価格である場合はNB商品を上回る品質を提供する。「トップバリュセレクト」やセブン＆アイが提供する「セブンプレミアム

ゴールド」（現セブンゴールド）などがこれにあたる。価格よりも、商品の機能や品質を優先する消費者のニーズに訴求する。

（3）ライフスタイルブランド

特定の機能にこだわりを持たせることによって、その特徴をアピールして提供されるPB商品である。素材の品質や産地、環境への配慮といった特定の機能や価値があることが重要であり、必ずしも低価格で提供することを前提とはしない。「トップバリュ共環宣言」「トップバリュグリーンアイ」「トップバリュヘルシーアイ」「トップバリュレディーミール」などがこれにあたる。特定の商品機能にこだわりを持つ特定の消費者のライフスタイルから生じるニーズに訴求する。

（4）コンペティティブブランド

エコノミーブランドよりもさらに低価格を実現した超低価格PB商品である。ディスカウンターと競争するために、あるいはグループ内のディスカウント業態向けの必要性から提供される、いわゆる激安PB商品である。「ベストプライスbyトップバリュ」（現トップバリュベストプライス）などがこれにあたる。

　以上の4つのタイプのPB商品について、内外の主要小売企業3社ごとの一覧を表3-2に掲げた。この4つのタイプのうち、ライフスタイルブランドを

表3-2　小売3社のPB商品タイプ

	テスコ	イオン	セブン＆アイ
エコノミーブランド		トップバリュ	セブンプレミアム
クオリティブランド	ファイネスト	トップバリュセレクト トップバリュプレミアム	セブンゴールド
ライフスタイルブランド	オーガニック ヘルシーリビング フリーフロム フェアトレード キッズ	トップバリュ共環宣言 トップバリュグリーンアイ トップバリュヘルシーアイ トップバリュレディーミール	
コンペティティブブランド	テスコバリュー	トップバリュベストプライス	ザ・プライス

注1）　セブン＆アイには現在ライフスタイルブランドに該当するものはない。
注2）　アメリカの代表的な小売企業ウォルマートは、本来的にNB商品の安売りを重視しているため、表からは除外した。
出所）『日経流通新聞』2013年3月22日を参考に作成。

除く3つは、多数の消費者に共通する一般的な値頃感を前提としており、そ
れゆえ価格順に層を形成しているととらえることができる。よって本章では
4タイプのPB商品が3層構造プラスワンという多層的商品配置で展開されつ
つあるものとして議論をすすめる。

2. 多層的な商品配置の意義と課題

PB商品が多様化される際に考慮されるべき点や多様化に際して直面する
課題として、次の2つを指摘しておく。

(1) 多品種化に対応した品揃え

現代の小売企業がPB商品を多層的に配置する理由は、競争上の優位が期
待されるからである。PB商品が多様化される際には、NB商品のトップブラ
ンドとの差異性を後発的に実現するという競争的観点、あるいはPB商品間
における差別化という競争的観点から取り組まれる。

近年の日本では、この競争的観点の背景に多品種少量のシステムという状
況がある。つまり日本経済が低成長経済に移行するにつれ、高度経済成長期
の大量生産・販売システムは、多様な消費者ニーズに対応するための多品種
少量生産・販売システムへと転換されてきた。小売企業にとっても多品種少
量のシステムに役立つ戦略的なMDが求められ、この多品種化にPB商品が
利用されてきた。つまり小売企業各社が他社と差別化された商品を入手する
手立てとしてPB商品が利用されてきたのである。多様なPB商品を用いた品
揃えは、多様化した消費者ニーズに対応するにあたり、低コストで手っ取り
早い方法なのである。そしてこのような競争的観点から行われるPB商品を
用いた多様な品揃えの取り組みは、デフレ不況期においても継続され、個々
のPB商品のタイプごとに共通する特徴を明確にしながら、いっそう本格的
に展開されることになる。

(2) 多様化の限界と課題

しかしながら、PB商品を大規模に提供できるほどの小売企業は、多くの
業態をグループ内に有している場合が多く、この場合それぞれの業態ごとに

適したPB商品がある。多様化といえども、限りなく追求することはできない。多様化とスケールメリットをいかに整合させるかが課題となる[8]。

　また、消費者が当該商品から受け取る、価格と価値のバランスとしての値頃感に対処することが重要になる。多様なPB商品であっても個々の商品が、値頃感のどのポジションに位置するタイプの商品であるかを考慮して、商品開発とコスト管理がはたされなければならない。

　消費者が受け取る値頃感に対するPB商品の多層的配置の戦略的な構築について、多業態を展開する流通グループとりわけイオンとセブン＆アイの2強を例にしつつ、節を改めて論じる。

Ⅲ　日本におけるプライベートブランド商品多様化の検討

　日本でもクオリティブランドの出現をはじめ、多層的な商品配置にもとづくPB商品の多様化が進展している。ここではデフレ不況期において、消費者の値頃感やニーズに対応して投入される各タイプのPB商品の展開過程について考察する。さらにPB商品多様化の中でも、とりわけリーマンショック後に生じた今回のブームの典型的な事例である高級PB商品の企画や、特定の業態への投入を意図して企画されるPB商品について検討する。

1．デフレ対応型プライベートブランド商品
　先にⅠ-2.-(3) で見たように、リーマンショックの前後における物価変動、およびその後のいっそう深刻な不況再来とデフレ再燃の過程において、PB商品の位置づけと役割は大きく変化することになった。

（1）エコノミーブランドの高付加価値化
　1990年代から続く長期不況下で大手小売企業を含む川下へのパワーシフトが進み、同時に小売業主導型のPB商品（エコノミーブランド）の展開が継続的に行われてきた。このPB商品がサブプライムローン危機後の急激な物価上昇に影響されて、低価格PB商品として消費者の支持を集めることになったのである。ところがリーマンショック後に再来した不況とデフレの

下、NB商品の価格下落（特売）が広がり、低価格PB商品の人気は失速することになった。

　小売企業が行いうるPB商品戦略は複線的なものとなる。商品の価値と価格のバランスを表す値頃感にもとづく商品配置の概念を示したものが図3-2である。横軸を商品の品質や消費者のこだわりを内容とする価値、縦軸を商品の価格とし、高価値・高価格であるNB商品を右上の象限に置き、先にⅡで整理したPB商品タイプのうち、NB商品の機能を省略した低価格PB商品であるエコノミーブランドを左下の象限に配した[9]。ここに2極の商品配置が行われ、左下から中央を通って右上に通じる一般的な値頃感水準を見いだすことができる。

　ところがデフレの再燃は新たな値頃感水準の形成を促すことになる。所得減少や将来の生活不安を要因とする節約的購買行動およびデフレの心理的作用の結果、図3-3に見るように一般的な値頃感の水準が右下にシフトするの

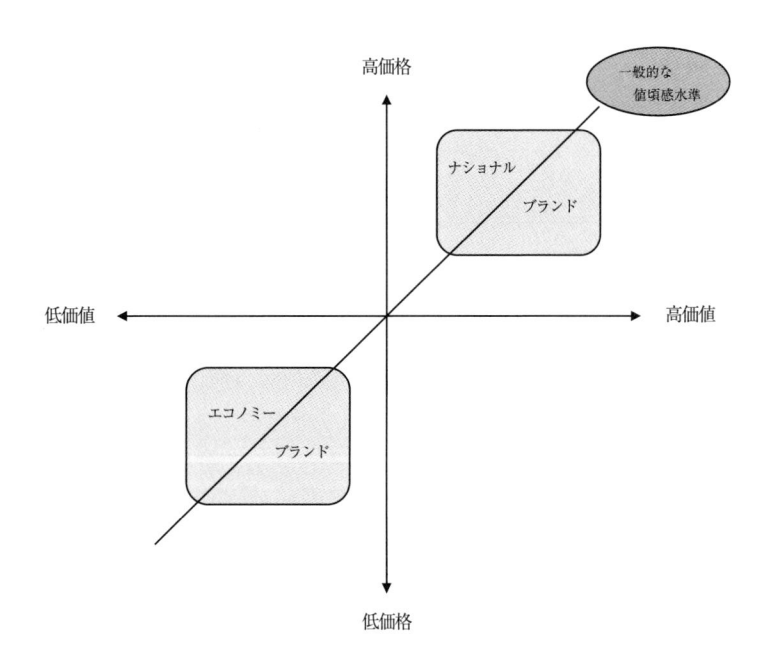

図3-2　PB商品の基本的配置

出所）野村総合研究所（2005）を参考に作成。

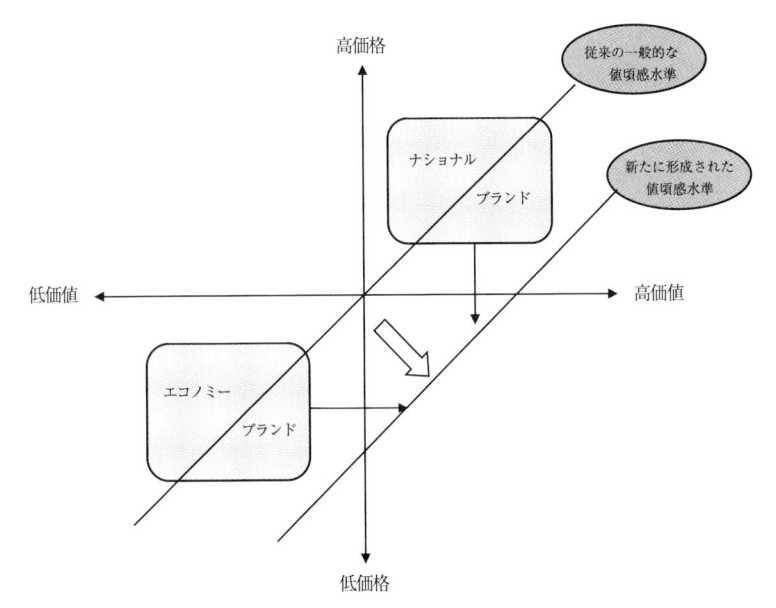

図3-3　値頃感水準のシフトにともなう商品タイプの移動

出所）野村総合研究所（2005）を参考に作成。

である。つまり同じ品質や価値の商品であればより低価格で提供されること
が、あるいは同じ価格のままであればより高い品質や価値の商品を提供する
ことが求められることになる。NB商品はそのままの品質や価値で価格下落
し、エコノミーブランドはそのままの価格で品質や価値の向上を追求される
ことになる。NB商品もエコノミーブランドも右下の象限に近づくのである。

　概して、デフレが進行する下で一般的となるこの値頃感水準に対応できる
新たなPB商品が求められた。その対策としてエコノミーブランドが高付加
価値PB商品として刷新されることになった。本章ではこれを高付加価値化
と呼び、クオリティブランドの場合の高級化と区別する。この高付加価値化
されたエコノミーブランドがデフレ対応型PB商品の主要部分である。

　1994年に始まったトップバリュのメインブランド「トップバリュ」は今
回のブーム以前から、デフレ対応型の品質向上を追求していたが、デフレ再
燃下でそのスピードをあげる必要性に迫られ、2007年にはトップバリュ株
式会社を特定機能会社として独立させ、元々ライフスタイルブランドとして

位置づけていたサブブランドも加勢させながら、高付加価値化とそのアピールを積極的に展開することになる。

　2007年に販売が開始されたセブンプレミアムの場合、メーカーにダブルネームを承諾させるなど価格や品質面での協力を引き出すことに成功しつつ「プレミアム」と命名したものの、発売の初期には高価格で販売されていたNB商品よりも少し安く、品質も少し劣るという、実質的に普通のエコノミーブランドであった。2010年以降デフレが再燃してNB商品の特売が始まると、他社の多くの低価格PB商品（エコノミーブランド）は魅力を失うことになったが、この頃のセブンプレミアムも同様に伸び悩んだ。結局セブンプレミアムは、高付加価値型の訴求を追求するようになり、当初命名した「プレミアム」に相応しい品質と統一的なブランドイメージを、メーカーとの共同開発型ビジネスにもとづいて実現することになった[10]。

(2) コンペティティブブランドとクオリティブランドの投入

　他方NB商品の特売に対しては、他にも2つの方策が採用された。1つは、NB商品の特売が追いつけないほどの激安PB商品であるコンペティティブブランドを投入することである。図3-4で概念を示すと、これは新たな値頃感水準上にあっても、左下の象限に位置する。イオンの反省が発表された2009年3月以降、「ベストプライスbyトップバリュ」が食品および日用品でラインナップを拡大した。同年6月には、セブン＆アイのディスカウント業態向けPB商品である「ザ・プライス」も販売が開始された。もう1つはNB商品が右下の象限に近づいた後の空いた右上の象限にクオリティブランドを展開することである。「セブンプレミアムゴールド」が2010年9月に市場に投入され、同時期より「トップバリュセレクト」の品目も拡大されている。これの展開意図については別途後述する。

　こうして図3-4のように、NB商品は右下の象限へ、エコノミーブランドも同様に右下の象限へ移動し、空いた左下の象限にはコンペティティブブランド、同様に空いた右上の象限にはクオリティブランドが入り、総じて高価格でありながらも消費者全般から品質の価値を見いだされるものではないライフスタイルブランドの一部が左上の象限に残るという配置を描くことがで

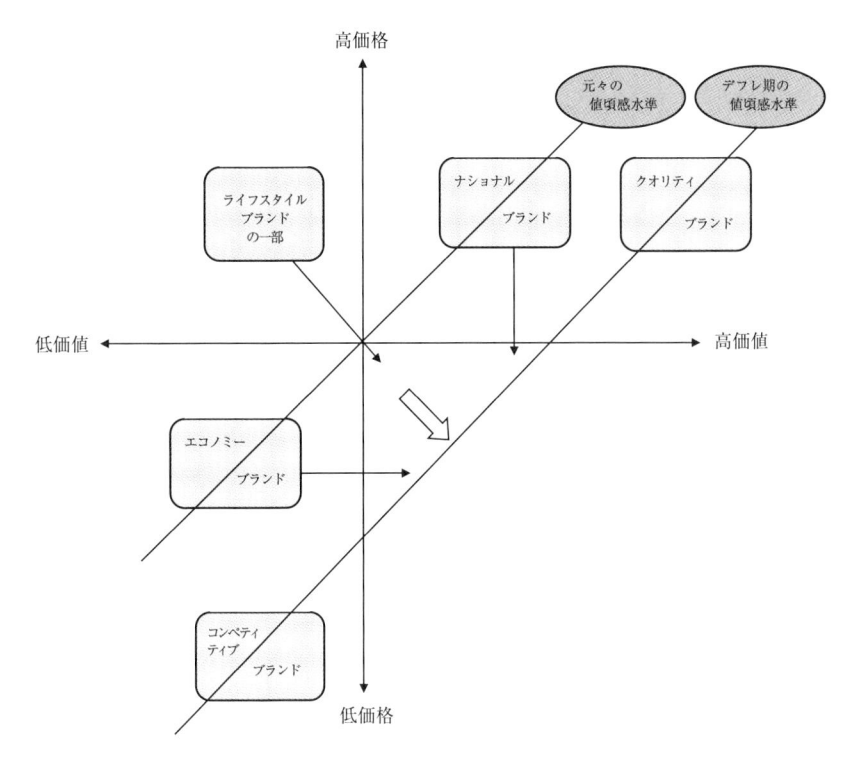

図3-4　値頃感水準のシフトにともなう4つのPB商品タイプの措定

出所）野村総合研究所（2005）を参考に作成。

きる。大雑把ではあるが、デフレ再燃下におけるPB商品の多層的配置の展開過程については、このように値頃感水準のシフトと関連づけながら理解することができるであろう。デフレ対応型PB商品は、エコノミーブランドの高付加価値化によって中心が形成され、場合によりライフスタイルブランドの一部による加勢や、コンペティティブブランドとクオリティブランドの投入という補強によってはたされることになる。

2．高級プライベートブランド商品の進展と付加的役割

リーマンショック後の物価の変動と不況に対応して、日本でもPB商品が多層的に展開された過程については上記に見たとおりであるが、消費者ニー

ズの多様化に対応する上で、とりわけ近年は高品質で高価格な高級PB商品（クオリティブランド）の投入が注目されている。ここではクオリティブランドという1つのPB商品タイプから消費者の値頃感に対するMDを検討する。

　クオリティブランドの中でもとくに取り組みが大規模かつ本格的で伸長の著しい事例が、セブン＆アイのクオリティブランドであるセブンゴールドである。2009年に発売が開始され、2013年現在11品目を展開し、セブンプレミアムに占める売上高のシェアは2％である。今後はそれぞれ300品目と15％に高める意向が示されている[11]。「金の食パン」「金のハンバーグステーキ」などNB商品のトップブランドより高価格であるにかかわらずその品質の高さゆえに、従来のNB商品に満足できない消費者の支持を集めている。このように高級PB商品をてこ入れする意図として、次の2つの点が考えられる。

（1）ナショナルブランド商品への対抗

　先にI-2.において見たように、日本のPB商品はNB商品が高価格であることへの対抗上、低価格品として投入されることが多く、NB商品の価格低下とともに売上が失速し企画が打ち切られるという歴史を繰り返してきた。その原因は、NB商品に比べて低品質であることを前提に低価格での浸透を意図してきたからであるが、真の原因はNB商品に品質で対抗できなかったことにある。

　ところが今回のPB商品ブームは、過去のPB商品ブームとは様相が異なる。NB商品が低価格販売されても、これを下回る超低価格PB商品（コンペティティブブランド）があり、さらに高付加価値化された低価格PB商品であるエコノミーブランドがNB商品の人気回復を遅らせる要因となっている。このような状況で、図3-4に見るように、空白となった右上の象限に入り込むPB商品を持つことがNB商品への新たな対抗戦略となるのである。またNB商品に対抗できる品質の向上に必要な大手メーカーとの関係の構築が進んだことも条件となっている。さらに、消費者の多様なニーズに対応する上でNB商品との対抗をいっそう徹底させるために品質の向上を成し遂げることは、他社のPB商品との差別化になり、小売業界で進む同質化からの脱却

手段として有効なMDの独自性を発揮することに役立つ[12]。

（2）インフレ対応の布石

　今回のPB商品ブームはデフレ再燃によるところが大きい。しかしデフレが終息し物価上昇に転ずることになれば、再びエコノミーブランドやコンペティティブブランドに消費者の支持が集まることになる。ところが物価上昇局面にあっても、クオリティブランドには新たに期待される役割があると思われる。

　先に見た図3-4において、デフレ下で形成された新たな値頃感水準にあっても、右上の象限に位置するものがクオリティブランドである。インフレになれば、そのまま単純でなくとも、値頃感はかつての水準に復元されるということになる。だが、値頃感がかつての水準に復元された場合でも、デフレ下にあって消費者から高価格を容認されていたクオリティブランドであれば、消費者の「高価格慣れ」が期待でき、品質を据え置くならば値上げしても支持をつなぎ止める可能性が高い。またクオリティブランドは他のタイプのPB商品とは隔絶した品質であるため、この広い格差の間で品質を調整すれば価格を据え置くこともできる。このようなことから、クオリティブランドは、値頃感水準の引き戻しに対応するための布石であるとも言える。

3．コンビニエンスストアの商品政策

　多層的にPB商品を展開することができる大手小売企業は、概して多くの業態をグループ内に有している。セブン＆アイであれば、そごう・西武、イトーヨーカ堂、ヨークベニマル、セブン-イレブン、ザ・プライスなどである。イオンも同様に多くの業態を展開しており、とりわけ食品スーパーやドラッグストアの分野でセブン＆アイを上回る店舗の展開と売上高を達成している。グループ内のいずれの業態を重視するかによってPB商品アイテムの構成内容に特徴が見られる。コンビニエンスストア業態に重点を置くセブン＆アイは菓子や惣菜および飲料などで先行し、スーパー業態に重点を置くイオンは食材や調味料および日用品などで先行する[13]。

　PB商品は、当初からグループ内の全業態を対象とした企画としてあるい

は他のグループとの共同企画として出発する場合もあるが、同じグループ内にある異なる業態のうち、特定の業態向けに投入されることを意図して企画される場合がある。ここでは後者に視点を定め、コンビニエンスストアという1つの業態に向けたPB商品の企画という事例から、消費者の値頃感に対するMDを検討する。

(1) デフレ再燃下におけるコンビニエンスストアの課題

リーマンショック後の深刻な不況と再燃したデフレの影響を受けて、2009年には、バブル経済崩壊後の長期不況下にあってもチェーン全体の売上高を伸ばしていたコンビニエンスストアの既存店売上高が過去最大のマイナス幅を記録した。

原因の1つは、不況による来店客数と客単価の減少にある。もう1つの原因は、食品および日用品を扱うスーパーやドラッグストアなどがNB商品の特売を含む低価格販売を強化したことによって、コンビニエンスストアの商品価格が割高に感じられるようになったことにある。つまり不況の影響もさることながら、一般的な値頃感がシフトしたことにコンビニエンスストアの商品価格が消費者の購買行動から置き去りにされてしまったのである。

利便性で集客してきたコンビニエンスストアではあるが、深刻な不況の再来とデフレの再燃に直面して、値頃感がある商品を求める消費者の要求にもいよいよ対応しなければならなくなった。よってその対策は2つある。1つは利用客が離れることを防ぐための価格対応であり、もう1つは利用客層の拡大である。この2つに別途の対応をしていては資源と戦力が拡散するだけである。2つを同時に解決するMDが展開されなければならない。

(2) コンビニエンスストアの商品政策

値頃感を求める消費者に対して値引き販売を開始することは、コンビニエンスストアの業績回復にとって有効であろうか。コンビニエンスストアを利用する客は、おもにその利便性ゆえにコンビニエンスストアを利用していたのであって、必ずしも安売りを望んでいるわけではない。また小型店舗であるコンビニエンスストアは、低価格大量販売には適していない。要するに、

コンビニエンスストアがとるべき価格対応策については、値引きによる単純な安売りが行われることは期待されていないばかりか、そもそも不可能である。では単純な安売りを採用することなく、新たに形成された値頃感水準に追いつくにはどうすれば良いのか。この方策がPB商品を利用したMDの採用であった。

　コンビニエンスストアに適したPB商品が企画される。これの特徴は従来の価格訴求型PB商品ではなく、高付加価値型PB商品ということにある。コンビニエンスストアで扱う商品は、約3,000の基本アイテムに絞られており、同じ商品領域のアイテムを複数種類揃えるスーパーに比べても極めて少ない。少品種ゆえにアイテムごとの発注数量が大ロットになり、PB商品の場合も同様に絞り込まれたアイテムごとの大ロット発注となる[14]。先に図3-4において、一般的な値頃感水準上で左下の象限に位置したエコノミーブランドが新たな値頃感水準上で右下の象限にシフトして高付加価値型PB商品として刷新されることを確認した。コンビニエンスストア向けPB商品の場合には、一般的な高付加価値型PB商品と同じ価格であっても、スケールメリットを発揮してより低コストで企画されるため、つまり右下の象限への移動幅が大きく、いっそうの高付加価値を実現することができる。

　この低価格高付加価値型PB商品がシリーズ化されて、特定の客層にアピールされる。たとえばセブン‐イレブンでは、セブンプレミアムを朝食、ランチ、軽食、つまみと展開してサラリーマンのすべての時間を包摂している[15]。またローソンにおけるローソンセレクトやミニストップにおけるトップバリュレディーミールは、スーパーからの客を新規に獲得することを意図して企画されている。

　NB商品や比較可能な他の業態でも扱われる商品の値引きによる価格訴求ではなく、低価格高付加価値型PB商品で値頃感に訴求し、これをシリーズ化することで特定の客層にアピールすることが、デフレ不況下でコンビニエンスストアという業態が採用するMDなのである。逆にこの低価格高付加価値型PB商品は、コンビニエンスストアに適合した特徴を持つ商品であるとも言える。

　セブンプレミアムやトップバリュレディーミールは、このようなコンビニ

エンスストア向けPB商品の特徴を持ちながら、グループ内でも普及されており、特定業態に適したPB商品が流通グループのPB商品全体の多様化に貢献するという好例となっている。

Ⅳ　プライベートブランド商品の多層的配置にかかわる新たな問題と意義

　ここまで多層的な商品配置を基礎にしたPB商品の多様化について、Ⅰでは経済的背景を説明し、Ⅲではその展開過程を消費者の値頃感への対応から論じた。本節ではこれらを前提にして次の2点について論じる。1つは、大手小売企業が主導するPB商品の多層的な商品配置が、それに必要な製と販の関係変化と役割の変更などを生起させる現実的な要因になっているのではないかということである。もう1つはデフレ不況期において大手小売企業が主導的に展開したPB商品戦略の社会的経済的な意義は、どのような点に見いだすことができるのかということである。

1.　製と販の関係変化と小売商業の自己責任
（1）マーケティングチャネルに及ぼす影響
　今回のPB商品ブームは、価格訴求型PB商品一般ではなく、多層的な商品配置を基礎にしたPB商品の多様化に特徴がある。とりわけ、不況とデフレの影響でNB商品の低価格化が進むなか、高級PB商品であるクオリティブランドの提供やエコノミーブランドの高付加価値化が進められている。このような方法によってNB商品への対抗を進めるには、高度な製品技術と効率的な生産設備を持つ大手メーカーとの共同が不可欠となる。
　この共同を遂行するには、大手メーカー側にもメリットがあることが条件となる。メーカーがPB商品を引き受ける事情の1つに、製造の空きラインの稼働率をあげることがある。そのためには小売企業が企画段階から関与するPB商品の契約は安定的な取引の前提となる。
　また空きラインといっても、当然のことながら限りがあり、どの取引相手にも提供されるものではない。よってメーカーは自らのメリットを最大限に

引き出すことができる小売企業を、パワーシフト後にかかわらず、「逆選別」
する。その結果、家電量販店の独自商品の場合に近似した取引である大ロッ
トの発注先を優先することになる[16]。

　こうして逆選別された大手小売企業のみが現在のPB商品提供を主導でき、
その結果、寡占度が高まることになる。他方製造する側でも、不況期にかか
わらず販売シェアを高めることになる。製と販は相互に寡占化を促進しあう
ことになり、マーケティングチャネルから、中小の製および販さらには配の
排除が進むことになる[17]。

　PB商品が多様に展開することは、一見するならば、大手小売企業主導型
のPB商品がメーカーの寡占に対抗しているようであるが、内実は互いの寡
占化を進めるのであり、高級・高付加価値PB商品を含む多様化はとりわけ
この進展を促進する要素となっている。

（2）小売商業の自己責任

　様々なタイプのPB商品が多層的に展開される小売商業の売場は、当然な
がら、PB商品で埋めつくされる。買い取り契約で取り揃えられたPB商品は、
SPAに通じる特徴を持つ。つまりそこでしか買えない付加価値と高い粗利益
を期待できる一方で、買い取りのリスクを大量販売で吸収することが求めら
れる[18]。しかしながら、売れ残りや廃棄に関する自己責任は常につきまとう
ため、PB商品を本格的に展開する上でこれが支障とならないよう、回避あ
るいは緩和の手立てが講じられることになる。

　コンビニエンスストア本部はこの自己責任を、オーナーに転嫁する。買い
取ったのはオーナーであり、廃棄もオーナーの負担で行うことを内容とす
るFC契約が取り交わされている。オーナーは仕入れ原価の一部だけでも回
収するために消費期限が迫った商品の値引き販売を行おうとするが、この行
為は本部との契約に抵触することになる。これは以前からの商慣行を利用し
て、PB商品の自己責任をも追加的に転嫁させようとする事例である。

　また流通業界にはいわゆる「三分の一ルール」がある。これは、製造から
賞味期限までの期間を3分割し、最初の3分の1以上を経過した商品は小売
業者に納品してはならず、最後の3分の1以内になった商品は売場から撤去

するという業者間における暗黙の了承である。これを社会的な資源の節約という観点から見直そうという機運が高まっている。いずれにせよPB商品を扱う大手小売企業にとっては、売れ残りや廃棄に関する自己責任を緩和できる環境が整うことになる。これは商慣行を見直して自己責任を緩和させようとする事例である。

　以上のように、小売業主導型のPB商品が多層的に配置されることは、その企画および提供にかかわるチャネル内において、各主体間の関係を変化させるとともに、それに適した役割と関係をもたらすのである。

2. 小売業主導型プライベートブランド商品の本格的展開がもたらす社会的経済的意義

デフレ不況下において大手小売企業が主導的に展開したPB商品戦略がもたらす状況には、いかなる経済的有効性や社会的意義があるのか。ここではこれをかつての価格訴求型PB商品との比較において検討する。

（1）消費者対応と日本における定着の可能性

　今回のPB商品ブームは、デフレ不況期における消費者の購買行動の変化に対応したものである。消費者が節約と買い控えの傾向を強める要因は2つある。1つは長期不況下において所得減少や将来の生活不安を考慮してのことである。もう1つは新たな値頃感水準が形成されれば、価格低下や、あるいは以前と同じか場合によっては高い価格であってもそれ以上の価値を取得できるというデフレ期待感があるからである。

　この消費者の意識と購買行動を前提に、デフレ対策として有効な手立てを図った結果として、今回のPB商品ブームの内容である多様化が展開された。つまり激安PB商品だけでなく、高付加価値PB商品および高級PB商品が多層的に展開される事態となったのである。図3-4における4つの象限のすべてを視野に入れてPB商品が配置されるという内容のMDは、景気の変動にもまた消費者の購買行動の変化にも対応する上で有効なMDである。

　かつて、提供される商品配置が、高価格高品質NB商品と価格訴求型PB

商品という2極だけであった時代には、PB商品は同一の値頃感水準上でNB商品の好不調に左右されるだけの存在に過ぎなかった。NB商品もPB商品も多象限にわたる多様化をしなかった。所得格差がそれほどなく、不況の深刻さや、ニーズの多様化が現在ほど進んでいなかったため、そのような必要に迫られていなかったからである。右上の象限だけで行われたNB商品の多様化と、景気に応じて低価格訴求をするPB商品が投入されるだけの状況であった。つまり品質を重視する日本の消費者にとって、商品を選択する際、NB商品がその基軸とされてきたのである。

　しかしこれでは、図3-5のように所得格差が広がり、ニーズと購買行動が多様化する現代の社会におけるMDとしては不十分とならざるを得ない。PB商品が4つの象限を視野に入れた多様化を行おうとすることが、従来から品質を重視するがゆえに高付加価値PB商品および高級PB商品を支持する消費者ニーズに加えて、格差社会における消費者ニーズを満たす有効な手段となるのである。このことが、今回のPB商品ブームが持つ社会的な意味である。

　また、日本の経済と社会の変化に対応しているからこそ、今回のブームではPB商品が日本市場において広く定着しつつあると考えられ、このような事態の進展は、格差社会において形成されつつある新たな流通革新の構成要

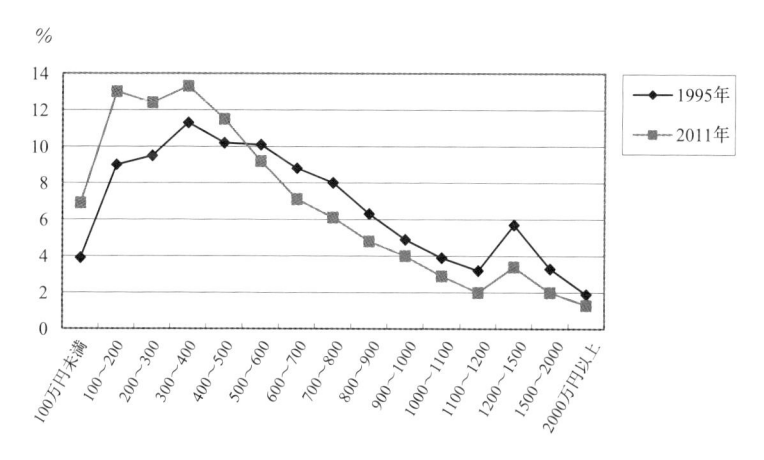

図3-5　所得金額階級別世帯数分布の変化

出所）厚生労働省『国民生活基礎調査』（平成10年および平成24年）より作成。

素になると推察できる。

(2) 流通業の公益性促進

小売業主導型PB商品は、マクロレベルの流通に対して次のような影響を及ぼす。大手小売企業が展開するMDでは、メーカーが自由な競争によって展開するMDよりも、売場と棚割の実情から逆算された商品調達が行われている。それゆえ、小売業主導型PB商品には次のような革新的内容がある。1つは、小売業主導型PB商品では、売れるように設定された品質と価格のバランスを持つ商品のみが計画的に取り揃えられているため、消費者の値頃感に応じた商品構成になっていることである。もう1つは売場で把握された現実的な消費者ニーズを反映して企画された商品が取り揃えられていることである。

小売業主導型PB商品は消費者に受け入れられる素地があるだけでなく、売れ残りや無駄を最小限に押さえることができるという特性をもって、またNB商品の価格高騰や品薄状況でも消費社会に安定的に提供されている[19]。

さらにこの効率性が、消費者による品質の信頼と結びつくことでPB商品を提供する主体である流通業者の公益性を高めることになる[20]。PB商品が本来的に支持される理由は、NB商品と同程度かそれ以上の品質であることが判明している場合に、より低価格で提供されていることである。品質の判明はパッケージに記載される保証でも、また消費者の経験によるものでも良い。当初は不確かな品質を前提とした値頃感であっても、モニタリングと改良を繰り返すことで支持は広がる。これを大手メーカーとの共同で行う場合であれ、独自で行う場合であれ、提供される商品分野における流通業の公益的性格は確実に前進する。

V　結　論

2010年代以降に顕著となっている今回のPB商品ブームは日本における3度目のブームであり、その特徴は、大手小売企業とりわけ2強が主導するPB商品の多層的な商品配置を基礎とした多様化にあることを確認した。そ

の上で、本論ではこの特徴がどのような状況において生じたのか、いかなる展開過程をへて成立したのか、さらにその意義は何かということを検討してきた。

　長期不況期において小売商業へのパワーシフトが進行しつつあるなか、2008年のリーマンショックの前後に急激な物価変動が生じ、不況の深刻化とデフレの再燃がもたらされたことが今回のPB商品ブームの背景であった。ここにいたって、商品の価値と価格のバランスである値頃感の水準がシフトすることになる。これにともなってNB商品の低価格販売と低価格PB商品の高付加価値化が生じ、空いたスペースに高級PB商品および超低価格PB商品が投入されたという経緯を見ることができた。

　このような多層的なPB商品展開であるというところに、日本でもPB商品の急速な進展と定着の可能性を確認することができるのである。NB商品の特売をはるかに下回る価格での超低価格品、価格据え置きの高付加価値品、品質にこだわる高級品さらには特定の機能をアピールするこだわり商品を含む展開であることが、縮小する経済と広がる格差を特徴とする日本の社会と経済、そこで進む新たな流通革新に貢献する商品供給の在り方として必要とされている。このような商品提供方法が、日本における今回のPB商品ブームとして現象しているのである。

　さらにPB商品がこのように進展し定着することによって、商品の安定的な提供や品質の保障という点において、流通業の公益的性格が前進することになる。

注
1)　根本（1995）、戸田（2008）、重冨（2009）などを参照。
2)　宮下（2011）を参照。
3)　1990年代のPB商品ブームの背景には円高と内外価格差があった（根本（2009）、43ページ参照）。
4)　このPB商品は、後述するいわゆるエコノミーブランドに分類される。当時はトップバリュが先行し、これに追随して、当初高級ブランドとして予定されていたセブンプレミアムも実質的にはエコノミーブランドとして投入されることになった。この時期の日本におけるPB商品の展開状況については、『激流』2010年3月号で詳しく論じられている。
5)　宮下（2011）、124ページ参照。

6) このような本格的な展開と言える多様化を実行できている小売企業は2強に限られている。他方で地方スーパーなど、相変わらず価格訴求型のPB商品提供しかできていない場合が多い。

7) 『日経流通新聞』2012年3月22日参照。また中村（2009）はPB商品のタイプをその発展の4段階に対応させた4つのタイプとして整理されている（16～17ページ参照）。

8) PB商品の多品目化によるリスクおよび収益性の低下については根本（2009）、45～47ページおよび『日経ビジネス』2013年1月14日号、60ページで指摘されている。イオンでは「担当業態」「ブランド・キャプテン」と称される対処が講じられている（『激流』2012年10月号、25ページ参照）。

9) 消費者全般から品質の価値を見いだされるものではないが、価格訴求もあえてする必要がないライフスタイルブランドはその一部が左上の象限に位置づけられるが、商品によっては高品質商品が含まれる場合もあるため、PB商品タイプとしての性格づけを示す図3-2には反映させていない。

10) これの典型的な事例がサントリーとのプレミアムビールの契約であり、この経験がセブンゴールドに継承された（『日本経済新聞』2013年6月6日参照）。

11) 鈴木敏文セブン＆アイ会長談話（『日経流通新聞』2012年12月17日および『日本経済新聞』2013年6月6日参照）。同様にイオンもトップバリュセレクトの拡大を意図している（『日本経済新聞』2013年8月17日）。

12) 『激流』2012年10月号、20ページおよび『日経流通新聞』2012年11月11日参照。

13) 『激流』同上、19ページ参照。

14) セブン-イレブンを販路として大量販売が見込まれるセブンプレミアムの場合、多品目化によるリスクと安全のリスクが低下すると指摘される（根本（2009）、50ページ）。

15) 『販売革新』2012年8月号、16ページ。

16) 『激流』2010年3月号、12～13ページおよび2012年10月号、17～19ページ参照。

17) 神戸物産は生鮮品のPB商品を展開するために、コスト構造や生産情報を得ながら、農業・畜産・漁業にまで進出する製販一体を行っている（『激流』2012年10月号、48ページ参照）。

18) 伊藤元重「PB拡大一段と」『日経流通新聞』2012年9月5日。

19) オール日本スーパーマーケット協会の事例がある（『激流』2012年10月号、47ページ）。

20) 小売業主導型PB商品の公益性促進にかかわる議論として、メーカーから自社向け商品を提供させる「私的性格」についての指摘がある（加藤・崔相（2009）、22-23ページ参照）。

参考文献

大野尚弘（2010）『PB戦略―その構造とダイナミクス―』千倉書房。

加藤司・崔相鐵（2009）「進化する日本の流通システム」『流通チャネルの再編』中央経済社、1-30ページ。

菊池宏之（2011）「小売業におけるPB商品の展開と課題―スーパーマーケットのPB商品を主体に―」『経営論集』第77号、141-151ページ。

重冨貴子（2009）「PBの新しい発展段階における消費者の意識と行動」『流通情報』No.480、6-14ページ。

戸田裕美子（2008）「ブランド管理論への一考察―マークス＆スペンサー社のPB戦略を中心に―」『三田商学研究』第51巻4号、209-224ページ。

中村博（2009）「プライベート・ブランドの成長戦略」『流通情報』No.745、16-24ページ。

日本経済新聞社編（2009）『PB「格安・高品質」競争の最前線』日本経済新聞出版社。

根本重之（1995）『プライベート・ブランド―NBとPBの競争戦略―』中央経済社。

―（2009）「プライベートブランドのリスクに関する検討」『流通情報』No.480、42-54ページ。

野口智雄（1995）『価格破壊時代のPB戦略―「低価格・高品質」の秘密を探る―』日本経済新聞社。

野村総合研究所（2005）『第三の消費スタイル―日本人独自の"利便性消費"を解くマーケティング戦略―』野村総合研究所広報部。

宮下雄治（2011）「日本におけるPB商品の開発動向と発展可能性―国際比較の観点から―」『城西国際大学紀要』第19巻第1号、117-135ページ。

『激流』2010年3月号、2012年10月号、国際商業。

『日経ビジネス』2013年1月14日号、日経BP。

『日経流通新聞』2012年3月22日、9月5日、11月11日、12月17日。

『日本経済新聞』2013年6月6日、8月17日。

『販売革新』2012年8月号、商業界。

第4章
消費縮小状況における流通チャネルと流通機能

　長期不況の下、新たな消費制限が生じている。この状況は、2007年リーマンショック後のデフレ再燃期に深刻化し、2014年の消費税率引き上げによりさらに継続している。

　新たな消費制限は、所得の減少のみならずそこから派生する消費者の購買行動と消費スタイルが変化したことに起因しており、そのおもな特徴は節約的志向と買い控え傾向として現れる。

　小売商業はこの変化に対応することで消費制限を乗り越えようとしている。つまり個別の小売商業は消費の縮小を克服しようとしている。具体的には、消費者の住宅地や交通要衝への出店、インターネット利用受注および短時間配達サービス、商品の低価格販売、日常使いの商品への品揃えシフトなどである。個々の小売商業が展開するこれらの販売諸手段が組み合わされた集合的な手段は、小商圏対応型店舗の展開、インターネット利用販売（以下ネット販売）、オムニチャネルの構築という典型的な3つの政策に結実している。この3つの政策は、取り組む主体も内容も異なっているにもかかわらず、そこには共通性があると思われる。

　小売商業が展開するこれらの政策を、これらに付随してはたされることになる流通機能に還元することでこの共通性が見えてくる。3つの政策において重視されるようになった流通機能は、定番商品を重視した品揃え、高度で多様に展開される物流、インターネットによる注文や広告で多彩に展開される販売促進、カードや電子マネーによる決済などである。総じて買物行動を簡単で便利にし、これを手助けするように流通機能が変化させられている。

　他方で、変化する小売商業の流通機能に付与される特徴が消費制限を突破する内容になるか否かは、現実的な対応を行う小売商業の活動とこれを取り巻く社会経済的環境のフレームワークの双方によって規定される。しかし、縮小するパイを奪い合う現状では、消費制限を突破しようとする個々の小売商業の意図がそのまま全体の状況変化を呼び起こすには困難な状況にある。

　本章の課題は、消費制限を克服するために小売商業が開発し展開する3つの政策を分析の対象としながら、そこではたされる対応手段が消費におよぼす影響について、その手段の展開に付随して生じた流通機能の変化に沿って考えることである。

I　前提問題の設定と仮説

1.　前提問題

(1) 消費縮小状況

　本章が考察の対象とする消費縮小とは、バブル経済崩壊後の長期不況のなかで生じた新たな消費制限のことである。1990年代初頭に起こったバブル経済の崩壊により日本経済は突然の不景気に見舞われ、商品・設備・資金・労働の過剰を抱えることになった。ここからの回復手段として在庫処分、不良債権処理、賃金引下げや正社員の非正規労働への置き換えなどが行われたが、そのフレームワークとして、企業の自由な活動の妨げとされた規制の緩和と労働コストの引下げに重点をおく新自由主義的経済政策が採用された。

　長期不況期の新自由主義的経済政策の下で生じた消費縮小の具体的な現れは、次の3つの点において顕著である。

　1つは消費金額の減少である。雇用破壊ともいわれる所得減少と不安定な雇用状況に置かれた消費者は生活防衛のため節約を心掛けるようになる。購買する際にも最安値あるいはできるだけ安く提供する売り手を探索するようになる。今世紀に入ってからのデフレ経済状況がこの節約的購買行動の進展を助長した。また2014年からの消費増税もこの傾向に拍車をかけている。

　2つは目的消費が徹底されるようになったことである。不要なものを買わない、確実に使うものをできる限り消費時点に近づけて必要な量だけ買うと

いう、明確な目的を持った購買を徹底する傾向が強まったことである。その結果、買いだめをせず、ニーズに合わないところがあれば買い控えられることになる。とりわけ衣料や家電といった不要不急の買回り品などは買い控えられ、生活必需品の購買が優先されることになる。またデフレ基調の経済ゆえ購買を先延ばししやすいこと、高齢者や単身世帯の増加で少量ずつの購買ニーズが高まったことなどもこの傾向を後押ししている。

3つは買物に労力をかけなくなったことである。生活必需品が優先的に購買されるということは、買い回り行動の必要性を減じさせる。最寄り品の購買を優先して済ませようとする消費者にとって買い回りは面倒であるため、時間や移動距離をかけない、買物回数を減らすといった購買行動が強まることになる。地域商業の衰退や高齢者の増加など、買物にとって困難な状況が増えたこともこの一因となっている。

以上3つの現れを、消費者の購買行動の点から特徴づけるならば、「縮む購買行動」と「用事型」消費とすることができよう。前者は買い回りをしなくなる購買行動であり、後者は商品を見て探すという労力をかけずに、すでに十分「分かっている商品の目的買いや単品買い」[1] で済ませようとする消費スタイルである。

こうして、待っていても買い回り客が来ないならば小売商業から近づく他なく、消費者が見なくてもわかっている商品であればインターネットで受注して配達すれば事足りるということになる。

(2) 小売商業の対応

縮小する消費状況にあって消費者の購買行動と消費スタイルの変化に対応しようとする小売商業は、低価格あるいは値頃感への訴求、生活必需品の優先的品揃え、効率的なサービスの展開など、さまざまな販売手段を講じるようになってきた。

特化できるほどの売れる商品があり、低価格提供すれば購買を促すことができ、近くに出店すれば近隣客が高頻度で来店し、便利さと楽な買物を提供できれば多く買ってもらえる、など一部の小売商業は縮小する消費にうまく対応できているかのようである。しかし、小売商業が講じる個別の販売手段

について、その内部に立ち入って競争状況やコスト管理などを検討する必要がある。

　縮小する消費に対する小売商業の対応には、販売諸手段の集合として実行される2つの特徴的な政策とこの両方を包摂する政策モデルがある。

　1つは、実店舗を消費者の近隣に出店する政策である。つまり店舗で消費者に近づくことであり、小商圏の深耕策であるとされる。店舗を利用する顧客の居住範囲である商圏を狭く設定して、食品や日用雑貨のような生活必需品、普段着や消耗性の高い電化製品といった日常使いの商品を取り扱うことに特化しつつ、高い来店頻度を得て商圏内のシェアを高めることに主眼が置かれている。

　2つはネット販売であり、インターネットで受注し配達することによって消費者に近づくことである。店舗の有無や立地場所との距離とは無関係であるという点において、商圏を乗り越え拡張する性格を持つとともに、すでにわかっていてどこで買っても同じ商品いわば用事商品[2] について、面倒な用事をインターネット注文と配達で簡単にすることで消費者の支持を得ている。実店舗型小売商業もインターネットと配達を展開している。また専業通販業者の伸長も著しい[3]。

　この2つの政策は、商圏に関しては全く正反対の傾向を持ちながらも、従来以上に消費者に近づくということと、重点的に扱う商品については同じ特徴を持っている。しかしながら、2つの政策が陥りやすい傾向も共通している。コストを度外視した出店や配達、過度な価格競争やサービス競争がこれにあたる。

　両方を包摂するオムニチャネルという政策モデルが、おもに実店舗型小売商業の側から構想されている。これは実店舗もネット販売も含むあらゆるチャネルが消費者に提供される方式であり、近づくというより囲い込むこと、つまり消費者との距離や商圏の広狭よりも顧客と提供商品の一元管理に重点をおく。実店舗型小売商業が、インターネット販促と配達物流の結合であるネット販売の機能を取り込むことによって、ネット販売を融合する方向に事態が進むことが想定されている。

(3) 商業者がはたす流通機能

　流通とは生産と消費の間にある懸隔を埋めることにより、両者を結合させる過程である。そこには、社会的（人的）懸隔、場所的懸隔、時間的懸隔という3つの主要な懸隔がある。これを埋めることが、それぞれ売買機能、運送機能、保管機能によってはたされる。さらに売買と表裏の関係にある金融機能、認識の懸隔を埋める情報機能、危険負担機能という3つの補助的機能が付加されて、広義の流通機能として把握される。A.W.ショーおよびF.E.クラーク以来、おおよそこのような流通機能の整理が行われてきた[4]。

　しかしこれは経済にかかわる概念であって、現実の事業者が担う場合には、より具体的な機能として再認識される必要がある。商業者がはたす具体的な流通機能として上記の流通機能を再度把握するならば、売買機能は品揃え機能と価格決定機能および販売促進機能によってはたされる。また運送機能は倉庫や店舗への配送や個人消費者宅や事務所への配達といった物流機能として、保管機能は販売されるまでの在庫機能などによってはたされる。同様に金融機能は支払いや決済機能として、情報機能は接客や広告機能などによってはたされる。これら商業者が担う現実においてはたされる狭義の流通機能つまり厳密には商業機能を指して、本章ではこれも流通機能と呼ぶことにする。

　さらにこれらの流通機能は社会経済的な環境変化によって内容が変化することや、流通機能間の重点がシフトすること[5]にも着目して論じることとする。

(4) 販売諸手段の普及と業態同質化の進展

　縮小する消費状況に対応する中で開発された小売商業の販売諸手段は、様々なプレイヤーに採用され、いずれ特定の流通機能として取り込まれる。1つの例として、強力な販促手段として活用されるインターネット利用がある。インターネット利用が普及することで、商品提供者間の価格比較が容易になり、当初は棲み分けが行われていた実店舗型小売商業と専業通販業者も、これに対応した過度に競争的な価格決定や配達物流といった同様の機能をはたすようになる。販売に関する手段が普及することは、別個にはたされ

ていた流通機能の内容に同質化をもたらし、様々な業態の同質化を進めることになるのである[6]。

　小売商業が実店舗の近隣出店やネット販売、両者の融合政策モデル構築などとして行う対応に付随してはたされる販売の諸手段は、業態を超えて普及する。様々な小売商業が新たな諸手段を取り込むことで、おもに業態ごとの特徴を持ってはたされていた流通機能は、従来の内容と異なる性格を持つことになる。

2. 流通機能と消費にかかわる仮説

　総じて縮小する消費に対応する小売商業は、買物行動を用事に置き換えた上で、これを手助けする方向に流通機能の重点をシフトさせている。消費者にとっては確かに便利であり、消費者ニーズの特定の側面に応える機能がはたされる。しかしながら、この置き換えによる消費の獲得と長期不況下で継続している新たな消費制限を乗り越えることとの関係をどのようにとらえれば良いのであろうか。またこの手助けが効率的である対象と範囲はどこまでであろうか。

　以下では、新たな消費制限に対応するためにはたされる小売商業の販売手段と流通機能が消費に対して及ぼす影響について、4つの仮説を示し、Ⅱ（小商圏対応型店舗の展開）、Ⅲ（ネット販売）、Ⅳ（オムニチャネル構想）でその事例と問題点を順次検討し、Ⅴ（流通機能の変化）で全体を整理する。

　（仮説1）小商圏化によって節約的志向および買い控え傾向が助長される
　　小商圏化は、消費者の目的来店に対応することを前提として、近隣出店、日常使いの商品へのシフト、小型店化を実行した結果である。目的来店にうまく対応できればできるほど、消費者は目的商品しか購買しなくなる。また小売商業もそのような商品を優先的に取り扱うようになる。
　　こうして消費者は、近隣の買物で済むため、遠方の商業集積地へ出向かず、買い回りの機会が減ることになり、消費金額の減少と余計なものを買わない傾向が強まる。

（仮説2）ネット販売は買物を用事化し、用事商品の低価格販売とそれ
　　　　以外の商品の買い控えを助長する

　消費者は普段から使っている商品で、どこで買っても同じ商品であるな
らば、楽に買うことを優先して価格比較や実際の購買のために店舗に出か
けなくなる。その結果、用事商品を調達すること以外に購買行動を控える
ことになる。

　また供給者側では、インターネットによって商品の価格比較が容易にな
るため、過度な価格競争やサービスの提供が行われることで薄利が常態化
させられることになる。供給者側は無駄の削減に積極的に取り組み、これ
が提供商品の多様性欠如を生み出し、商品の用事化につながる。

　仮説1および仮説2のいずれの場合も、定番品が優先されるようになり、
商品の品揃え機能が希薄化することになる。またどこでも扱われる定番品
で、価格比較が容易なため、過度な価格競争に陥りやすくなる。総じて商品
の購買に際して品揃えや独自品質の提供が軽視され、物流機能や低価格提供
が重視されるようになる。

　（仮説3）オムニチャネルはグループ内への囲い込みの範囲にとどまる

　実店舗型小売商業が専業通販業者に対抗する手段として構想されたオム
ニチャネルは、ネット販売を融合し自在に組み合わせたチャネルを消費者
に提供している。つまり販売の入口から出口までを自社のネット販売や店
舗でシームレスにつないでいる。

　しかしながら、現在は専業通販業者への対抗上、ショールーミング後の
消費者の購買を自社あるいはグループ内での需要にとどめることが最優先
の課題とされている。

　（仮説4）縮小する消費状況下で現在展開されている小売商業の対応は、
　　　　消費を縮小させることになる

　縮小する消費状況において、小売商業は商品分野の限定と特化、入手の
簡便化による買い回りの不要化、グループ内への顧客囲い込みといった販

売手段を展開する。これによって消費状況に新たな制限が課されることになる。このような制限を課すことになる販売手段が収斂する流通機能がはたされるならば消費はいっそう縮小し、しかもその内容として消費生活の貧困化が進行することになる。

Ⅱ　小商圏対応型店舗の展開と課題

1.　近隣出店小型店増加の背景と現状

高度経済成長以来、日本経済は人口増とそれにともなう消費の増加をともないながら右肩上がりの成長を続けた。経済活動の拡大と人口の増加は、郊外への居住とモータリゼーションを引き起こすなど、外延的な拡大を一般的な傾向とした。

しかしながらバブル経済崩壊後から状況は一変する。長期不況は消費の停滞を招き、新自由主義的経済政策がこれに輪をかけてコスト引下げと雇用破壊を行うことでデフレ基調の経済となり、2008および2009年には経済成長がマイナスとなった。また人口の停滞や減少、地価の下落による都市中心部への人口回帰などを背景に、空洞化していた都市中心部を活性化させようと2006年に制定された改正まちづくり3法などにより、以前からオーバーストアであった郊外における大型店の出店規制が開始された。

このような社会と経済状況の下で、実店舗型小売商業の経営手法に変化が現れた。これまで都市百貨店などの買回り品販売を除いて大手小売商業が出店をしてこなかった大都市中心部において、消費者の居住近隣や交通要衝に出店するケースが目立ち始めた。

その傾向の1つは、2005年のまいばすけっと登場以来、急速にミニスーパーが増えていることである。これは、都市中心部に回帰してきた消費者が食材を購入する際、自動車で郊外の大型店に出かけることは時間がかかるうえ不便であり、デパ地下食材や繁華街にある高級スーパーを毎日利用することが合理的ではないことなどが一因となっている。また高齢化が進み郊外の大型店に出向いて買物をすることが困難な消費者や、少量の食材を近くで手軽に入手したいというニーズを持つ1人暮らし世帯も増えている。このよう

な消費者にとって、地元で日常使いの商品を買うことができる店舗が不足していたのである。かつて郊外店を乱立させて衰退に追い込んだ中心市街地における商業の空白地域で、これと同じグループのチェーン店が需要を丸ごと取り込もうとして食品スーパーを展開し始めた。地価が下落したとは言え、郊外立地のように駐車場を完備した大型施設ではコストが掛かりすぎるため、これらの食品スーパーは小型店にならざるを得ない。

　後にイオングループ入りすることになるマルエツも、ポロロッカやマルエツプチなど小型スーパーを積極的に展開している。スーパーがコンビニエンスストア級の小型店を出店するのに対して、コンビニエンスストアからの対応も見られる。ローソンは生鮮食材も取り扱うローソンストア100を展開し、さらに2014年からミニスーパー・ローソンマートを新規出店した。ローソンマートは現在25店舗であるが、ローソンストア100を順次転換する計画である。近年注目される3社について、表4-1を参照されたい。

表4-1　ミニスーパー出店数

	初出店年月	店舗数	備考
まいばすけっと	2005年12月	424	都市型小型スーパーマーケットとして東京都と神奈川県に展開
マルエツプチ	2009年6月	58	食品スーパーとしての商品力などを生かした品揃えが強み
ローソンマート	2014年2月	25	コンビニエンスストアの2倍の売場面積。ローソンストア100を順次業態転換させる計画

出所）各社ホームページおよび『日経流通新聞』2014年8月29日より作成。

　小型店に関するもう1つの傾向は、食品スーパー以外にも都市中心部の小型店が増えていることである。ユニクロ、ジーユー、紳士服各社といった専門量販店が、従来出店してきたロードサイドや郊外商業施設内から、都市中心部の交通要衝や駅ビル内に小型のサテライト店を出店させている。これは消費不況の下で、できるだけ買回り品の支出を減らし、買い控えようとする消費者に対応するための方策である。ホームセンターでは、コメリやコーナンが、品揃えを購入頻度の高い商品に絞った小型店を展開し、ドラッグストアもコンビニエンスストア機能を付加して惣菜や弁当を扱う小型店を積極的に出店している[7]。

2. 小型店近隣出店の意図と課題

　消費者の居住地近くや交通要衝に、小型店で出店することにはいくつかの意図がある。小型店を出店する直接の契機は、待っていても客が来ないから店舗で近づくこと、家賃などの不動産コストを考慮して小型店出店をしていることにある。これらは制約的な要因であるが、この制約の中に、逆にメリットに高められた明確な経営的意図を見い出すことができる。

　その1つは、近隣住民を最優先の対象顧客としていることから、日常的なニーズに応える必要があり、これが彼らのロイヤリティを高めることにつながっているという点である。毎日の食料品、日用品、日常使いの衣料品などを優先的にひと通り揃えることが、狭い商圏を対象とする上で重要な経営手段になっている。

　2つは小型店ゆえに余計なものを置く余地がなく、このことが目的買いに対応する上で優位性を発揮していることである。取扱品目数では、まいばすけっと2,000品目、マルエツプチ3,500品目となっており、コンビニエンスストアの約3,000品目に比肩する絞り込みでありながら、食材の種類ごとに複数のアイテムが扱われていることからも、生活必需品によく絞り込まれていることがわかる。この絞り込みゆえ、ワンストップかつショートタイム・ショッピングが実現されている。

　3つはこれらによって来店頻度が高まり、狭い商圏であっても高額な売上高が望めることである。都市の小型スーパーでは、購入1回あたりの客単価が高くなくとも、来店頻度を乗じた同一消費者の支出総額は必ずしも低くない傾向にある。

　しかしながら、そこには課題もある。それはおもにコスト面と競合およびグループ内での他業態との補完性にかかわる。

　小型店とはいえ、都市中心部に出店することは不動産コストの上昇をまねく。比較的地価の安い住宅地内部であっても、粗利益の低い生鮮食品を販売していては不動産コストの回収はできない。また粗利益の高い買回り品販売であっても、駅ナカなどでの立地では同様のことが起こる。マルエツプチでは、居抜き物件の確保やインストア加工をしないことでこれに対応している。インストア加工をしない場合、そのバックヤード面積が不要になり、不

動産コストを引き下げることに成功している[8]。

　小型店展開は、大型施設に比べて出店も退店も容易であるため、競合の発生機会が多くなる。とりわけミニスーパーの場合、食材、日用品といった差別化が容易でない最寄り品の分野で競争に勝ち抜く手立てを講じなければ生き残れないということになる[9]。

　小型店を展開する流通グループ内における他の業態との補完性や競合性も考慮されるべき課題となる。近隣出店とは逆の対応策として配達で消費者に近づこうとする大商圏型スーパーのネット販売との役割分担や、オムニチャネル構想における小型店と配送拠点の関係などの問題が生じる。

3. まとめ

　小型店出店の意図が、近隣住民に日用品を販売すること、そのロイヤリティと来店頻度を高めることにあることを確認した。これはすなわち商圏を深耕することであって、深耕された優良な市場の規模が拡大することを前提とするものではない。狭い商圏内の消費シェアを自社の店舗で獲得するという意図を出るものではない。むしろこの意図の範囲内に消費者の買物行動の範囲をとどめ、より広域な商圏への買い回り購買の機会を減じさせることになる。

　また、差別化が容易でない最寄り品の分野では価格競争が起こりやすく、近隣で来店しやすいことは必要量を必要時に購入するという節約的な購買行動をまねくことになる。

III　インターネット利用販売の現状と問題点

　新たな消費制限に対処するもう1つの政策であるネット販売について、買回り品販売と最寄り品販売に分けて考察する。

1. 買回り品のショールーミングに対する実店舗型小売商業の対応

　買回り品とは本来、当該商品の機能や価格を比較するために消費者が自ら複数の店舗を巡って購買する傾向が強い商品である。しかしながらその中に

は、とくに工業製品に多く見られるが、あらかじめ機能がわかっているものがある。この場合、消費者は実物の質感などを1店舗で確認すれば、あとは価格比較と実際の入手および決済だけで購買が終了することになる。つまり、途中でたった1度の実物確認さえできれば、それ以上買い回る必要がなく、残りの用事を速やかに済ませることだけが購買行動となる。

（1）専業通販業者の成長

　買回り品にも用事商品化している分野が意外に多いことが、インターネットを販売促進手段として利用する専業通販業者の急成長を可能とした背景となっている。これに加えて、消費者のショールーミング後の用事行為を手助けする手法、つまり価格等の情報提供、低価格販売、支払いと配送の簡便さといったビジネスモデルの優位性が確立されていることが専業通販業者の急成長にとって不可欠な要因となっている。

　アマゾンの強さの特徴は、消費者が目的としている用事商品を探しやすいこと、購入者の口コミや関連商品の提示といった効果的な情報提供、低価格、簡単な支払い方法および無料で確実な配送にある。また仮想モールに出店する業者の低価格はイレギュラーな仕入れに依存している場合が多い。そのように仕入れられた商品はメーカーへの配慮がなされることなくディスカウント販売される。仮想モールの運営業者は出店業者から手数料を得られれば良く、この低価格競争が破滅的であっても何ら憂慮することはない。

（2）実店舗型小売商業の対応

　ショールーミングされるだけで実際の販売に結びつかない実店舗型小売商業、とりわけ近年最もその影響を受けている家電量販店などから専業通販業者への反撃が試みられている。

　反撃の有効な手段は、実店舗型小売商業が自社ネット販売の体制を構築し、自らのネット販売価格を店舗での価格に適用する対抗的な価格政策（プライスマッチ政策）を展開することである。アメリカの家電量販店ベストバイは「究極のショールーム」戦略と称して、自店舗での商品の実物確認にとどまらずスマートフォンで価格比較などを自由に行うことを認めた上で、プ

ライスマッチ政策を採用している[10]。日本でも、アマゾンに徹底的に対抗する家電量販各社はこのような価格政策に転じつつある。

　イレギュラーな仕入れ頼みの仮想モール出店業者に比べれば、専門量販店のメーカーに対するバイングパワーは比較にならないほど大きい。メーカーへの配慮が必要でなければ、本来最安値を実現できる仕入力を専門量販店は有している。このようなプライスマッチ政策の展開によって、カテゴリーキラーの復権が期待されている[11]。

（3）専業通販業者の実店舗展開

　他方、ネット販売を専業としてきた通販業者も実店舗の出店に注力している。しかしこれは、独自商品や他では購入およびショールーミングができない商品を扱っている場合に効果が発揮される性格のものである。

　たとえば通販生活は、環境配慮型の調度品や道具類、特定機能を強調した寝具・衣類などの取扱いに特徴がある。購入を考えている消費者としては、複数品目の取り寄せや返品の面倒さ以外にも、風合いやコーディネートなどについて実物確認をしたい場合がある。このような消費者に対しては、実店舗を出店しておくことが付加的なサービスとなる。

（4）買回り品ネット販売の課題と問題点

　専業通販業者のみならず実店舗型小売商業も、積極的に採用を進める買回り品のネット販売ではあるが、そこには以下のような問題点や課題があると思われる。

　1つは、用事商品化した買回り商品は価格競争に巻き込まれやすく、インターネットによる価格比較の容易化とあいまって、この状況がいっそう進むことである。その結果バイングパワーを持つ大手業者が優位に立ち、低価格物流や低価格販売が優先される消費が主流になることが懸念される。

　2つは、価格競争を回避できる商品の扱いが追求される傾向が生じることである。これには、PB商品はもちろん、他では購入できない本来の正規ブランド品や、かつての「再販」に逆戻りしたような実店舗とネット販売のいずれで買っても末端までコントロールされた同じ価格で販売されている商品

などがある[12]。

　3つは、ショールーミングへの対応策であるプライスマッチ政策が従来の価格競争のあり方を変化させるということである。実店舗型小売商業を含む競合各社にとって、専業通販業者の最安値価格が競争の標的となる。実店舗小売商業の自社ネット価格がこれを追いかけ、実店舗の店頭表示価格と実売価格がこれに影響されるという、いわば「三重価格」のような事態が起こる。実店舗型小売商業がプライスマッチ政策を展開する際、これによる過度な価格競争のしわ寄せや複雑さが、いずれは消費者に負担として転嫁されることがないように配慮されなければならない。

2.　最寄り品分野におけるネットスーパーの状況

　最寄り品販売とりわけ生鮮食品の販売分野では、買回り品販売のように実店舗型小売商業がショールーミング行為を通じて専業通販業者に実際の販売を奪われるという事態は生じていない。しかしながら、この分野では実店舗型小売商業が自ら乗り出すことでネット販売が伸長している。最寄り品分野におけるネット販売の現状と課題について、ネットスーパーを取り上げて検討する。

（1）ネットスーパーの成長と食品ネット販売の類型

　インターネットで注文を確保して当日中に宅配するネットスーパーというビジネスモデルは、1990年代半ばにヨーロッパで登場し、日本でも2001年にイトーヨーカドーが導入したことにより本格的に取り組まれ始めた。縮小する消費状況の下、消費者の節約的志向に対処するには、他社店舗の客を奪うかあるいは専業通販業者に客を奪われないようにするか、いずれに主眼を置くかにかかわらず、注文を積極的に確保して商品を迅速に届けることが数少ない有効な手段であった。

　先駆者イトーヨーカドーは、従来から消費者が同社の商品品質に高い信頼性を有していたこともあり、食材という安心が重視される商品分野におけるネット販売でも支持を集めることができた。同社のネットスーパーは導入以来成長し続けているが、そのネット販売利用可能店舗数とネット販売売上金

表4-2　イトーヨーカドーネットスーパー実績

年	売上高	店舗数	会員数
平成19年	50億円	80店舗	17万人
20年	130億円	89店舗	33万人
21年	210億円	118店舗	60万人
22年	300億円	133店舗	86万人
23年	350億円	137店舗	116万人
24年	420億円	145店舗	－

※平成24年は計画値、それ以外は実績値。
原資料）イトーヨーカドー資料により作成。
出所）総務省『平成24年版 情報通信白書』、184ページ。

額の推移は表4-2に見るとおりである。

インターネットで注文を受けて宅配する事業にはいくつかの類型がある。店舗から配送するモデルが店舗型ネットスーパーであり、店舗の棚から商品をピッキングして宅配する。また地域生協などが従来から採用してきたモデルは、店舗とは別に配送専用のセンターを設けて商品を仕分け配達するもので、センター型とされる。近年はこれに加えてオイシックスのようなネット専業型や地方の過疎地において中小小売商業が取り組みを始めたヤマト運輸契約型のようなモデルも登場している[13]。しかしながら現在、食品のネット販売を利用し始めた消費者の多くは店舗型のモデルを支持し、業者の多くがこのモデルに参入している。

(2) 店舗型ネットスーパーのメリットと課題

食品分野のネット販売に関して、消費者からも業者からも支持される店舗型ネットスーパーのメリットは以下の点にある。

1つは、当日配達のような迅速性を求められる事態にも対応できることである。センター型のように配達用の商品を手配してあらかじめ取り揃える必要がなく、注文数が少ない場合でも店舗に陳列され続けるだけで済むため、日々の商品取り揃えをしているにもかかわらずロスが発生しにくい。イギリスのテスコはこの方式を成功的に実行してネットスーパーで黒字化を達成してきた[14]。

2つは、日本のネットスーパーに顕著であるが、人員配置に関して無駄を

削減することができることである。ネット販売人員と店頭販売人員を、重複することを前提に配置しながらも、時間帯などで調整するなど作業を効率的に遂行させることができ、確実で比較的低コストでの宅配が可能になる。しかしこれは業務の平準化の範囲を超えると立ち行かなくなる。また、配達料を容易に無料にするなど、店舗サービスの延長で取り組むことを半ば前提にしているため、赤字をまねきやすいという側面もある[15]。

（3）ネットスーパー利用者の特徴

ネットスーパーは買物を支援するサービスであることから、利用者の多くが買物に出向きにくい高齢者や有業女性であると思われがちである。しかしネットスーパーは、ネットで注文しなければならず、また自宅で商品を受け取らなければならない。さらに配達手数料が無料になるためには、1回当たり数千円の購入をしなければならない。このようなことから、インターネットに不慣れな高齢者、自宅で受け取れない有業者、少量購入を好む高齢者世帯や単身世帯のネットスーパー利用はあまり伸びていない。利用者の7割は、食材の大量購入者で子育てに忙しい主婦であるとの指摘もある[16]。

（4）ネットスーパーの課題と問題点

ネットスーパーは、景気による影響を受けにくいとされてきた食材商品の分野でシェアを確保しようと小売商業各社が展開するビジネスモデルであるが、そこにはいくつかの課題や問題点がある。

1つは、過当な競争の結果、過度のサービスが提供されていることである。西友、マルエツ、イトーヨーカドーをはじめ、多くのネットスーパーでは、当日のチラシを見て特売品も注文できる。また欠品時でも同等以上の代替品などで保障されることもある。しかも配達料についてはほぼすべての利用者が無料のハードルをうまく超えながら利用しており、天候の厳しい日に注文が集中するといった状況である。このようなことのすべてに対処していると店舗型ネットスーパーは一般的に赤字の常態化から抜け出せなくなる。しかし他の類型では、生協や専業通販業者と差別化できない上に、設備やコストで太刀打ちできず容易に参入できないのが実情である。

　2つは、買物に来にくい客をネット販売で獲得するという当初からの目標についてである。利用者は食材を大量に購入する子育て主婦であり、多忙とはいえ配達されなくても来店する客である。つまり楽で得だからネットスーパーを積極的に利用しているのであり、買物に行きにくいこととはあまり関係がない[17]。ネット販売をしても買物に出向きにくい客が必ずしも利用しているわけではなく、彼らを獲得できているわけでもない。

3. まとめ

　ネット販売の現状と課題について、買回り品販売分野と最寄り品販売分野にわけた上で、いくつかの事例に沿いながら検討してきた。最寄り品分野のみならず買回り品分野でも、商品の用事化が進んでおり、これの取扱いに適したネット販売が伸長している。この結果次のような事態が生じていることが確認できた。

　1つは用事化した商品では低価格提供が優先的に追求されるため、定番品の価格競争が激化し、実店舗は商品のショールーミングに利用されることになる。これへの対処として、実店舗型小売商業は自社ネットを構築しプライスマッチ政策を展開している。ネット販売がこのように進展することで、最安値価格の徹底探索が盛んに行われるようになり、消費者の節約的志向が助長されることになる。

　2つは、低価格販売が当たり前になったことから、付加的な競争手段として、高サービスが追求されていることである。店舗型ネットスーパーの過剰サービスと便利さによって、買物に出向かない消費者が増え、積極的な買い回り購買が減る。またネット販売の特徴である、いつでも注文できすぐ届けられるという利便性ゆえに、延期的な購入や買い控えが助長されることになる。

　3つは、ネット販売と消費の拡大についてである。ネットスーパーに顕著な傾向であるが、過度なサービスを提供しているにもかかわらず、利用者数については減らない程度のことであって、著しく増えているわけではない。しかも低価格販売とさらに新たな実質的値引きともとれる高サービスを提供することによって自らの薄利を常態化している。この傾向は、ネットスー

パーだけに限らずネット販売全般にもある程度妥当し、新たなデフレの傾向に踏み出し、縮小経済に進む現実的な状況を生み出しているように思える[18]。

Ⅳ オムニチャネル構想の進展と問題点

新たな消費制限の下で小売商業が展開している小商圏対応型店舗の展開とネット販売という2つの政策について検討し、それぞれの現状と課題および問題点を指摘した。次に、この2つを包摂した政策モデルとされるオムニチャネル構想を取りあげる。

1. オムニチャネルの特徴と意図

（1）オムニチャネルの特徴

オムニチャネルとは、あらゆるチャネルを自在に使って商品の注文、実物確認、受取り、支払いを済ませることができる購買方式を提供する販売モデルである。つまり、従来は独立して使い分けられていたチャネルを連携させたところに特徴がある。

それ以前では、それぞれの購買方式に対応した販売モデルごとのチャネルがあり、消費者はいずれかのチャネルを独立した別個のものとして利用することで買物を完結させていた。しかしオムニチャネルでは、いずれのチャネルをも自在に組み合わせて利用することが可能になる（図4-1参照）。

たとえば、インターネットで注文して指定した店舗で受け取ることや、インターネットで交通要衝立地の店舗に取り寄せてそこで実物確認を行い、自宅近くのコンビニエンスストアで受け取ることなどが行われるようになる。

こうして、客は特定の店舗やチャネルの客ではなく、「企業の客」あるいは「グループの客」になる。この点が、同じくO2O（Online to Offline）を重要な要素として含むチャネルでありながらも、クロスチャネルから進化したオムニチャネルの特徴である。同様に、実物商品は店舗ごとではなく、企業内あるいはグループ内に在庫があることが重要になる。

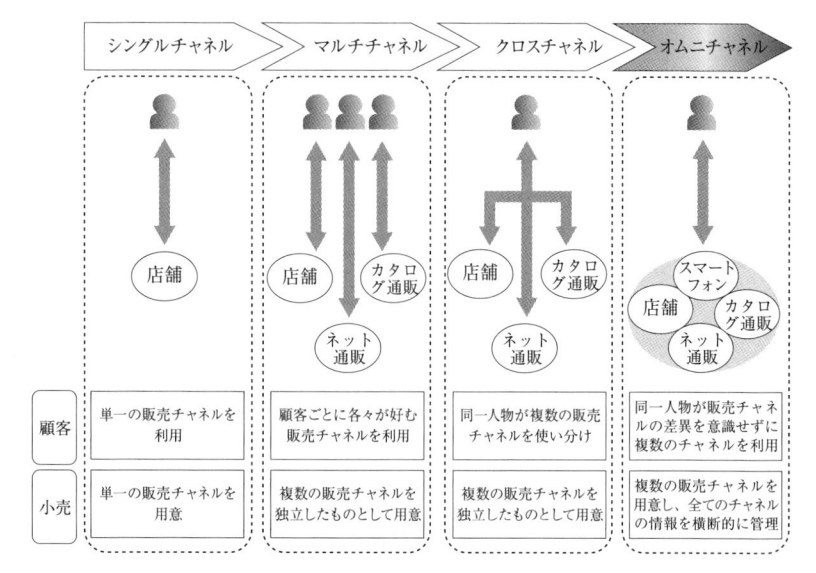

図4-1 オムニチャネルのイメージ

原資料）米国小売業協会「Mobile Retailing Blue Print V2.0.0」にもとづき、みずほコーポレー
　　　ト銀行産業調査部が作成。
出所）みずほコーポレート銀行産業調査部『みずほ産業調査 Vol.42 特集：日本産業の競争力
　　　強化に向けて―日本が輝きを取り戻すための処方箋を考える―』、239ページ。
　　　（http://www.mizuhobank.co.jp/corporate/bizinfo/industry/sangyou/pdf/1042_06_09.pdf）

（2）オムニチャネル構想の意図

　オムニチャネルの最初の成功例は、2010年から本格的に導入したアメリ
カの百貨店メーシーズであるとされる。顧客の購買行動の利便性と満足度を
向上させるためにメーシーズが取り組んだ改革は、商品の取り揃え、在庫状
況や顧客情報のIT化、店頭にとどまらない接客とサービスを一括りにして
管理するというものであった[19]。メーシーズはこれを契機に、図4-2に見る
ような成長をはたしている。

　メーシーズがオムニチャネルにいたる経営改革を行った直接の契機は、影
響が増すばかりのショールーミングへの対応にあった。しかしオムニチャネ
ルはその全体像の大きさゆえ、実際の取り組みが進む過程には、ネット販売
や実店舗型小売商業の弱点を克服することができる次のようなメリットをも
有している。

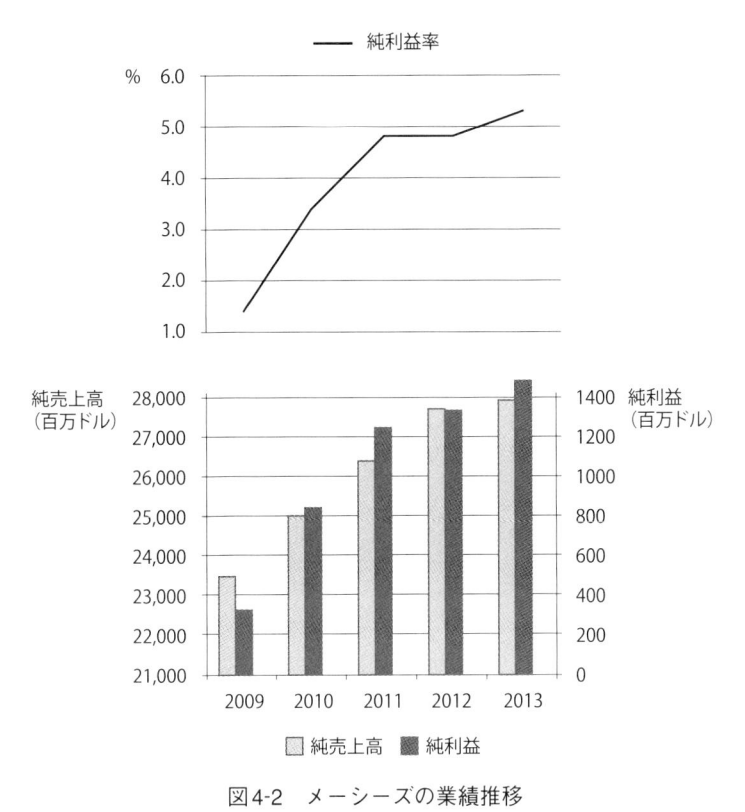

図4-2　メーシーズの業績推移

出所）Macy's Inc.2013 Annual Report より作成。

　1つは、ネット販売の弱点にかかわる。留守がちで商品の受取り場所や時間が不定であるため、ネット販売利用に不向きな消費者にその利用を促すことができることである。これはネットスーパーなどを展開する実店舗型小売商業だけでなく、専業通販業者も悩ませていた問題である。オムニチャネルが展開されるにつれて、受取り場所の細かな指定が可能になることや、アマゾンがローソンをデリバリー拠点として利用する事例などが進みつつある。また逆にネットだけで済ませることができない商品を購入する際に、実物を確認したい商品の取り寄せや相談および接客の予約をネットで行った上で店舗を訪れるなど、ネット販売の利便性を高める様々な組み合わせが可能となる[20]。

　2つは、実店舗型小売商業の克服しがたい弱点にかかわる。オムニチャネルでは、実店舗での購買と同じ満足度を消費者に提供しながら、店舗がいかに近づいても完全になくなることがない「出向く、持ち帰る、買物時間がかかる」という問題から消費者が解放されることが可能となる。

　3つは、コスト削減にかかわる。消費者にとっては商品を探した挙げ句入手できない、あるいは取り寄せに時間がかかるといった無駄を節減できる。小売商業にとっても顧客と在庫を一元管理することによって、店舗間およびチャネル間での顧客情報の重複や在庫の重複といった無駄を削減できるようになる。

2. 日本の流通業界2強のオムニチャネル構想

　日本におけるオムニチャネルの具体的な進展を、流通業界2強であるセブン＆アイとイオンの事例に沿って検討する。その理由は、オムニチャネルを実現するために不可欠な実店舗が全国に展開されていることとIT化を推進する資金力という点でこの2社が突出しているからである。またいずれも実店舗優先の小売商業でありながらこれまでのネット販売に対応するスタンスが異なっており、今次のオムニチャネル構想の特徴や展開内容に関しても差異が顕著であるからである。

（1）セブン＆アイのオムニチャネル構想

　セブン＆アイグループは、2005年のホールディングス移行前から、インターネットで購入した商品のセブン-イレブン店頭での受取りや配食サービスに取り組み、また先述のように、ネットスーパーを他社に先駆けて本格的に展開するなど、インターネットによる販売促進と配達物流を積極的に推進してきた企業である。

　グループを構成する企業のおもな業態は、コンビニエンスストア（セブン-イレブン）、総合スーパー（イトーヨーカドー）、食品スーパー（ヨークベニマル）、百貨店（そごう・西武）、ショッピングセンター（アリオ）、専門店（ロフトや赤ちゃん本舗など）である。他方で、これらを連携させグループとしての一体感を高めるシステムやPB商品も展開されている。セブン銀行、電

子マネー nanaco、セブンプレミアムなどがこれにあたる。

　2012年に、各社ごとに展開していた主要な7つのインターネットのサイトをセブンネットに統合した。消費者は、ポータルサイトであるセブンネットから「入店」し、百貨店が扱う高級アパレル、赤ちゃん本舗が扱う子供用品、旅行商品、チケットといった商品を、全国18,500店の実店舗を含むあらゆるチャネルを利用して購入できることになる。

　セブン＆アイのオムニチャネルの最大の優位性は、グループ各社の商品を受け取る拠点としてセブン-イレブンを活用できることであるが、それだけにとどまらずオーナーや店員による御用聞き、返品の受付や配達および決済の場としても活用することによって、消費者起点を徹底できることである。

（2）イオンのオムニチャネル構想

　イオンは大手流通グループの中では早期より郊外のショッピングセンター開発に積極的であった。とりわけバブル経済崩壊後の減収減益の時代には増収によってこれを克服しようと、大型商業施設の開業、M＆Aによる店舗の拡張を行うなど、実店舗の売場拡張が経営の中心に位置づけられていた。近年はこれに加えて、都心の小型スーパーの展開にも注力している。

　グループを構成する企業のおもな業態は、総合スーパー（イオン、ダイエー）、食品スーパー（マックスバリュ各社、いなげやなど）、ミニスーパー（まいばすけっと、マルエツプチなど）、ドラッグストア（ウエルシアなど）、ショッピングセンター（家電やスポーツ用品などが入居）である。総じて日用品を安く大量販売する業態を中心に揃えている。

　救済合併した企業を多数含むグループの一体感と効率を高めるため、2007年より、PB商品、物流、NB商品仕入れにかかわる3つの機能会社を独立させた。さらに2011年には「4シフト（アジア、大都市、シニア、デジタル）」を掲げ、デジタルシフトの施策の1つとして、グループのインターネット・ポータルサイトであるイオンスクエアを立ち上げた[21]。しかしながら実店舗での活動の巨大さに比べるならば、インターネットからの販売はまだ思うように伸びていないようである。

（3）両グループにおけるオムニチャネル構想の課題

セブン＆アイグループの実店舗やPB商品に対して、消費者は信頼性と独自の価値を見いだしている。セブン＆アイは、このような傾向を理解しつつ、消費者に商品と買い方の連携をイメージさせているため、グループとして閉じたチャネルを提示し、そのなかで消費者の利便性を高めることは比較的進めやすいと思われる。その際、消費者の身近に存在するセブン-イレブンと、多岐にわたる業態が全面的に活用されることが成功にとって重要な要因となる。

他方、イオンは専門店展開を進めてはいるが、現状ではその主力業態は総合スーパーや食品スーパーである。よってイオンが扱う主力商品分野は、どこででも入手できる最寄り品が中心であり、トップバリュにしても代替品で済ませることに消費者の抵抗は大きくない。しかし消費者がイオンを利用するのは、低価格であること、毎日の食品や日用品を購入するのに便利なミニスーパーを含む多数の実店舗があること、ワンストップで必需品が揃うことにある。それゆえイオンの客はかわらずに店舗ごとの客であり、イオンの商品は店舗ごとの商品であるという性格からの脱却は容易ではないと思われる。

3．オムニチャネル構想の問題点と課題

オムニチャネルはメーシーズから始まったことからもわかるように、専業通販業者が優位に展開してきたインターネットによる販売促進と配達物流という機能を実店舗型小売商業が取り込むことにその特徴的な本質がある。現実においても、実店舗型小売商業がネット販売の諸機能を融合する方向で進んでいる。こうして消費者は買物のあらゆる局面において用事を楽に済ませることができるよう、実店舗を利用する際のメリットとネット販売を利用する際のメリットを自在に組み合わせて利用している。しかしながらそこには次のような問題点や課題が残る。

1つは、実店舗型小売商業の側から進展させられているオムニチャネルは、できるだけ多業態にわたる多店舗を展開することで、これらを活用した効果的なチャネルの構築が可能となるということである。メーシーズは単一

業態だが買回り品である衣料百貨店を全米で800店、またオムニチャネルの構築を急ぐ三越伊勢丹も2016年には150店もの小型専門店展開を企図している[22]。

2つは、イオンのように多数展開している店舗であっても、日常使いの商品を購入するために高い頻度で来店する消費者にとっては、ネットとの連携の必要性があまりなく、利用者数や利用額の総計を伸ばすことは容易ではないと思われる。

3つは、オムニチャネルでは、店舗での範囲を超えて企業あるいはグループ内で顧客を一元管理するため、消費者に近づくだけでなく囲い込むことに重点が移行する。しかし、囲い込まれるほどのメリットを消費者が実感しこれを継続するには、提供者は実店舗、商品、価格のみならずITシステムや価値観など多様な提供内容を常時追求できなければならない。というのは、たとえば海外取引の拡大や買物ポイント制度の刷新などにかかわるインターネットの進展が、このような囲い込みを突破する要因として常時起こりうるからである。

4. まとめ

オムニチャネルは、縮小する消費に対応する典型的な2つの政策を包摂したモデルとして位置づけることができる。この新たな販売モデルは、ショールーミングへの対応策であるとともに、ネット販売の弱点および実店舗型小売商業の弱点をもそれぞれに克服する特徴を持っている。

しかしながらこれを成功的に進めるには、連鎖させる店舗の数と種類の保有、消費者からの支持を獲得できる統一的なイメージの付与、電子マネーの導入やインターネット・ポータルサイトの構築などが高度に組み合わされている必要がある。

このような高コストをかけてまでも、一元管理をできるシステムや多チャンネルを有して消費者を囲い込める大手業者が、それ以外の業者から消費者を奪っていることがオムニチャネルの現状である。よって現在構想されるオムニチャネルにおいては、消費者の利便性を優先させることで消費総量を伸長させる状況にはいたっていない。

V　小売商業が主導する流通機能の変化とその特徴

　以上Ⅱ〜Ⅳにおいて、消費者に小型店で近づく、ネット販売で届ける、実店舗とネット利用を自在に組み合わせて消費者が利用できるシームレスなチャネルを提供するというように内容がそれぞれ異なる3つの政策について見てきた。またこれらの政策において展開される小売商業のおもな販売手段が、商品分野の限定、購買行動の必要性を減じさせるほどの過剰なサービス提供、グループ内への消費者の囲い込みなどであることも確認できた。

　3つの政策は、これらに含まれる販売手段が収斂する流通機能に還元することで、その共通性がいっそう明確になる。それゆえ以下では、販売手段が収斂することでその内容に重要な変化が生じる商業者の流通機能のいくつかを取り上げ、これらが消費生活におよぼす影響について論じる。

1.　消費者ニーズの一部に応える品揃え機能

　品揃えに関しては、日常使いの商品の取り揃えと補充が優先されるようになる。これは消費者の節約的志向と買い控え傾向、および目的来店に対応するゆえである。具体的には、とりわけ最寄り品分野において定番品と独自商品としてのPB商品の品揃えが強化され、全体的にコモディティ化が進められ、ダウングレードがもたらされることになる。

　もう一方の商品群の主要な分野である買回り品については、実店舗型小売商業では専門量販店、ネット販売ではアマゾンなど、一握りの強力な小売商業にシェアが集約される傾向が強まる。このことも、それ以外のプレイヤーの品揃えが日常使いの商品へシフトする要因となっている。

　消費者に対して多様な品揃えをもって購買を促すという小売商業が発揮していた従来の品揃えの必要性が減退し、範囲が狭く限定された品揃えへとその機能がシフトする[23]。

2.　価格決定機能

　ネット販売を行う小売商業は、電子商取引による効率化で実現できたコス

ト削減によって、販売価格を引き下げることが可能となる。しかしインターネット上では価格比較が容易化するため、このコスト削減による価格の引下げを凌駕する過度な価格競争が展開される。さらに、この原資を得るために本来ならば消費者に対して商品販売にともなう価値（陳列、提案、接客）を提供するためのコストまでもが、後回しにされるか省かれることになる。

また仮想モール出店業者には、かつてのディスカウントハウスのごとく、イレギュラーな仕入れに依存した低価格販売を行って大手業者やメーカーに対抗するという側面がある。しかし、過剰品が特売されるような競争のあり方や適正な価格での価値実現がなされないことは、価格の安定性を損なうことにつながる。

需給関係や販売上必要なコストを反映した従来の価格決定から、比較上の優位性獲得と安売りを実現する価格決定へとその機能がシフトする。

3.　購買の利便性提供にかかわる機能

近隣出店で消費者に近づく、配達で届ける、シームレスなチャネルを構築するなど、利便性を提供して購買を手助けする機能が急速に展開される。

これらは消費者にとっては利便性の進展であるが、小売商業にとっては販売の確実性の進展である。つまり消費者に、迷わせず、確実に買わせるという販売促進機能が新たな形態として発展したものである。しかし、この事態が広く普及すると、元々楽でなくても買っていた消費者が、元と同じものしか買っていないということが判明する。

また、とりわけネット販売は玄関を越えて常時入って来る上、ついで買いや不要な買物もさせる工夫がなされている。安いだけでなく、楽な買い方をさせることで多く買わせるという機能が進展している。しかしこの利便性は、実際の買い回り行動に取って代わるほどの効果がなければ、買い回り行動が抑制され、買い控え傾向が助長されることに終着する。

いずれの場合も、利便性の提供にかかわる流通機能は、従来の販売促進機能と結合させられながら多用されているが、それ自体が消費総量を増やすわけではない。

4．その他の機能

（1）情報機能

ネット販売では、商品をすでに購入した消費者や専門家からの情報提供を得やすくなる。これによって新規購入者が得る商品情報はかつてなく詳細で多面的になり、提供者との間にあった情報の非対称性が緩和される。両者の情報が平等になることは、商品情報であれば対面販売の必要性を低下させ[24]、また価格情報であればその平準化を進める要因にもなっている。

（2）在庫形成機能

専業通販業者やオムニチャネルの場合、在庫は店舗内からセンターやグループ内での形成へと、その重点がシフトする。そのため重複や過剰な在庫形成の必要がなくなる。しかし、店舗型ネットスーパーのように、新たなビジネスモデルを確立する過渡的な形態では店舗内在庫が逆に拡大することもある。

（3）公益機能

小型店の近隣出店はもちろん、とりわけネット販売が進展することで、買物困難者や高齢者の買物を支援するという社会事業としての側面が前進させられることが期待される。これはオムニチャネルでも実践に移されようとしている[25]。

5．まとめ

流通機能は、総じて買物を簡単で楽にするという内容へと変化している。しかしこれは、消費を増やすように見えて増やすことはなく、商品の提供分野や提供対象者を広げるように見えて広げないという傾向を持つ。

新たな消費制限そのものは消費生活にとってマイナス面の事態ではあるが、小売商業が取り組む対応手段には消費生活を豊かにするプラス面の内容が多く含まれる。近隣出店、ネット販売、シームレスな購買環境、買物支援など、これらは供給側が新たな手段を採用し、物流や決済などを含む流通機能の効率を向上させることによってもたらされている。

　進化させられた販売手段の物的内容（小型店、情報ネットワーク、配送システム拠点など）およびこれら販売手段が収斂する流通機能はあくまでも客観的な性格を持つが、これに社会経済的関係性が付与されてその特徴が規定されるのである。縮小する消費状況においては、消費総量というパイそのものが小さくなり、これをめぐる過当な競争がプレイヤーの淘汰と疲弊を引き起こしている。その中で選択される商品のダウングレード化も生じている。現在の日本は、消費を拡大する要素はありながらも縮小させかねず、豊かにする要素はありながらも貧困化させかねないという状況にある。

Ⅵ　結　　論

　縮小する消費に対応する小売商業の3つの典型的な政策について検討してきた。3つの政策の中心的特徴が、消費者に近づく、届ける、囲い込むという方策であることと、これらの相互関係を確認することができた。

　さらに3つの政策の個々の販売手段が取り込まれる流通機能を比較検討する中で、そこには明確な共通性があることが判明した。品揃えに関しては一部に限定された狭い品揃えが重視され、価格決定に関しては価格比較と安売りを実現する価格決定の方式が重視されることである。また簡単で楽に買物ができるという手段が集約された利便性提供の機能は、販促機能と結合して過度なサービス競争へと転化しているということである。

　流通機能の検討を通して、従来から存在する流通機能であっても、社会経済的環境条件次第で、諸機能間で重点のシフトが起こること、個々の機能の内部でその内容に変更が生じることを確認することができた。ここに、消費制限を突破する側面を有する個々の対応手段がそのまま消費の拡大を導くことができない要因を見い出すことができる。よって、この間に進展し変化させられた流通機能は、買物を促進して消費を拡大し豊かにする内容を持ちながらも、それが特徴づけられる性格は消費制限の範囲内から出ることはない。

注

1) 『激流』2011年2月号、13ページ。「用事型」消費については島田（2013）、28-29ページを参照。

2) ここで言う用事商品とは、コモディティグッズと同義であるが、本章では先述した「用事型」消費を満たす商品という視点からこの用語を使用する。

3) 専業通販業者には、自ら仕入れて販売するeリテイラーおよび仮想モールを運営して手数料を得るeマーケットプレイスという2つの事業モデルがある（『激流』2012年11月号、15ページなど）。

4) Shaw.（1915）、pp.79-88、Clark.（1922）、pp.12-21を参照。

5) 岡本（2008）、22ページ参照。

6) 流通業の歴史を振り返っても、ビジネス手法としての販売手段の更新がビジネスモデルの進化にいたったケースは多々ある。採用当初は特定の業者にとってのみ強力な競争手段であった定価販売、セルフサービスなどは、その後急速に普及し、近代的小売商業という範囲内に存在する商業者の間で、価格決定や品揃えといった流通機能にかかわる同質化を進めた。

7) さらに近年では、総合スーパーを核店舗とするイオンモールのような郊外型ショッピングセンターが、従来の郊外展開から都市中心部や駅前へ進出するケースが増えている（『朝日新聞』2014年8月23日）。これらのモールには、日常使いの商品をおもに扱うテナントが入居しているという特徴がある。大型施設ではあるが、人口の都市中心部回帰に対応して、消費者に近づく立地と品揃えにおいて、本文中の事例との共通性を有している。

8) 『販売革新』2011年1月号、47-48ページおよび『日経流通新聞』2014年8月29日。

9) 『日経流通新聞』2011年9月16日。

10) 『販売革新』2014年1月号、81-83ページ。

11) ドラッグストア業界でも自社ネット販売が進みつつあるが、これも大手チェーンのバイイングパワーが決着手段となると思われる（『販売革新』同上号、71-74ページ参照）。

12) このようなチャネルは、商品を漏出させない閉鎖的なチャネルと言える。他方オムニチャネルは顧客を漏出させない閉鎖的なチャネルと言える。これらはともにインターネットという開放的な手段を駆使しながら、チャネルは閉鎖的であることに特徴がある。

13) 『激流』2012年12月号、38ページ。

14) さらにテスコの特徴は、配達曜日や時間帯別に配達手数料を設定し、ネットスーパーを新規事業として位置づけていることにある。三ツ井淳（2010）、32-35ページ、光岡健二郎（2005）、187ページおよび『激流』2011年3月号、12ページ参照。

15) 池田（2013）、49ページおよび『販売革新』2012年11月号、11ページ参照。

16) 池田（2013）、44ページおよび『販売革新』同上号、18ページ参照。しかし今後は、高齢者や自宅で受け取れない有業者の利用を促進する手立てが講じられようとしている。

17) 『激流』2010年11月号、125ページ。

18) 現在再び、物価の上昇や消費増税の加算を上回るほどに、サービス提供による実質値引きや値頃感のある低価格PB商品の投入が進められようとしている。

19)　朝永（2013）、172ページ参照。

20)　松浦（2012）などで多くの実例が紹介されている。

21)　イオンホームページ／経営方針／イオングループ中期経営計画（2011 ～ 2013）。

22)　『日経流通新聞』2014年8月22日。

23)　他方でネット販売においては取扱商品種類が無限であるような幻想があるが、ネット上の無限は無限ではなく、制限内での量的拡張に過ぎないのであって、実店舗という有限の中でこそ質的な向上が制限なく展開される（島田（2013）、29ページ参照）。

24)　化粧品販売の売場では客が必要とする時だけ接客する（『販売革新』2012年11月号、35ページ）。佐久間（2005）では、情報の非対称性が緩和されたとは言え、その領域は一部に過ぎないことが指摘されている。

25)　ユニーの例がある（『販売革新』同上号2012年11月、17-19ページ）。

参考文献

Clark,F.E.（1922）, *Principles of Marketing*, The Macmillan Company.

Shaw,A.W.（1915）, *Some Problems in Market Distribution*, Harvard Business Press.

池田真志（2013）「食品宅配事業の多様化とネットスーパー」土屋純・兼子純編『小商圏時代の流通システム』古今書院、35-53ページ。

岡本哲弥（2008）『情報化時代の流通機能論』晃洋書房。

佐久間英俊（2005）「インターネット・マーケティングと消費者」山口重克・福田豊・佐久間英俊編『ITによる流通変容の理論と現状』御茶の水書房、55-83ページ。

島田陽介（2013）「アベノミクスがもたらすもの」『販売革新』2013年5月号、商業界、26-29ページ。

朝永久見雄（2013）『セブン＆アイHLDGS.9兆円企業の秘密─世界最強オムニチャネルへの挑戦─』日本経済新聞出版。

松浦由美子（2012）『O2O新流通革命』東洋経済新報社。

三ツ井淳「英国の事例に見るネットスーパー展開のポイント」『情報未来』No.35、NTTデータ経営研究所、32-35ページ。

光岡健二郎（2005）「ネット融合スーパーマーケット試論」山口重克・福田豊・佐久間英俊編『ITによる流通変容の理論と現状』御茶の水書房、179-207ページ。

Macy's Inc.2013 Annual Report.

総務省（2012）『平成24年版 情報通信白書』。

みずほコーポレート銀行産業調査部（2013）『みずほ産業調査 Vol.42 特集：日本産業の競争力強化に向けて─日本が輝きを取り戻すための処方箋を考える─』。

『激流』2010年11月号、2011年2月号、2011年3月号、2012年11月号、2012年12月号、国際商業。

『販売革新』2011年1月号、2012年11月号、2013年5月号、2014年1月号、商業界。

『朝日新聞』2014年8月23日。

『日経流通新聞』2011年9月16日、2014年8月22日、2014年8月29日。

第5章
ライフスタイル対応小売業

　近年、消費の低迷が続く日本の小売業界において、ライフスタイルに関連する事柄を強調した小売業の活動が活性化している。ライフスタイルセンター（以下LSC）、ライフスタイルストアあるいはライフスタイルショップ、高級スーパー、高質スーパー、小売業主導のPB商品をはじめとするライフスタイルブランド商品などが、とりわけ2008年のリーマンショック後に注目度を増している。これらは厳密には、商業集積、店舗、小売業態、商品であるため、「小売業」で括ることに違和感はあるが、いずれも小売業の主体的な活動の結果生み出されたものである。このことから本章では、それ以前のものも含めて、これらをいずれもライフスタイル対応小売業と規定し[1]、これらの活動事例の検討を通してその役割と意義について論じ、不況期において小売業がライフスタイルを強調することの意味を明らかにする。

　また近年のライフスタイル対応小売業の活動活性化にともなって、ライフスタイルという概念そのものの意味や内容に関しても、それ以前のものからの変化が見られるようになった。従来のライフスタイル概念は、それがライフスタイルを強調する小売関連の施設、企業、商品に適用される際、社会階層や消費者の行動、価値観にかかわって議論されてきた。しかしながら近年のライフスタイル概念では対象とされる社会階層のあり方が不明瞭になっており、またライフスタイルとあまり関係がない商業施設や小売業に対してもその概念が適用される傾向にある。

　流通や小売業にかかわる特定概念の適用や意味づけは、時代や社会的経済的背景、経営や消費環境に応じて変化するものである。それゆえにライフス

タイル概念の変化を理解するには、現実に展開する事例とその変化から説明しなければならない。

　リーマンショック後の不況期において、日米ともに個人の経済的格差が拡大した[2]。小売業は不況のみならず、格差の拡大を前提としながら、どうすれば商品が売れるかという事態に直面した。この状況において、従来からおもに所得ごとの階層格差を前提にした上で、マーケットセグメンテーションを補足するものとして議論されてきたライフスタイル概念を、今次の状況に修正しつつ適用することが直面する事態の解決にとって何らかの有効な手法であると認識され始めたのである。このことが、近年多くの小売業がライフスタイルを強調することになった経緯である。

　ライフスタイルに関連する事柄を強調した小売業の活動に関する以上のような認識を基本として、本章が解明しようとする課題は2つある。1つは、ライフスタイル対応小売業がいつからどのように登場したのか、またどのような活動内容が注目されるのかを解明することである。そのために事例を検討した上で、それらの主体的なパフォーマンス（成果に向けた行動）の実態と特徴をとらえる必要がある。もう1つは、近年のように変化したライフスタイル対応小売業の活動が今後も継続するとすれば、それらが消費・経済・社会に対してどのような客観的な意義を持つのかを見いだすことである。

　本章の主要な対象は2008年のリーマンショック後の日本の小売業である。しかしながら、ライフスタイル概念およびライフスタイル対応小売業がアメリカから多大な影響を受けて展開したことから、リーマンショック以前と直後におけるライフスタイル概念や小売業の活動については、必要に応じてアメリカの事例も踏まえた検討を行う。

　またリーマンショック後の経営環境には、不況、所得格差の拡大、低価格競争の回避、同質化した店舗と商品の差別化、通販への対抗がある。本章ではいずれについても考慮するが、ライフスタイル対応小売業の現在のパフォーマンスを把握してその特徴を考察する上で、その都度の説明に有効な経営環境にかかわらせた検討を行う。

　以上の問題意識と課題および対象にもとづいて、Ⅰではおもにライフスタイル概念と従来のライフスタイル対応小売業の検討を行い、Ⅱでは日米の近

年の事例を概観する。この検討を踏まえて、ⅢおよびⅣでライフスタイル対応小売業の主体的な行動実態の把握と客観的な評価を行うこととする。

Ⅰ　ライフスタイル概念の検討と事例への適用

本節では、まず従来から広く議論されてきたライフスタイル概念と、ライフスタイル対応小売業の発展過程について概観する。その後、近年のライフスタイル対応小売業の登場とこれに付随する新たなライフスタイル概念の意味内容について述べる。

1.　ライフスタイル概念の検討

ライフスタイルとは、経済学的に規定するならば消費生活の様式であり、社会学的には睡眠・食事・仕事・家事・趣味などの暮らし向き、経営学的なアプローチでは消費・購買行動を規定する消費財購入のパターンなどが、それぞれの議論の対象とされる[3]。しかしながら様々な学問領域を横断する統一的な定義づけはなく、長年にわたって曖昧な概念として使用されてきた[4]。

曖昧な概念ではあるが、いずれの議論においても確認できることは、生活の仕方のパターンを決める行動や価値観にかかわる概念であるということ[5]、このパターンが社会の各特定グループに共通するということ、この各特定グループが階層を形成しているということなどである。1960年代にアメリカマーケティング協会においてライフスタイルに関する活発な議論が行われて以降、少なくともこれらの点は特段の変化もなく共通の認識とされてきた。

本章では、ライフスタイル概念を流通や小売業に適用する際、これがとりわけ階層格差を前提とした概念であり、階層に対応した価値観や行動などを主導しようとする内容を持つこと、それゆえマーケティングや販売の手法にとって重要な概念であることに着目したい。ライフスタイルが階層的に存在する理由として、衣料、食事、住居、余暇などの領域において、各個人の行動は相互の関連づけの中で成立しており、同じような所得、職業といった階層的地位（ネジ）を持つ同じような個人のグループが同じライフスタイル（針）を持つということが考えられる[6]。

　このような、行動、価値観、グループ、階層性の存在を前提として、これに対処するマーケティングや販売を行う小売業が、従来のライフスタイルに対応することを特徴とする小売業であった。これには従来のライフスタイル概念が統一的なコンセプトとして前提とされていたと思われる。

　しかしながら、他方で心理学からのアプローチでは、能動的な行為主体としての個人の目標試行や創造活動がライフスタイルであるととらえられる。このとらえ方がマーケティングや販売に適用される際には、消費者の個人特性としてのライフスタイルとして理解される。仁平氏はこの点に着目して、社会階層として規定されるライフスタイルと消費者の個人特性の観点からとらえたライフスタイルという両側面から検討する必要性を主張する[7]。本章では、後に詳述するように、従来のライフスタイル対応小売業に内在するライフスタイル概念が前者の特徴に、近年のライフスタイル対応小売業に内在するライフスタイル概念が後者の特徴に近いものであると認識している。

2. ライフスタイル概念で特徴づけられるにいたる小売業の発展過程

　小売業の発展過程を見る上で、戦後のアメリカにおけるそれぞれの時代に最も代表的であったいくつかの業態に沿って整理した石原氏の区分が参考になる[8]。この整理によると、戦後1945年から1979年までは総合業態の時代であったとされる。それ以前の業種店時代に消費者を悩ませた買物の不便さを解決して効率的な購買行動に応えるため、小商圏でワンストップショッピングを実現したゼネラルマーチャンダイズストア（以下GMS）、スーパーマーケット（以下SM）、ドラッグストア、ディスカウントストア（以下DS）などが主要な業態として活躍した。1980年から1999年まではパワーカテゴリー業態の時代であったとされる。買物の不便さから解放された消費者に商品の値頃感や価値といった魅力を実感させるため、コモディティから専門品にいたるまで、低価格であるいは深い品揃えで提供することに応えることができるホールセールクラブ、メンバーシップクラブや各種カテゴリーキラーが主要な業態となった。その後2000年からはライフスタイル業態の時代となり、買物や商品に満足した消費者の生き方や価値観をも含めた生活全体の向上を支援する業態であるアパレルやホームグッズを扱うライフスタイル小

118

売業が注目されるようなっったとのことである（表5-1参照）。

表5-1　アメリカ小売業の業態進化史

	総合業態 1945〜79年	パワーカテゴリー業態 1980〜99年	ライフスタイル業態 2000年〜
特徴	ワンストップショッピング業態 小商圏で成立できる業態	圧倒的な品揃え 圧倒的な価格	自分らしいライフスタイルの支援 特化され、より分化された生活提案
代表的業態	スーパーマーケット（SM） ドラッグストア（DgS） バラエティストア（VS） ディスカウントストア（DS） ゼネラルマーチャンダイズストア（GMS） コンビニエンスストア（CVS）	カテゴリーキラー アウトレット オフプライスブランデッドストア（OPS） メガ専門店	ファストファッション専門店 ライフスタイル専門店

出所）石原（2012）、103ページ。

　このような時代の流れを参考にするならば、石原氏が現在の主要業態であるとされるライフスタイル業態の時代、つまり本章で扱うショッピングセンター（以下SC）やPB商品提供活動も含めたライフスタイル対応小売業の時代へ移行する以前の状況においては、価格競争に明け暮れるパワー業態や同質化したSCの過剰、高級品と低級品しかない二極展開の商品が消費者に飽きられていたのである。このような状況を乗り越えるべく登場したことにライフスタイル対応小売業の意義があった。それゆえ当初のライフスタイル対応小売業には、ライフスタイルに関する統一的なコンセプトが内在していた。すなわち個人の生活の価値観を含めた生活の質の向上を支援すること[9]、商品には消費者のこだわりを満たす機能が明確に付随していることなどである。また価値観やこだわりを共通に持つ個人のグループが社会的な階層として形成されており、ライフスタイル対応小売業にとっての対象が明確であった。

　統一的なコンセプトを共通に有するライフスタイル対応小売業の活動内容も、近年のものに比べて明確でオーソドックスなものであった。LSCは飽きられたエンクローズタイプのSCを見直すことに主眼があったため、オープンな街づくり、憩うことができるサードプレイス（職場でも家庭でもない場所）を重視して開設された。ライフスタイルストアは、特定の商品機能にこだわりを持つ特定消費者のニーズに応える活動を展開した。またオーガニッ

クスーパーやライフスタイルブランド商品の展開も同様のコンセプトにもとづいていた。

3. リーマンショック後のライフスタイル対応小売業と ライフスタイル概念の変化

1990年代にアメリカで登場したライフスタイル対応小売業が消費者の生き方や価値観をも含めた生活の質の向上を支援する内容を持ち、これに内在する統一的なコンセプトとしてライフスタイル概念が内在していたことは先に見たが、リーマンショックの後の不況期には、アメリカおよびその波及先である日本においても、ライフスタイル対応小売業の内容とライフスタイル概念そのものに変化が生じた。

検討に先んじて結論を述べるならば、リーマンショック後の不況期には、ライフスタイル対応小売業に関してはとくに統一的なコンセプトが見当たらず、ライフスタイルに対応することと関係なく登場した場合でもあっても、便宜的にライフスタイルが強調される状況になっている。またライフスタイル概念も個人の価値観や生き方、生活の質の向上とはとくにかかわりのない思いつきや時々の気分に過ぎないものまで含まれ、さらには個人のグループや社会階層が問題ではなく、あくまで個々人の考え方や行動に限定されることが多くなった。これらの変化の契機について、アメリカと日本の状況をそれぞれ概観する。

リーマンショック後のアメリカでは不況の深刻化と所得格差の拡大が顕著になった。それまでライフスタイルストアやオーガニックスーパーを積極的に利用していたミドルからアッパーミドル層の消費が停滞し始め、いわゆるトレードダウンの状況となった。食品分野では、オーガニックスーパーへの参入が増え、業態内部での低価格競争が始まった。さらに安売りを掲げるウォルマートのオーガニック食品分野への参入が本格化し、ネイバーフッドタイプの店舗が急増するなど、従来のオーガニックスーパーの理念が遠のくことになった。衣料や住居関連の分野でも同様のトレードダウンが生じた。1990年代末から増え続けたLSCであるが、その数は2008年にはもはや300箇所を超え、競争劣位にある施設は次第に従来のライフスタイルの理念を失

うことになる。

　総じて不況と消費のトレードダウン下にあって、過剰と差別化が求められた結果、アメリカの小売業界ではライフスタイルの統一的なコンセプトが見失われることになったのである。

表5-2　日本の小売業業態の進化

	高度経済成長期 1955 〜 73年	低成長・バブル経済期 1974 〜 91年	価格破壊期 1992 〜 95年	デフレ不況期 1996 〜 2007年	デフレ再燃不況期 2008年〜
特徴	大量画一的商品販売	多品種商品	低価格販売	低価格に加え価値強調	ライフスタイル強調
代表的業態	ワンストップ業態 総合スーパー	小商圏業態 コンビニエンスストア	安売り業態 ディスカウントストア	パワーカテゴリー業態 専門量販店	生活提案業態 ファストファッションセレクトショップ

出所）筆者作成。

　1990年代初頭にバブル経済が崩壊して以来、不況が長期に継続する日本では状況が少し異なる。表5-2 に見るように、90年代前半の価格破壊期にはディスカウントストアが注目を集めた。90年代後半からデフレ型の不況がいっそう深まり安いだけでは売れない状況の下、衣料や家電などの専門量販店（日本版カテゴリーキラー）が業績を伸ばした。よって日本におけるライフスタイル対応小売業は、アメリカで登場した当初の統一的なコンセプトを持つ従来のタイプとしては、ディスカウントストアや専門量販店の陰にあって、独自のポジションで展開しているに過ぎなかった。その活動事例は、後述する良品計画、ニトリや数カ所のLSCなどに限定されており、それほど注目されるものではなかった。

　日本に限ることではないが、経済成長の減速や、不況が深刻化すると、業態や商品は価格訴求から価値訴求へ、画一的なタイプから多様なタイプへとシフトする傾向がある。高度経済成長から低成長への移行期には、経済システムは単品種大量システムから多品種少量システムへとシフトした。また価格破壊期のディスカウンターは、デフレによる不況の深まりとともに、低価格高品質を得意とする専門量販店にとって代わられることとなった。さらに所得減少による格差拡大をともなうデフレ再燃不況期には、いっそう売れな

い状況が訪れ、差別化のポジショニング手法としてライフスタイルが強調され注目されることになったのである。よって日本でライフスタイル対応小売業が注目されたときには、すでにアメリカにおける近年のタイプに変化したライフスタイル対応小売業がその主流となっていた。

4．ライフスタイルを強調する必要性はどこにあるのか

　近年のライフスタイル対応小売業では、従来のライフスタイル対応小売業に見られた統一的なコンセプトとこれにもとづく小売業としての特徴が後景に追いやられ、直面する経営環境への対応が前面に出ることになっている。このような状況をもたらした要因として、次の5つが考えられる。

　1つは不況期という売れない状況で、通常のやり方では売れないものを売ることに起因する。それゆえ小売業は売る際のライブ感や使い方の提案、個人のこだわりに訴求することを重要視した対応を行うことになる。

　2つは低所得者層の増加を内容とする消費者間の格差拡大という状況に対して有効に対応しようとした結果である。小売業はこの大きな層をより細分化するために個々人の中にある消費の階層性を重視することになる[10]。

　3つはデフレ基調の経済で安売りが横行する中、低価格競争を回避して利益を得ようとすることから生じた結果である。小売業はアンチコモディティを強調した商品の取り揃えや、高質へのポジショニングシフトを図ろうとすることになる。

　4つは同質化した商業施設や店舗の差別化を追求した結果である。小売業は商業施設であれば独自のテナント配置を図り、個々のストアであれば専用商品やセレクト商品の品揃えを強化しようとするが、このテナント配置と商品取り揃えがライフスタイルに関連づけられてアピールされることで競争優位性がもたらされるのである。

　5つは通販に代表されるeコマース企業への対抗から生じた結果である。リアル店舗型の小売業は消費者の来店と店舗での滞在時間の延長を確保することを図り、そのための様々な体験型の工夫を凝らすことになる。

　近年のライフスタイル対応小売業は、不況、格差拡大、安売り、同質化した商業施設や店舗の差別化、eコマース企業への対抗といった直面する経営

的課題のできるだけ多くのことに有効に対応するためのポジショニング手法
として、ライフスタイルへの対応を強調しているのである。ライフスタイル
概念の意味内容の変化もこれを反映している。これらの実態については、Ⅱ
の事例を通じて確認する。

Ⅱ　ライフスタイル対応小売業の近年の事例

　本節では、従来の統一的なコンセプトを持って登場したライフスタイル対
応小売業の各主体が、リーマンショック後の新たな状況の下で、どのように
して近年のような特徴を持つにいたったのかを日米の典型的な事例に沿って
概観する。またこの過程において変化したライフスタイル概念の意味内容に
ついても適宜考察を進める。

1.　ライフスタイルセンター
（1）アメリカのライフスタイルセンター
　LSCとされる形態の最初のSCは、1987年にテネシー州メンフィスにダ
ン・ボアグによって建設された施設であるとされる。当初のLSCは、それ
までのSCとは明らかに異なる特徴を持つことから、ノーアンカースペシャ
リティセンターと呼ばれたが、後には従来のSCに分類できないものがまと
めてLSCと呼ばれるようになった。しかしながらこれら新しいタイプのSC
の登場契機が先に見たようにエンクローズドタイプのリージョナルショッピ
ングセンター（以下RSC）の過剰とそこからの差別化にあったゆえ、LSCと
呼ばれた新しいSCは、開放的なオープンエアモール、周囲の環境との調和、
古い街並みの再現、近隣住民を対象とした小商圏、長時間滞在といった共通
の特徴を持っていた。LSCがライフスタイル対応小売業としてとりわけ大切
なことは、RSCが広域からの集客を目的として複数の核店舗を配して所得や
地域など雑多な客層を対象とするのに対して、新たなタイプであるLSCが
比較的高所得者層が集まる地域の住民にとって憩いの街となり得たことで
ある[11]。

　しかしアメリカで近年新たに開設されたSCの大半がLSCであるとされて

おり、当然ながらこれらの中には核店舗を有し大規模で広域商圏を対象としたものも多く開設されている。

　その結果ライフスタイル対応とは無縁な事例も増えている。憩いの場よりも集客に重点が置かれ、チェーン型のDSが核テナントとなり、帰宅前の買物を済ませようとする客を対象としてドラッグストアやSMが入居しているなど、統一性のない路面店の無計画な展開事例が増えている。

　ある程度従来のLSCのコンセプトを継続させながら成功している事例には、次のような共通するコンセプトを見いだすことができる。1つはセンター機能としてサードプレイスが整備されていることである。ロサンゼルス郊外のランチョ・クカモンガ市に開設されているヴィクトリア・ガーデンズには図書館や集会場からなる文化センターおよび芝生広場があり市民の憩いと集いの場が提供されている。2つにはハード面に関して、地域の歴史性が反映されていることである。ロサンゼルス市内のザ・グローブは元々ファーマーズマーケットに隣接していた駐車場を再開発して開設された施設であり、地域の歴史を損なわない古い街並みが再現されている。3つには高感度なライフスタイルショップが豊富に揃っていることである。4つにはランチレストランだけではなく、夜も楽しめるようディナーレストランが充実し、市民ライフが自己完結できるようなっていることである[12]。

　近年開設されたアメリカの多くのLSCの特徴は、結局複合開発の内容に強く影響されている。そのため従来の憩いと集いを重視したライフスタイル対応としてのSCであることは二の次とされ、これがいかにして集客と長時間滞在の仕組みを創出するかが、開発に際して求められるようになっている。アッパーミドル層が居住する地域に開設された従来のLSCは、近隣住民の階層的なライフスタイルを対象として、街並み、サードプレイス、店舗配置を計画していた。これに比して、広域・多様な所得という雑多な個人を集客する近年のLSCは、いずれの個人にも該当するライフスタイルを提供することになっている。このように対象とする顧客層を広げることで、LSCに内在するライフスタイル概念も、社会階層としての個人のグループを対象とするものから、各個人を対象とするものへと変化することになる。

124

(2) 日本のライフスタイルセンター

アメリカで登場した新たなSCであるLSCの影響を受けて、日本でも同様のSC開設が試みられた。2003年に名古屋市千草区に「星が丘テラス」、2004年に「LALA ガーデンつくば」、2006年に立川市に「若葉ケヤキモール」が開業した。いずれもアメリカの従来型LSCの特徴に倣い、近隣住民を顧客に想定した中規模SCであり、こだわりの食や雑貨関連の上質な品揃えと時間消費型のテナントを前面に押し出したものであった[13]。

しかしながら、日本では数少ない事例はあるものの、このタイプのLSCがアメリカのように急速に広まることはなかった。その理由の1つが、アメリカでLSC登場の背景にあったネイバーフッドショッピングセンター（以下NSC）、コミュニティショッピングセンター（以下CSC）、RSC、スーパーリージョナルショッピングセンター（以下SRSC）のいずれのタイプのSCも日本では過剰になっておらず、むしろ日本の気候や天候を配慮すれば、エンクローズタイプのSCが受け入れられる余地がまだ大きかったことである[14]。もう1つの理由は、日本ではアメリカほどに階層格差が進んでおらず、その結果として富裕層世帯をおもな対象にして採算が取れる商業施設の立地箇所が限られていたことである。

近年になって都市型の日本版LSCが注目されている[15]。これらは基本的に核テナントがなく、オープンモール主体で、都市周辺地区に立地しており、エンターテイメント系や個性豊かな専門店や飲食店で構成されるものである。

具体的な事例として、グランフロント大阪、東京のKITTE、GINZA SIX、広島のLECTなどがあげられる。カフェやレストランが併設されているため飲食客が来場して滞在時間が長いこと、また大都市に立地するため絶対的な通行人数があることなど、集客効果は絶大である。さらに内部の小売テナントに関しては、百貨店、地方のSCや総合スーパーあるいは通販でも購入できる商品を取り揃えただけの店舗ではなく、体験型あるいは提案型のショップが入居している（表5-3参照）。

大都市ではないが大阪枚方市の京阪枚方市駅前の近鉄百貨店撤退後物件に開業した枚方T-SITEは、エンクローズタイプであることを除けば、LSCの

表5-3　都市型日本版ライフスタイルセンター

名称	開業年	テナント数	特徴的なテナントおよび施設	飲食店数
グランフロント大阪	2013年	272	HOME（日本初） 無印良品、アクタスの西日本旗艦店	87
KITTE	2013年	98	全国ご当地銘品フロア MUJI to GO	47
GINZA SIX	2017年	241	能楽堂 銀座蔦屋書店	63
LECT	2017年	150	youme食品館 T-SITE CAINZ	40

出所）各社ホームページ等より作成。

要素の多くを持ち合わせた施設である。経営主体であるTUTAYAがすべてのテナントを統一的なコンセプトにもとづいて構成している。カフェ、ベーカリー、自然食レストラン、デパ地下、ファッション、記念写真、キッズ、美容、アロマ、雑貨、旅行代理店、資産運用、銀行などのテナントを入居させ、それぞれの売場周辺にそのドメインに関連したTUTAYAの書籍が大量に陳列され興味の向くまま、館内の座席やカフェで居心地よく過ごすことができる空間が用意されている。これはCCC増田社長の「『ネットで提供できないこと』をとにかく店舗に詰め込む」[16] という理念によるものである。

　しかしながら大都市に開業した都市型LSCは、小商圏や近隣住民を対象にしているものではない。枚方T-SITEはまさに日本版のLSCと言えるが、今のところTUTAYAとCCCあってこその枚方における特例に過ぎない。また都市部以外で開業されるLSCは、いわゆるタウンセンター化しており、人は集まるが集客性という点で課題を残している。

　アメリカにおける2008年リーマンショック後のLSCの多くがその広域性ゆえに、従来型LSCの意義を見失ったことは先に見た通りである。近年日本の大都市で開業している都市型の日本版LSCにもこれと同様の傾向を見いだすことができる。近年のLSCについては、日米いずれも旧来型SCとの差別化ははたされているが、商業施設としてのライフスタイルの統一的なコンセプトはなく、その内部における小売機能としてのライフスタイルストアにのみ注目が集まり、これらの集積と発展が近年のLSCの成否を判断する上で重視される傾向にある。次にライフスタイルストアを検討する。

2. ライフスタイルストア

　アパレルや家具、雑貨、書籍などそれぞれの専門ドメインにおいてその強みを発揮していた専門店がドメインを拡張させる傾向が強まっている。ライフスタイル対応小売業を目指す専門店を本章ではライフスタイルストアとして扱っているが、近年日本で増えているライフスタイルストアとはこのようにいわば総合化した専門店という点に最大の特徴がある。1990年代のアメリカで登場したライフスタイルストアと近年日本でも増えているライフスタイルストアについて、いくつかの事例に沿ってその活動内容を概観する。

（1）アメリカにおける事例

　アメリカにおいて、ライフスタイルストアは1990年代の好況期に登場したとされる。これはジェネレーションXと言われる戦後ベビーブーマーのジュニア世代が社会に進出することで、その旺盛な消費意欲と可処分所得の伸びがアメリカの景気を底上げし始めた時期である。この世代の旺盛な消費はアップスケール化とライフスタイル化に向かうことになった。生活の質を充実させるホームキッチン・雑貨の専門店であるウィリアムソノマやクレート＆バレルがこの方向に先鞭をつけた。カントリーライフやタウンライフなどの生き方を基本コンセプトとしながら、ホーム＆リビング、キッチン、雑貨といった住関連の分野に書籍やカフェを併設しつつ、生活ソリューションやライフスタイル提案といった手法を用いて支持を拡大した[17]。

　専門領域の強みの中でアップスケールを図り、既得ブランドの領域から派生する分野を付加して、特定の階層に訴求する手法を取ることが従来のライフスタイル対応小売業として分類できるライフスタイルストアの典型である。しかし2008年のリーマンショック後の不況以降はその特徴に変化が生じることになる。トレードダウン消費の中で、アップスケール化は断念され、総合化もドメイン内での総合化が鮮明になった。たとえば元々釣り具の専門店であったバスプロ・ショップは、猟銃から銃器全般、キャンプ用品、アウトドアファッションを取り揃えているが、いずれの分野でも専門の中の専門を実践し、こだわりを持つ消費者のライフスタイルに対応している。

　アメリカのライフスタイルストアは、リーマンショックによる不況の前後

に関して、前期には好況ゆえのアップスケール化と総合化、後期は不況ゆえアップスケール化の回避と専門回帰の範囲内での総合化というポジションをとることでライフスタイルに対応してきた。このように好況期に展開が始まり不況期に活動内容が修正されたアメリカの場合に比べると、不況が長引いていた日本では、後述するように良品計画とニトリといった例外的な事例はあるものの、ライフスタイルストアとされる小売業の活動目的や手法がやや異なっているようである。

(2) 日本における事例

先述したように、日本においてライフスタイルを強調した専門店であるライフスタイルストアの活動が注目され始めたのは、デフレ不況再燃期以降のことである。また分野に関して、ライフスタイルストアとして特徴づけることができる小売業の元々の専門ドメインは衣食住の主要な3つの分野であるが、近年はこれに知が追加される。食については後述するため、ここでは元々の専門ドメインから展開しているそれ以外の3分野について検討する。この3分野の特徴は、ライフスタイルを目指すおもな動機としてドメインの拡張をともなっていることである。

①衣料分野

ファッションアパレルの分野で独自の商品仕入れによって高感度な品揃えを打ち出してきたセレクトショップの諸企業にライフスタイルストアへの進化が見られる。クロスカンパニーから社名を変更したストライプインターナショナルは、「服だけに特化していると客単価が取れないので、ライフスタイルをコンセプトに衣食住を提供」することをその動機としている[18]。ビームスのビーミングライフストアやユナイテッドアローズのコーエンジェネラルストアなどもこれに先駆けて雑貨や生活用品の分野に進出した事例である[19]。

②家具・生活雑貨分野

住生活と密接な関係にある家具および生活雑貨販売の分野でもカフェやレストランの併設、衣料や書籍の販売に進出することで、総合的なライフスタイルを提供する小売業が増えている。アクタスは2012年7月に、生活

雑貨や衣料品などの売場面積を全体の4割まで広げたライフスタイルストアと位置づける店舗を東京にオープンさせた[20]。ヴィレッジバンガードなどの雑貨分野に分類される専門店も、エンターテイメントや趣味に応じた書籍の扱いを増やしている。

しかし家具・生活雑貨分野では、近年になってドメインの拡張を始めたのではなく、それ以前より一貫して総合的なライフスタイルを追求してきた事例がある。1つは無印良品を展開する良品計画である。無印良品は1980年に西友のPB商品として登場した。「わけあって安い」というPB商品としての特徴に加えて、他社のPB商品にはない生活美学と世界観が付加されていた[21]。現在では生活雑貨から衣料品、加工食品、家具、レストラン、カフェ、住宅にまでおよぶ生活全般を扱う売場を持ち、旗艦店ではそれぞれの売場ごとにそのテーマに応じた関連図書を配置している。また衣料特化型店舗や住空間特化型店舗、MUJI BOOKSといった実験店も開業している。良品計画が当初から総合的なライフスタイルストアを目指してきたのは、その土壌に、都市生活者を対象に物販にとどまらない文化や情報を交えた上質な生活を提供するという理念にもとづく、いわゆる「セゾン文化」があったからに他ならない。

もう1つはニトリである。北海道の家具店ニトリが全国展開をほぼ完成させた2006年頃、イケアの日本進出が取り沙汰されていた。イケアはそれまで日本になかったホームファッションというスタイルを持ち込み、その結果、住まいを自分流にコーディネートすることで楽しく装い演出したいという消費者の意識を高めることになった[22]。住空間に関する消費者ニーズに対応しつつイケアに対抗することで、ニトリは住に関するトータルコーディネートの総合化を目指す専門店へと進化した。しかもこれを庶民に広げるために単品の低価格化とセットで進めたのである。良品計画とニトリは、先に見たファッション衣料や生活雑貨小売業のように近年になって本業の売り上げ減少を補うためにドメインを拡張したのではなく、対象とする明確な顧客階層に向けた自社のライフスタイルコンセプトにもとづく展開を継続させてきたのである。この意味で両社は、リーマンショック前の好況期にアメリカで登場した従来のライフスタイルストアと

の共通性を持つ事例であると言える。

③知の分野

　書籍販売がこの分野の典型である。長引く不況による雑誌販売の減少、アマゾンなどeコマース書店の参入、電子書籍の急速な普及によって書店の閉店が急増している。近年この分野でリアル店舗の優位性を構築する典型的な試みが蔦屋書店によって取り組まれている。同書店は家電やアパレル、コスメ、カフェ、自然食レストランなど異なるドメインの企業とのコラボ出店を試み、それぞれに展開されるショップと融合する書籍を配置している。同書店自体はこの中で企画と提案を担当しながら、売場全体を通じて自らのドメインを拡張しており、このようにして総合的なライフスタイル対応小売業を構築しているのである。

以上ライフスタイルストアのいくつかの分野と事例を概観した。日本で近年ライフスタイルストアが増えていることに関して総じて言えることは、元々衣料、住関連や書籍という専門ドメインで活動していた専門店が、売上高減少に抗するためにドメインを拡張し、この状況を総合的なライフスタイルへの対応として強調しているということである。しかしライフスタイルとは価値観や生き方そのものであり、これに対応するライフスタイルストアは、消費者のこだわりやニーズに対して他者にはない専門性で応じることに尽きるのであり、扱い商品のドメインの広さとは直接かかわりないものである[23]。結局、ドメインを拡張することで扱い商品の分野が広くなり、広くなるので個々の品揃えが浅くなる。浅くなった品揃えを浅く見せないように、消費者には価値観にもとづく編集の結果であるとの提案がなされる。消費者はこの提案が自らのこだわりに照らして納得できれば高価格でも購入するという構図を描くことができる。

3.　食品分野の展開事例

　食品の分野においては、日米ともに1990年代には価格競争が激化した。これに巻き込まれないように、業界内での差別化を試みる企業が現れ、その際消費者のライフスタイルに対応する手法が強調されるようになった。

(1) アメリカのオーガニックスーパー

1990年代のアメリカ食品販売業界では、最大手であったクローガーグループの大型スーパーがウォルマートのスーパーセンターに価格で圧倒され敗退し続けていた。スーパー各社はウォルマートへの対抗として、アンチ価格競争の創出を試みた。この試みは消費者のライフスタイルに対応する内容に沿って模索され、高級化、店舗の小型化、惣菜の充実が図られることになった。1980年創業のホールフーズ・マーケットはオーガニック食材を扱うアップスケール型のSMとしてアッパーミドル層の支持を得ることに成功し急成長をとげたのである。

しかしながらリーマンショック後の不況期には、オバマケアの影響によるヘルス＆ウェルスネスや健康意識の高まりを受けたこともあり、低価格を強調するオーガニックスーパーが増えることになった。2002年創業で元々ビタミンやサプリを扱っていたスプラウツ・ファーマーズ・マーケット、ワイルド・オーツと提携したウォルマート、さらにはホールフーズの新業態365バイ・ホールフーズ・マーケットなどが登場することになる。ここにいたって、富裕層の健康志向に向けられていた高級オーガニックスーパーの経営手法が、特別なライフスタイルを持つ固定客ではないあらゆる階層に向けられることで、一度は低価格競争から差別化されたオーガニック食材に関しても低価格競争が激化し、店舗も過剰となった。2017年には、経営に行き詰まったホールフーズ・マーケットがアマゾンの傘下に入ることが決定された。

他方、職場と住居地が基本的に分離されていたアメリカでも、近年は市民が都市中心部に居住する傾向にある。このライフスタイルに対応する都市部の小型SMが増加している。トレーダージョーズに代表される小型店舗ゆえ品揃えを限定した新たなスーパー（Limited Assortment Store：LAS）の成長も著しい。

(2) 日本の事例

1990年代以降の不況期、日本の食品スーパー業界は低価格競争が激化する状況にあった。リーマンショック後のデフレ再燃期に差しかかると、食品スーパー各社は低価格販売を前提とした上で、さらなる差別化を求められる

ようになったのである。日本社会はアメリカほど階層格差が著しいわけでは
なく、品質やサービスを向上させるようなコスト付加をともなうアップス
ケールを支持する大きな層としての富裕層の購買は期待できない。よってそ
の対応策は最初から限られたものとなった。

　阪急阪神グループの阪食は、リーマンショック後の2009年7月、高質食品
専門館を開業し、商品の提案に重点を置いた販売を展開している。コモディ
ティは売れ筋に絞り込む一方で、少し高級感のある商品を目立たせ両方のバ
ランスを取ること、また商品の関連づけや五感に訴求するライブ感を演出す
ることに注力している[24]。

　ヤオコーは、消費者の多様化したニーズに応えるべくライフスタイルア
ソートメント型のSMを目標とした。これは、商品にはコモディティタイプ
の商品と区別されるライフスタイルタイプの商品があり、「一人十色」の消
費者は、後者を購入したついでに前者を購入するという考えにもとづいてい
た[25]。

　他方で、店舗の小型化も進んでいる。バブル経済崩壊後に地価が下落した
影響によって住居の都心回帰が進み、このような都市部のファミリー層のラ
イフスタイルに対応できる都心型ミニスーパーが増えているのである。

　いずれの傾向も消費者のライフスタイルの変化から生じる購買行動に着目
し、商品の売り方に新たな価値を付加させることで、価格競争一辺倒の状況
を回避しようとすることに特徴がある。その際に採用される手法が、商品の
アンチコモディティ化、ライブ感の演出、買物スタイルへの対処などであ
る[26]。

4.　商品分野の事例

　小売企業の自主企画商品であるPB商品をはじめとする商品分野でも、ラ
イフスタイル対応小売業の積極的な展開が見られる。ここではおもに、コモ
ディティの領域にある商品を高価格で販売する事例として、ライフスタイル
ブランドタイプのPB商品に焦点を当てて検討する。

　PB商品は表5-4に見るようにその特徴に応じて4つのタイプに分類するこ
とができる。ライフスタイルブランドは、環境や健康、便利さといった商品

機能にこだわりを持つ特定の消費者のライフスタイルから生じるニーズに訴求する特徴がある。イギリスのテスコの場合、オーガニック、ヘルシーリビング、フリーフロム、フェアトレード、キッズなどを展開している[27]。他の3ブランドが同一の値頃感（価値と価格のバランス）上で3層構造になっているのに対して、ライフスタイルブランドは、消費者の価値観や生活習慣に訴求するため、価値以上の高価格で販売されることが可能となる。

日本では2008年のデフレ再燃不況期に生じたPB商品ブームの状況下において、2009年よりイオンはトップバリュの多層的な展開を本格的に開始した。ライフスタイルブランドとしては、現在も継続している「トップバリュグリーンアイ」をはじめ、「トップバリュ共環宣言」「トップバリュヘルシーアイ」「トップバリュレディーミール」が2014年まで積極的に展開されていた[28]。

アメリカでは、トレーダージョーズがPB商品にグルテンフリー、コーシャ、ビーガン（完全菜食主義）などの独自のコンセプトを持たせている[29]。また消費者の健康志向を受け、アメリカのSMをはじめとした小売業各社は自然オーガニックのPB食品を充実させることに取り組んでいる。アホールドの「ネーチャーズ・プロミス」「シンプリー・エンジョイ」、クローガーの「プライベート・セレクション」「シンプル・ツルース」、ウォルマートの「ワイルド・オーツ」などが急成長している[30]。

しかしながらライフスタイルブランドは、支持層が特定的であるため市場

表5-4　PB商品の4タイプ

	テスコ	イオン
エコノミーブランド （基本ライン）	テスコ	トップバリュ
クオリティブランド （高品質ライン）	ファイネスト	トップバリュセレクト トップバリュプレミアム
ライフスタイルブランド （特徴的ライン）	オーガニック ヘルシーリビング フリーフロム フェアトレード キッズ	トップバリュグリーンアイ トップバリュ共環宣言 トップバリュヘルシーアイ トップバリュレディーミール
コンペティティブブランド （競争的格安ライン）	テスコバリュ	トップバリュベストプライス

出所）『日経流通新聞』2013年3月22日を参考に作成。

規模が相対的に小さい。このため商品の見直しが頻繁に図られ、提供が継続されない傾向にある。その結果ひいき客がついても、その期待を持続させることが難しいと言える。イオンが自社のPB商品ラインを見直したことや、アメリカでは自然オーガニック商品という分野に特化した展開になっている上、過当な低価格競争による消費者離れが始まっていることなどがその現れである。しかしこのような課題が解決されるならば、ライフスタイルブランドは深刻な不況期にあって価値以上の価格で販売できる可能性が期待される商品分野である。

5. ライフスタイル対応小売業の近年の事例についてのまとめ

1990年代の好況期アメリカで登場したライフスタイル対応小売業は、総じて統一的なコンセプトを持っていた。LSCは「小商圏内住民の階層に応じた街」というコンセプトを有し、近隣消費者の想いと集いの場を再生させていた。ライフスタイルストアは消費者のこだわりや価値観に「専門の強みにおけるアップスケール化」で貢献した。低価格競争からの差別化を意図したSMは「高級化・高質化・小型化」を基本とした。商品分野では、アメリカの食品販売業が自主企画したオーガニック食材のように、特定消費者のニーズを満たすPB商品が提供されていた[31]。

しかしながら、リーマンショック後の新たな状況下のアメリカで、これらは従来の特徴を変化させることになった。この変化した特徴を持つライフスタイル対応小売業が1990年代から不況が続く日本に波及したのである。リーマンショック後は、日米ともに同様の特徴を持つライフスタイル対応小売業の展開が見られる（表5-5参照）。

LSCは、広域商圏から雑多な消費者を集客する場として開発されることに目的が移行した結果、社会階層としてのライフスタイルに対応するという特徴を前面に出すものではなくなり、構成要素であるライフスタイルストアの個々の展開のための場に過ぎなくなっている。ライフスタイルストアは、アメリカでは専門店への回帰が見られるが、日本では売上高減少に抗するためドメインの拡張による総合化を優先している。スーパーなど食品販売業の分野に関しては、アメリカでは自然オーガニック商品への参入、日本では商品

表5-5　ライフスタイル対応小売業の特徴的事例

	ライフスタイルセンター（アメリカ）	ライフスタイルセンター（日本）	ライフスタイルストア（アメリカ）	ライフスタイルストア（日本）	食品スーパーなど（アメリカ）	食品スーパーなど（日本）	ライフスタイルブランド商品（アメリカ・イギリス）	ライフスタイルブランド商品（日本）
従来型 1990～2008年 アメリカ好況 日本不況	●ノーマンカースベ ジャリティイセンター（1987年）・統一的なコンセプト・オープンエアモール・階層ごとの御用達SC・憩いと集いの場	●例外的で広がらない・エンクローズドタイプの余地・階層格差が少ないことが要因	●ホームキッチン ジェネレーションX・専門の強みの中で マックスストア化	1) 良品計画（1980年代～）安さと生活美学 2) ニトリ（2006年～）トータルコーディネート	1) 価格破壊期 ドンキのPB商品の積極的な展開 →いずれにせよ低価格 ●アンナチュルマート 価格親しみへの対応 →オーガニックスーパー価格	1) 価格破壊期 2) デフレ期・こだわりに対応 2) アメリカ オーガニック自主企画商品の展開	1) イギリス テスコ・ライフスタイルブランド わけあって安い？・アメリカ オーガニック自主企画商品の展開	1) 良品計画（1980年代）わけあって安い 2) イオン トップバリュ スタンダード開始
近年型 2008年～ アメリカ 不況・格差拡大 日本 不況・格差拡大	統一的なコンセプト 後退	1) 大都市型日本版LSC・集客目的が強い・複合開発の内容次第・顧客的なライフスタイル・広域商圏・雑多な階層 2) 枚方T-SITE 3) タウンセンター	1) アップスケール化（1980年代～）・断念 2) 専門内での総合化	1) ドメツの拡張・アパレル ストライクインターナショナル UA ビームス 2) 家具雑貨 フランフラン バルマガード 3) 高級書店 コラボ出店 書籍 総体として総合化	1) オーガニックの低価格・格売売・スプラウツ 2) LAS トレーダージョーズ	1) 脱モデティイ・低価格＋価値・ライフ感の演出・残差 2) 小型SM	●アメリカ・オーガニック自主企画商品過当競争	●イオン・PB商品の多層展開（2014年～）・整理と再編

出所）筆者作成。

の見せ方やライブ感の演出など、ともに低価格競争を回避しようと脱コモディティが模索されている。商品の分野では、特定消費者の価値観やこだわりに対応することで高価格販売が可能となることから、健康や環境に配慮したライフスタイルブランドの取扱いが増える余地は大きい。

　リーマンショック後の不況期において、小売業はその活動内容や業態および商品にライフスタイルを強調することで、これを新規客の来店、新規ドメインへの進出、商品を価値以上の価格で販売できる手法などを実現するための方策としたのである。

Ⅲ　近年のライフスタイル対応小売業のパフォーマンス

　前節では、従来のライフスタイル対応小売業の登場とリーマンショック直後の変化についてアメリカの事例を概観し、これとの対比において日本のライフスタイル対応小売業の近年の特徴づけを行った。近年の日米のライフスタイル対応小売業は、従来の統一的なコンセプトに必ずしも拘束されず、リーマンショック後の不況と格差拡大という経営環境に対して、主体的に対応策を講じつつ活動を展開してきたことを確認することができた。

　それでは、リーマンショック後においてライフスタイルに対応することを特徴とする小売業は、一体何を目指し、その結果何が可能となったのか。本節ではそのパフォーマンス（成果に向けた行動）を、基本的にLSC、ライフスタイルストア、高級スーパー、高質スーパー、ライフスタイルブランド商品のいずれにも共通する3つの特徴に整理して検証する。

　よって本節と次節では、本章の本来の対象である近年の日本のライフスタイル対応小売業に焦点を当てて論述する。なおパフォーマンスについては、必要な限りで具体的な数字や状況を示しながらその成果についても確認する。

1.　集客効果

　市場縮小への対応として集客効果を得ようとする行動が取られる。おもな手法の1つは、施設および店舗を消費者のライフスタイルや感性に訴求でき

るように構築することである。都市型の日本版LSCと特徴づけられるグランフロント大阪は、大阪最後の一等地うめきたに立地し広大な敷地ゆえ都心にありながらも周囲の余裕地とのバランスがうまく図られ、個性的なショップやレストランが配置されている。2013年4月の開業以来毎年ほぼ5,000万人が訪れ、2017年3月にはのべ来客数は2億人に達した[32]。グランフロント大阪が広域商圏を対象とすることから様々な階層の来客がある。しかし日本ではアメリカほど階層格差が進んでいないため、来客数に比べて多様なライフスタイルで対応する必要がないことが、コスト的に優位な集客性を実現する要因となっている。大阪の中規模都市枚方の枚方T-SITEは従来のLSCと同様に、来客数の拡大よりも小商圏を対象にした高い来客頻度を達成している。

　集客効果を高めるもう1つの手法は、本業において培った既得のブランド力を活用したドメインの拡張である。前述したように、ストライプインターナショナルは、「服だけに特化していると1人当たりの客単価がとれないので、一部店ではあるがライフスタイルをコンセプトにしてお客さまから何回か違うプロダクトでお金をいただけるよう衣食住全てを提供したい」[33]とその意図を明らかにしている。またビームスは、セレクトショップの領域から、ベビー、キッズからシニアまで3世代のファミリー層を対象として、アパレル、服飾雑貨、生活雑貨、コスメ、ペット用品など、ライフスタイルの広い領域に事業を拡張している。

2. 低価格競争の回避

　デフレ基調の経済下にあって、小売業は過当な低価格競争を繰り広げることで経営体力をすり減らし、従業員の労働環境を悪化させることになる。これを回避するには適正な利益を確保する必要があり、そのために図られる手法は販売商品の脱コモディティを実現することである。

　ヤオコーの川野会長は「スーパーにはコモディティとライフスタイルの二つがある。コモディティは汎用品で安さしか重視されない」[34]としてライフスタイル商品の充実を図ることを重視している。長期不況の中でも来店客が増え続け、ヤオコーは22期連続で増益を達成している。阪食では阪急ブラ

ンドを掲げた高質食品専門館を展開しているが、2009 年 7 月に 1 号店を開業
し、デフレ再燃不況期にもかかわらず 4 年間で新規出店した 6 店舗すべてが
計画を大幅に上回る成功をおさめたとのことである[35]。

3.　消費者の価値観への訴求

　不況期の節約的志向や買い控えで生じている客単価の減少に対処するに
は、消費者の価値観に訴求すべく、品揃えした商品を関連づけ、これら取扱
い商品のストーリーを整えながら編集するという、いわゆる消費者のライフ
スタイルにかかわらせた商品の「提案」を行うことが有効となる。

　T-SITE を展開する CCC の増田社長は、「目的買いならばネットで検索すれ
ばいい。うちは発見なんです。価値を提案しているのですから」[36] と断言し
ている。いわゆるライフスタイル提案型の小売業は、ドメインを拡張しなが
らも、情報と編集による商品の絞り込みを図り、消費者の商品購入に結びつ
けている。

　通販においても、オールアバウトやカタログハウスが展開する通販生活の
ように、商品提案を重視したビジネスモデルが支持を集めている。また家具
販売小売業も、「生活の間取りに合わせた商品陳列」（アクタス）を行うなど、
イケアが日本に持ち込んだ生活提案型展示を採用している。

4.　まとめ

　近年の日本のライフスタイル対応小売業のパフォーマンスについて、総
じて言えることは、これらが売れない時代におけるアップスケール・ポジ
ショニングの手法であるということである。つまり、集客効果を高める目的
で元々の専門ドメインを広げつつも、価値観に訴求した編集によって品揃え
を絞り込み、用意したストーリーで説得しながら、消費者のこだわりにアプ
ローチしつつ高価格商品を確実に売るということである。図5-1 に示すよう
な手法を用いたパフォーマンスの好例はいたるところで確認することができ
る。

　そしてこの場合のライフスタイルとは、従来のように、特定の社会階層や
その価値観に限定されるものではなく、また健康、環境配慮、自己実現と

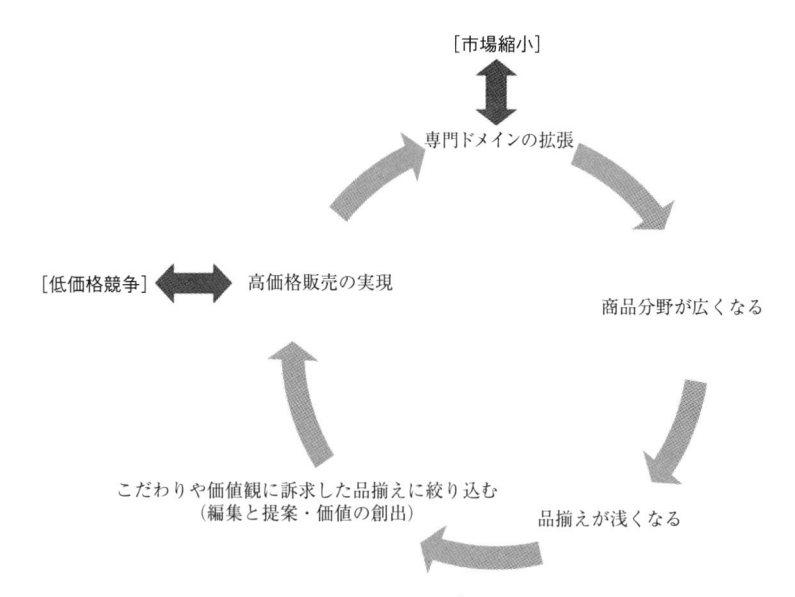

図5-1 ライフスタイル対応小売業「パフォーマンスの連鎖」

出所）　筆者作成。

いった明確なコンセプトによって特徴づけられるものでもなくなっている。近年のライフスタイル対応小売業が向き合う価値観とは個人ごとの趣向であり、これを対象として小売業のパフォーマンスが発揮されるのである。

Ⅳ　ライフスタイル対応小売業の客観的役割と 社会的経済的意義

　前節で確認した主体的なパフォーマンスを追求するように発展した近年のライフスタイル対応小売業（商業集積、店舗、小売業態、自主企画商品など）が今後も増え続け発展するとすれば、これらはどのような役割あるいは社会的経済的意義を認められるからであろうか。これに答えるには、小売業を取り巻く近年の諸環境、すなわち2008年のリーマンショック後の不況との関連で論じる必要がある。

　ライフスタイルとは、階層格差を前提にして、健康、快適さ、環境配慮と

いった階層ごと（とりわけ富裕層）の価値観を見いだすことにその概念の根本的な意味内容があった。これがマーケティングや販売に適用されてきたという経緯を持つ。しかし近年は、所得格差が拡大した結果アッパーミドルが減少し、低所得者層への低価格商品提供ばかりが優先されるという状況になっている。低所得者層が増加し、低価格商品提供のための過当な競争が繰り広げられる状況下で、小売業が消費者のライフスタイルの決定要因となるこだわりや特定の価値観に働きかけるということには、どのような目標や意味があるのであろうか。またこのような状況においては、これまでのような階層ごとに対応するという従来のマクロ的なライフスタイル概念を用いたアプローチが意味をなさなくなっている。これに代わって、所得ごとの階層をさらにセグメント化することを可能とするミクロ的なライフスタイル概念を用いたアプローチが求められている。

　前節ではこれらの問題を、主体である小売業のパフォーマンス（成果に向けた行動）という視点から、おもにアンチ価格競争の創出について論じた。本節ではこれを、小売業の活動の客観的な役割と意義の視点から論じる。なおその際、商品の価格と価値の両側面を考慮しつつ、消費者、経済および社会の各レベルについて述べることとする。

1. 消費者問題の解決

　ライフスタイル対応小売業は、以下に示すように消費者のニーズや問題に応えることで、近年の消費者問題を解決するという客観的な役割をはたしている。

（1）こだわりへの対応

　特定のライフスタイルを持つ消費者の特定のニーズに対応することが、ライフスタイル対応小売業の最も基本的な使命であった。アメリカではライフスタイルストアは、たとえばビーガンに向けた食材やアウトドアに関連する専門品を徹底して提供するなど、専門の中の専門店として認識されている。これほどではなくとも、ライフスタイル対応小売業は、特定機能を持つ高付加価値商品を取り揃え、こだわり消費を専門商品と説得的な販売で満たす専

門店としての役割をはたしている。

　またラグジュアリーブランドには手が届かなくても、セレクトショップや生活雑貨ショップの同一ブランドによる多角化商品を好む消費者のライフスタイルに対応することなども、消費者ニーズを満たす際に重視されるべき役割となっている。

（2）購入コストへの対応

　ライフスタイル対応小売業は、価格を直接的に引き下げるのではない。しかし編集による商品の絞り込みや提案を行うことで、消費者の商品探索コストを減少させる。膨大な商品群にあっても特定の価値観に沿う商品は限られたものである場合が多いからである。

　他方ニトリのように、低価格も同時に実現することで、インテリアコーディネートを庶民に広めるという役割をはたす場合もある。ライフスタイルに対応する機能を持つライフスタイルブランドタイプのPB商品を低価格で提供することも同様の役割をはたすことになる。

（3）面倒感の解決や新たな発見

　膨大な商品群と複雑化する流通チャネルに直面して、消費者が感じる商品購入時の面倒感、ワンストップショッピング指向、節約的志向や買い控え傾向、購入の失敗への用心は、近年かつてないほどに強まっている。ライフスタイル対応小売業はこのような近年の消費者意識に向き合い、個々の消費者の買物に関するこだわりや価値観に理解を示しながら、編集による商品の絞り込みと提案による効率的な対応を行うことで消費者の購買行動を助けるという役割をはたす。

　また提案や品揃えを通じて、商品そのものや商品の使い方についての新たな発見を消費者に体感させるという役割も重視される傾向にある。

2. 社会的経済的貢献

　リーマンショック後の売れない状況および格差が拡大する社会において、ライフスタイル対応小売業の活動は売るということに関する好例となってい

る。つまり、可処分所得の減少という制限や多品種システムがもたらす雑多に溢れる売れない商品群に対処するための行動の指針がそこには示されている。

（1）適正な価格での販売

日本ではバブル経済崩壊後の不況以来、長期にわたって労働分配率が低下させられてきた。賃金総額を抑制しつつ非正規労働を活用することで日本経済は成り立ってきたのである。この傾向は、リーマンショック後に再燃したデフレとこれにともなう不況の下でいっそう進展することになる。デフレの進行と低所得者層の増加に直面しながら、小売業各社は値下げ競争に追い込まれることになった。

このような状況において、ライフスタイル対応小売業は、ラグジュアリーブランドやプレミアム商品のような高価格を保証されるわけでもないポジションにありながら、安売りに巻き込まれることもなく、適正な利益を得ることが可能な相対的高価格で販売することができている。縮小市場経済にあっても、品揃えの編集や提案といった売り方の工夫次第で、上記のような適正な価格での販売を実現する方法が示唆されている。

（2）商品価値の見直し

高度経済成長期に特徴的な大量システムでは画一的な汎用品が消費者に受け入れられてきた。しかし低成長への移行期やさらには平成不況下で、多品種システムが進展した結果、新規商品は増えたが、一部売れ筋商品はすぐに真似られ、他方でそれ以外の大量の売れない商品群が安売りされることになった。こうして近年は、商品種類そのものは増えたが、同様の商品が過剰に提供されるという、いわば新たな画一化の時代となっている。

ライフスタイル対応小売業は、このような時代にあって、自らの価値観によって商品を編集し、品揃えした商品のストーリーを用意し、これを消費者に提案するなど、価値ある売り方を実行している。これは脱画一化であり、過剰と価格優先の時代において失われた商品提供方法の再構築による新たな価値の創造であると言える。

3. まとめ

　消費者問題の解決および社会的経済的意義などにかかわって、ライフスタイル対応小売業がはたす役割と意義を見てきた。リーマンショック後の売れない時代におけるライフスタイル対応を特徴とする小売業の役割は、端的に言えば、消費者に商品を提案し適正な価格で販売することにある。そしてこれが可能なのは、絞り込んだ商品を品揃えし、これのストーリーを用意し、消費者を説得できているからである。

　なぜこれができるのか。消費者の価値観を掘り起こしているからに他ならない。つまり商品の編集・ストーリー立て・品揃え・提案を当該消費者にとってのこだわりであると納得させているのである。ここにいたっては、もはや個人のグループとしての階層に対応するという従来のセグメンテーションではなく、一人の個人の中において生じている階層化された意識に働きかけるという、セグメンテーションにともなう階層把握に関する対象の転換が生じている。近年のライフスタイル対応小売業は、個人の中の階層的な消費を対象としているのである。

　以上のような役割をはたすことができるように、商品、品揃え、ライフスタイルストア、LSCの連鎖が、近年のライフスタイル概念にもとづいて構築されている。

V　結　論

　デフレ再燃不況期の日本の小売業界にあって活動を活性化させているライフスタイルを強調した小売業を、本章ではライフスタイル対応小売業と規定し、これらの活動事例の検討を通してその役割と意義について論じた。その結果、以下の諸点を確認することができた。

　1つは、近年の日本のライフスタイル対応小売業の特徴についてである。これはそのパフォーマンスからとらえることができる。つまりその目的は、集客性を高めることを目指した元々の専門ドメインからの拡張、ライブ感を演出した売り方、消費者のこだわりや価値観への訴求によって、市場縮小や安売り競争といった弊害を回避することにある。ライフスタイルを強調する

経営は、そのためにアップスケールを実現するポジショニング手法として活用されていることを確認することができた。

2つは、ライフスタイル対応小売業の活動には、その動機や主観とは別に、客観的な意義があるということである。ライフスタイルに対応することは、消費者の価値観に照らして必要な商品を適正な価格で提供することであって、現在の日本において消費者を取り巻く負の環境や大量および価格優先の時代において失われたものを再構築するという意義がある。そしてこの点を確認することで、近年のライフスタイルを強調する小売業の特徴をたんに「ライフスタイル提案型」としてではなく、より広くライフスタイル対応小売業として規定することができるのである。

3つは、1990年代の好況期のアメリカで登場したライフスタイル対応小売業と、近年の日本で注目されるものとは、ライフスタイルの概念に関して違いが見られることである。前者がアップスケール化とセットで展開されたことに対し、後者は不況による売れない状況と格差拡大を前提にした展開内容となっている。このため、増大する低所得者層を再セグメント化する必要性が、ライフスタイル対応小売業の経営的課題となったのである。このことは、両者における活動対象とされるライフスタイルそのものに関する認識レベルの相違をもたらす。つまり、前者は社会の階層性を対象とし、後者は個人の中の階層的な意識というレベルを対象とすることになる。低所得者層を再セグメント化するように進化したライフスタイルに対応することを特徴とする小売業の活動を理解するためには、ライフスタイル概念の発展についても同時に理解する必要がある。

最後に、ライフスタイル対応小売業の今後の展望にかかわって、以下の点を指摘しておく。ライフスタイル対応は市場縮小と安売り競争を回避するためのポジショニング手法であり、これにより消費者ニーズへの対応と適正価格での販売に成功している小売業が一部存在する。しかしながら、このようなポジショニングの余地がない小売業も多数存在する。ライフスタイル対応というポジショニング手法が必要とされること、あるいはこれを採用できない小売業の業績が低迷すること、そのいずれの事態も不況と格差拡大の下での消費の低迷が小売業の活動基盤となっていることに起因している。ライ

フスタイル対応小売業が、先に見た客観的役割と社会的経済的意義を持ち続け、消費者にとってのまやかしの流通手法に終わってしまわないようにするには、このようなポジショニング手法を講じなくても消費者が必要な商品を効率的に適正な価格で購買できる状況を創出する必要がある。そのためには、低所得者層の購買力上昇につながる所得水準の改善が求められる。

注
1)　本章が規定する「ライフスタイル対応」とは、小売業が消費者のライフスタイルの決定要因となるこだわりや特定の価値観に働きかけて、自社の商品、品揃えや売り方が、これが対象とする個々の消費者や特定の社会階層のライフスタイルに適合しているということをアピールすることを意味している。よってこのような小売業の活動は「提案」にとどまるものではなく、また「価格訴求」のように訴求内容の基準を明確にしているわけでもない。それゆえ、本章ではこれらの小売業を、より広く「ライフスタイル対応」小売業と規定する。なおそれぞれの用語については、関連箇所においてその都度定義する。
2)　アメリカでは2008年から2013年までの間に、所得下位10％の家計所得が3.2％減少したのに対して、上位10％は11％増加し、その所得格差は19倍になった（労働政策研究・研修機構（2015）、3ページ）。また日本の相対的貧困率は2006年の15.7％から2012年の16.1％へと上昇している（厚生労働省（2016）「結果の概要」）。
3)　経済学的規定については成瀬（1988）および角田（1992）、社会学的規定については小林（2017）、経営学およびマーケティングからのアプローチについてはMoore.（1963）、Lavy.（1963）、Lazer.（1963）を参照。
4)　大村（2017）、207ページ参照。
5)　ODSマーケティングコンサルティングチーム、有田（2006）参照。
6)　小林（2017）、166ページ参照。
7)　仁平（2005）、422ページ。
8)　石原靖廣「アメリカに見る専門店の未来」（『商業界』2012年8月号）、および『販売革新』2013年12月号、32ページ。
9)　1990年代の終り頃からアメリカで流行したLOHAS（健康と地球の持続可能性を志向するライフスタイル）には、健康や環境配慮といった内容が端的に表れている。
10)　消費者の階層意識と再セグメント化に関しては、辰巳（2004）を検討した加賀美（2015）が参考になる。
11)　『販売革新』2011年8月号、58ページおよび2009年2月号、85-89ページ。
12)　『日経流通新聞』2007年7月30日、2008年7月2日および『販売革新』2011年8月号、60-61ページ参照。
13)　『日経流通新聞』2006年4月19日。
14)　小泉（2016）参照。
15)　『販売革新』2013年9月号、42ページ。

16)　『日経ビジネス』2017年5月22日号。

17)　『販売革新』2007年12月号、86-89ページ。

18)　石川社長インタビュー記事による（『販売革新』2017年1月号、81ページ）。

19)　『日経流通新聞』2013年12月2日。

20)　『日経流通新聞』2012年12月12日。

21)　スタート時のクリエイターの1人でグラフィックデザイナーの田中一光氏は
「生活美学」の大事さを主張した（『販売革新』2016年9月号、96ページ）。

22)　『販売革新』2006年3月号、102ページおよび2010年2月号、30ページ。

23)　「総合生活産業」を目指したかつての総合スーパー・ダイエーは生活にかかわ
る消費財をすべて取り揃えることで自らの総合的なドメインを主張したが、これ
が「何でもあるが、欲しいものは何もない」という事態の始まりであった。

24)　千野和利阪食社長のインタビュー記事による（『激流』2013年12月号、13ペー
ジ）。なお本章では、必ずしも高級食材に頼らないで高級感を演出するスーパー
を高質スーパーと定義する。

25)　『2020VALUE CREATOR』2011.10（VO.317）および『販売革新』2015年2月号、
21ページ参照。

26)　このような対応策をアメリカと比べると、日本ではアメリカのようにオーガ
ニック食材が競争手段とはならなかったことがわかる。その理由は、アメリカ
と比べると日本では富裕層が少なく、食品購入の際の優先順位において、オーガ
ニックという特性が近隣性や価格といった食品の最寄り品という特性を上回るこ
とができていないからであると思われる。オーガニック後進国としての日本につ
いては『激流』2012年11月号、114-117ページを参照。またアメリカでも近年は
オーガニック離れが進んでいる（『激流』2016年3月号、116ページ）。

27)　『日経流通新聞』2013年3月22日。

28)　このような同一のドメイン内での展開事例以外にも、最近は「ライフスタイル
型」のブランドとして元々のドメインからの拡張を意図する動きがある。三越伊
勢丹の衣料PB商品「BPQC」は、生活雑貨を加えたライフスタイル型に総合化す
ることが計画されている（『日経流通新聞』2017年9月8日）。

29)　Trader Joe's 公式ホームページより。

30)　『激流』2015年2月号、101-102ページ。

31)　当時の日米におけるライフスタイルブランドタイプのPB商品は、ヨーロッパ
のPB商品先進各国の状況に比べると注目度は低かった。

32)　グランフロント大阪公式ホームページ（2017）。

33)　石川社長インタビュー記事による（『販売革新』2017年1月号、81ページ）。

34)　『週刊東洋経済』2015年3月28日号、99ページ。

35)　千野和利社長のインタビュー記事による（『激流』2013年12月号、14ページ）。

36)　『日経ビジネス』2017年5月22日号。

参考文献

飽戸弘（1999）『売れ筋の法則―ライフスタイル戦略の再構築―』筑摩書房。

石原靖廣（2012）「アメリカに見る専門店の未来」『商業界』2012年8月号、商業界、
102-105ページ。

ODSマーケティングコンサルティングチーム著、有田暁生監修（2006）『消費行動の「なぜ?」がわかる実践講座 ライフスタイル・マーケティング』宣伝会議。

大村邦年（2017）『ファッションビジネスの進化』晃洋書房。

加賀美太記（2015）「格差社会の進展とマーケティングの変化」流通経済研究会監修、大野哲明、佐々木保幸、番場博之編『格差社会と現代流通』同文舘出版、66-85ページ。

角田修一（1992）『生活様式の経済学』青木書店。

小泉絵理子（2016）「都市・街・人2016（3）日本発のライフスタイルセンターとは?」不動産流通近代化センター編『不動産フォーラム21』第312号、大成出版社、27-29ページ。

――（2017）「都市・街・人2017（1）大型店の都心回帰は進むのか―『ニトリ』の都心出店攻勢から読み解くライフスタイル変化―」不動産流通近代化センター編『不動産フォーラム21』第321号、大成出版社、22-24ページ。

厚生労働省（2016）『国民生活基礎調査』。

小林盾（2017）『ライフスタイルの社会学―データからみる日本社会の多様な格差―』東京大学出版会。

辰巳渚（2004）『なぜ安アパートに住んでポルシェに乗るのか』光文社。

谷口正和（2008）『市場の次なる価値目線―ライフスタイルコンセプト―』繊研新聞社。

――（2010）「これからのライフスタイルと流通」流通問題研究協会『流通問題』第46巻第1号、17-25ページ。

堤清二、三浦展（2009）『無印ニッポン』中公新書。

中井美樹（2011）「消費からみるライフスタイル格差の諸相」佐藤嘉倫、尾嶋史章編『現代の階層社会1―格差と多様性―』東京大学出版会、221-236ページ。

仲上哲、杉田宗聴、佐久間英俊、宮﨑崇将（2018）「2017年度アメリカ・ロサンゼルス地区小売業視察調査報告」『阪南論集 社会科学編』第53巻第2号、265-293ページ。

成瀬龍夫（1988）『生活様式の経済理論―現代資本主義の生産・労働・生活過程分析―』御茶の水書房。

仁平京子（2005）「ライフスタイル概念における社会学的・心理学的特質とマーケティング的特質」『商学研究論集』第22号、409-427ページ。

藤竹暁編集（2000）『消費としてのライフスタイル』至文堂。

Moore, D.G., (1963) "Life Style in mobile Surburbia," in S.A.Greyser, ed., *Toward Scientific Marketing*, AMA, pp.150-163.

六車秀之（2007）『ショッピングセンター成功のための ライフスタイルセンターの構築』同文舘出版。

山田昌弘、小林盾編（2015）『データで読む現代社会 ライフスタイルとライフコース』新曜社。

Lavy, S.J., (1963) "Symbolism and Life Style," in S.A.Greyser, ed., *Toward Scientific Marketing*, AMA, pp.140-150.

Lazer, W., (1963) "Life Style Concepts and Marketing" in S.A.Greyser, ed., *Toward Scientific Marketing*, AMA, pp.130-139.

労働政策研究・研修機構（2015）「国際労働トピック」8月、OECD。

『激流』2012年11月号、2013年12月号、2015年2月号、2016年3月号、国際商業。

『週刊東洋経済』2015年3月28日号、東洋経済新報社。

『商業界』2012年8月号、商業界。

『2020VALUE CREATOR』2011.10（VOL.317）、Valve creator社。

『日経流通新聞』2006年4月19日、2007年7月30日、2008年7月2日、2012年12月12日、2013年3月22日、2013年12月2日、2017年9月8日。

『日経ビジネス』2017年5月22日号、日経BP社。

『販売革新』2006年3月号、2007年12月号、2009年2月号、2010年2月号、2011年8月号、2013年9月号、2015年2月号、2016年9月号、2017年1月号、商業界。

グランフロント大阪公式ホームページ「プレスリリース」2017年3月2日。

Trader Joe's 公式ホームページ。

第6章
流通の社会インフラ化

　2009年5月、経済産業省の諮問機関である「地域生活インフラを支える流通のあり方研究会」より報告書が提出された[1]。この報告書をはじめとした近年の流通のあり方にかかわる議論において、流通が社会インフラストラクチャー（以下インフラストラクチャーはインフラとする）としての役割を強めたとの見解が広く見受けられるようになった。たとえば、コンビニエンスストアが提供するサービスが、今や国民生活にとって必要不可欠な公共的性格を強めていることもよく認知されているところである[2]。

　インフラとは下部構造、基盤のことである。この基盤とは、経済活動や消費生活活動に不可欠なサービスを提供するための施設やネットワークといった物的基盤のことである。広く利用されるという性格を有するインフラは、本来公的資金によって構築され維持される公共の財である[3]。民間事業者である流通業が、そもそも公共財である社会インフラとしての役割をはたし、公共的なサービスを提供するとはどういうことなのか。従来の公共財であるインフラがはたす役割と、民間事業者である流通業による新たな公共的なインフラがはたす役割は、共に公益に貢献するという共通性を有しているとしても[4]、両者の差異はどこにあり、後者が進展することにともなう利点や問題点はどうなっているのであろうか。これらを明らかにすることが本章の課題である。

　本章ではこの課題を考察するため4つの手順で検討を進める。本論はⅠ～Ⅳで構成される。Ⅰでは、社会インフラの定義づけを行った上で、これに照らして社会インフラとしての流通に該当する事例、および流通が社会インフ

ラ化する背景にある要因を示す。Ⅱでは、流通が社会インフラ化する経緯について分析する。流通の社会インフラ化という事態が生じる契機ごとの5つのタイプを示し、この区分に沿いながら社会インフラ化の経緯と特徴の全体像を把握する。Ⅲでは、税金などの公的資金を有しない民間事業者がインフラとしての役割をはたす上で、最も困難な課題となるコスト負担の問題を検討する。Ⅱで分類されたタイプを、事業者にとっての外部コスト負担の視点から再度整理することで、コスト負担の問題から流通の社会インフラ化の進展をとらえ直す。こうして確認された内容について、Ⅳでは民間事業者である流通の社会インフラ化の意義と限界として考察する。

　なお本章で考察の対象とする社会インフラとは、産業インフラと同義で用いられる経済インフラとの対概念である生活インフラと同義のものである。産業＝経済インフラがおもに生産活動に不可欠なインフラであるのに対して、社会＝生活インフラはおもに国民の生活に不可欠なインフラである。両方を合わせて広義の社会インフラとするならば、本章が扱う生活インフラと同義の社会インフラは狭義のものと言えよう。よって狭義の社会インフラとは国民生活にとって不可欠な公益を提供する施設およびネットワークとしての基盤であり、本章ではこれを単に社会インフラと称して論述の対象とする。

　また社会インフラ化する流通の実態分析に際して、生活に不可欠な社会インフラとして多くの役割を担っているコンビニエンスストアにかかわる事例を中心に置きながら考察を進める。

Ⅰ　流通の社会インフラ化とその背景

1．インフラの定義と内容の広がり

　流通が社会インフラ化するとされる事態に際して、社会インフラが本来有する意味について整理しておく。

（1）インフラの定義

インフラとは単に下部組織、基盤という意味でしかなく、その具体的な内

容は様々であり、定義上も確立された厳密なものは見当たらない。しかし、行政や民間事業が遂行される際に共通して認識される内容は、本来のインフラとは公益を提供するための公共財であり、公共機関および公益法人によって構築された施設およびネットワークであるということである。よってインフラの構築や維持には税金などの公的資金が投入されている。政府や自治体の責任で公共サービスを提供するための物質的基礎（施設やネットワーク）が、従来より認識されてきた本来のインフラである。

　それゆえインフラとはすべて社会インフラである。また上述したように、おもに生産活動に公益を提供する経済インフラ（産業インフラと同義）に対して、おもに国民の生活に公益を提供する生活インフラがあり、後者と同義で社会インフラが定義されている。すべてのインフラを包括する広義の社会インフラに対して、これを狭義の社会インフラと言うことができる[5]。

(2) インフラと民間事業者との関係

　本来公共財であるインフラは、国有企業あるいは政府や自治体などの公共機関が公共の事業として生み出した公益を提供するための物質的基礎である。それゆえその構築や維持には公的資金が投入されてきた。これが、民間事業者によって営まれるとはどういうことであろうか。現実の取り組まれ方として、次の2通りが典型的である。

　1つは公益法人がこれをはたすことである。つまり元々国営事業の担い手であった国有企業が民営化されることで生み出された公益法人が公益を提供する方法である。その事業は広く社会の利益すなわち公益にかかわることが優先され、運賃や料金が法的に管理される。もう1つは、公益の提供を民間に委託することである。リサイクル事業、ゴミ収集、清掃業務などの業務内容や委託価格が取り決められた上で、公共機関との直接契約関係において公益が提供される。

　しかし流通の社会インフラ化はこれらとは異質のものである。つまり公共財でないことは共通しているものの、民営化された公益法人でもなく、納税や料金の徴収業務以外には、自らが積極的に生み出した公益を提供するという業務を公共機関から委託されているわけでもない[6]。

2. 公益法人でも委託業者でもない流通業の社会インフラ化と
　　その背景

(1) 流通の社会インフラ化の事例

　国営の事業に携わってきたわけでもなく、また公共機関から委託された公益を提供するものでもない流通業がかかわるインフラとしての役割には様々な業務があるが、これらはおもに2つの領域に区分される。

　その領域の1つは、国民生活にとって不可欠なライフラインとして期待される施設および物的拠点としての役割である。たとえば、①女性や子供が危険から逃れるための駆け込みや防犯カメラの設置・記録画像の提供といったセーフティステーション、②災害時の生活必需品の備蓄および提供、避難拠点、被災者の帰宅支援、③買物弱者の支援などである。

　領域のもう1つは、生活にとって必要不可欠とは言えないまでも、便利さゆえに定着しているネットワークとしての役割である。たとえば、①店舗内ATM設置、②水道・電気・ガス料金や税の納付、役所の支所や出張所の設置といった行政支援、③宅配や通販の受取、返品、代金支払いといった物流関連サービスなどである。

　つまり生活インフラ＝社会インフラという独自の領域において、民間事業者である流通業のインフラとしての役割が進展していることが確認できる。しかしこれらは元々、自治体、警察、消防、銀行、水道局、電力会社、ガス会社、郵便局といった公共機関や公益法人が行うべき業務であり、実際独占的に行われてきたものである。なぜこれらの国民生活にとって重要な公益を、公共財にもとづくインフラを有するわけでもない流通業が提供するようになったのであろうか。これについては、その背景から検討する必要がある。

(2) 流通の社会インフラ化の背景

　流通の社会インフラ化が顕著に進んだのは、コンビニエンスストアのネットワークが全国展開し、行政代行サービスの定着やATMの設置が進められた1990年代以降である（表6-1参照）。SCの巨大化が進展したのも同じ時期である。

1980年代から90年代初頭にかけて、東西冷戦の終焉、経済のグローバル化、行政改革、バブル経済の崩壊とその後の長期不況といった国内外における政治と経済の転換が生じ、これを契機に新自由主義的経済政策が進められた。新自由主義的経済政策はとりわけ経済の低成長期にあって増えない利得の奪い合いを前提とするため、強者と弱者の格差を広げ、強者の論理が優先されることになる。他方でとくに今世紀以降、人口減少、生産人口の減少、高齢化、過疎化といった社会的な問題が生じた。

このような状況で公共的なサービスの民間事業者への移行が進められ、その1つの領域として流通業の社会インフラ化への期待が高まることになったのであるが、これを現実のものとしたのは、①政府および自治体の事情にかかわる要因、②社会的要因、③事業者の事情にかかわる要因の3つである。

①政府および自治体の事情

　小さな政府という名目で電電公社、国鉄、郵政事業は次々と民営化され、独立採算体制を原則としながら、国民の利便性よりも利益を優先する事業体へと

表6-1　コンビニエンスストアによるサービス商品取扱い開始

開始年	サービス
1981	宅配取扱い（S）
1982	コピーサービス（S）
1984	カタログギフト（L）
1987	電気料金収納代行（S）
1988	ガス料金収納代行（S）
1989	生命保険料払込（S） NHK放送受信料継続振込（S）
1990	バイク自賠責保険（S・L）
1991	電話料金収納代行 水道料金収納代行（L）
1992	チケット発券（F）
1993	旅行商品取扱い（F）
1994	割賦販売代金（S） スキーリフト共通引換券（S）
1995	通信販売代金収納（S・F） 国際テレホンカード（S） カラーコピー機導入（S） ゲームソフト販売（S）
1996	切手・印紙類取扱い（L・F）
1998	音楽CD販売（S） ATMサービス（S）
1999	インターネットによる書籍取扱い（S） インターネット代金収納（S）
2000	EC事業（S） 食事配達サービス（S）
2003	ゆうパック取扱い（F） 店内郵便ポスト設置（L） サッカーくじtoto取扱い（L）
2009	大衆薬のテスト販売（S） 電気自動車充電器設備導入（L）
2010	住民票写し発行（S） 印鑑登録証明書発行（S）
2011	買い物支援移動販売（S）
2012	納税証明書発行（S）
2014	ゆうちょ ATM（F） Amazon商品注文取り寄せ（L）

注）（S）はセブン-イレブン、（L）はローソン、（F）はファミリーマート

出所）セブン-イレブン、ローソン、ファミリーマート各社ホームページ資料および社会インフラとしてのコンビニエンスストアのあり方研究会（2009）より作成。

転換させられてきた。公共事業は2001年以降減少したものの、自立自助のスローガンの下では国民生活にかかわる社会保障だけが抑制される一方で、空港や整備新幹線などをはじめとした巨大プロジェクトは著しく伸長している。

　長期不況による企業の業績低迷の結果、法人税収が減少する。消費税率を引き上げたものの、これは法人税減税と一体で進められたため税収全体の増加を達成することは困難であった。他方で、増え続ける社会保障関連支出は、そのための赤字国債発行・利払い増などを招くことになり、収支のバランスを欠いた国と地方の財政は一貫して赤字を累積させている。

　このように、新自由主義的経済政策が採用される下で、歳入の逼迫と歳出の不平等が生じ、さらに公益の担い手の転換が図られたのである。

②社会的要因

　人口や居住地にかかわる問題が、とりわけ今世紀以降、加速度的に進行した。65歳以上の高齢者が人口の14%となる高齢社会に達したのが1994年であり、高齢化率はその後も上昇し、2014年には26%に達している[7]。他方で、生産人口の減少率も著しい。国全体の人口減少が始まるなかで、首都圏への人口集中と地方の過疎化、限界集落の問題が深刻となっている。このような状況においてインフラ整備の費用対効果が悪化し、国や自治体は公益の提供に要するコストを負担できなくなっているのである[8]。

③事業者の事情

　1990年代以降の長期不況下で、企業の収益は悪化し、本業にとどまることなく本業外へ進出する企業が相次いだ。とりわけ消費不況の影響を強く受けた流通業はその典型であった。巨大流通グループ・ダイエーは「総合生活産業」の理念を掲げて不動産投資に邁進して挫折することになる。セゾングループも同様の末路をたどった。

　他方、現在のセブン&アイやイオンなどの流通グループに見られるように、コンビニエンスストアやSCは、集客のための手段として、サービス商品の取扱いやイベントおよびテナントへの新規施設の誘致といった変革を試みる戦略を重視し、そのための施設やネットワークを自前で整備し始めたのである。

　以上のように、従来公共サービスを独占的に提供してきた公共機関の限界、社会ファクターの急速な変化、流通業の不況対応という3つが、流通の社会インフラ化の背景を構成した要因であった。

Ⅱ　流通の社会インフラ化の経緯と実態

　流通が社会インフラとしての役割をはたすようになった事例については、前述したようにライフラインとして役立つ防犯や防災の拠点、買物支援や、生活にとって必要不可欠とは言えないまでも利便性を認められて定着している金融サービス、行政の代行サービスなどがある。

　しかし当然ながら、これらはすべてが同じ時期に同じ契機で生じたわけではない。社会インフラとしての役割が確認できるそれぞれの具体的な業務については、その生成にかかわる個別の契機が存在する。本節では、生成した契機ごとに、社会インフラとしての流通の業務を5つのタイプに分けて論じることで、社会インフラ化した流通についてその経緯と特徴の全体を把握する。

1．物販の状況整備に必要な新しいシステムとして開始されたもの

　流通業が本業を効率的かつ戦略的にはたそうと意図し、新たな活動を展開する際に、従来のやり方を前提としたシステムや施設では間に合わないことがある。たとえば、コンビニエンスストアのジャスト・イン・タイム（以下JIT）システムや多店舗展開がこれにあたる。

　このような場合当該流通業は、自前で新たなシステムや施設を整備する必要がある。これのはたす役割が他に代替されないままに、これらが国民生活にとって必要不可欠と認められて社会インフラとして定着するのである。

（1）コンビニエンスストアのジャスト・イン・タイムシステム

　コンビニエンスストアの生命線は、小型の店舗で利便性のあるいわゆるコンビニエンス商品が、売れる時間に、売れるアイテムのみ、売れる量だけ正

確に納品されることにある。わずか3,000アイテムの品揃えとは言え、納品頻度別および温度帯別に取り揃えて、売れ残りも品切れも引き起こすことなく店頭に並べておくことは至難の業である。これを可能にするには、店頭での売れ行きを随時把握して納品サイドに伝達するPOS（販売時点情報管理）システムと納品業者間の共同配送を結合させたシステムであるJIT物流の実現が不可欠となる。コンビニエンスストアは、これらを新たに模索しながら自前で構築する必要があった。

　コンビニエンスストアが構築したこの高度な情報と物流の結合システムは、さらなる端末機器の発展と店舗内外の物流ネットワーク化を推進しながら、物販にとどまらない様々なオンラインサービスや配送手段に適用され、広範囲な生活領域で役立つ社会インフラとなった。

（2）コンビニエンスストアの多店舗展開

　コンビニエンスストアの利便性は営業時間の長さだけではない。利用者の多くにとって近くにあることは利便性の向上をもたらし、近距離で多数の店舗が存在することは商品の配送に関する経営上の優位性をもたらす。それゆえコンビニエンスストアは、地域集中のドミナント型の出店を進めることになり、駅前や商店街では密集しながら、さらに住宅地周辺の生活道路沿い、幹線道路沿いにまで進出している。駅前や商業地でもなく、人通りが頻繁でない所で、しかも深夜であっても、いつも明るく照らされた場所があり、店員や来客者が滞在しているコンビニエンスストアの店舗が全国に50,000店も展開している。

　いたるところに多数の24時間営業の施設が存在することで、コンビニエンスストアは、防犯機能をはたすセーフティステーションと認識され、社会インフラとしての役割を発揮している。

2．集客と購入促進のための手立てとして開始されたもの

　1990年代初頭に生じたバブル経済崩壊とその後の消費不況は、流通業に売上低迷による業績不振をもたらした。物販の低迷につながる消費者行動の特徴の1つは、低価格で購入しようとする節約意識であるが、これはまだ購

入につながっているだけ影響は軽微であると言える。

　これ以上に問題と思われる消費者行動の特徴は、買物に出向かない、購入を見送ろうとする買い控え意識にある。このような意識を持った消費者に購入を促進させようと、デフレが進行して物販がいっそう困難になった今世紀はもちろん、長期不況の当初より、購入促進の集客手立てが講じられ、その手段としてサービス商品の充実が図られてきた。

(1) コンビニエンスストアの「ついで買い」効果

　先に掲げた表6-1に見るように、1990年代以降コンビニエンスストアが提供するサービス商品は、チケット販売や宅配の取扱い、公共料金の支払いからATMの設置にいたるまで増加の一途にある。これらサービス利用から得られる手数料収入は、その手間や作業の煩雑さに比べて、導入当初には高い利益をもたらすものではなく、期待された効果は来客の「ついで買い」にあり、物販との相乗効果においてそのコストが回収されるように計画されていたのである。

　しかしながらこれらのサービスがどのチェーンのどの店舗にもあって当然のものとなると、これらは生活に必要な社会インフラとして認知されるようになる。また取扱量の拡大、機器機能の向上、自前での銀行設立などにより、近年では利益も見込めるようになっている。

(2) ショッピングセンター併設モールへのサービス施設誘致

　1990年代以降、とりわけ大型のSCが急増した。この状況はモールバブルとも言われ、実際のニーズに対するよりも過剰なSCが新規に開設された。とりわけ2000年以降のSCブームでは、行き場のない資金の不動産投資と改正まちづくり3法の施行に先立つ駆け込みによって、商圏や顧客ニーズの分析があいまいなままのSC開設が増加した。

　こうした状況において、施設全体を差別化するとともに、テナントの空き問題を解決するための対策として、モール内にサービス業や行政施設を誘致する手立てが進められた。物販だけでなく、医療、スポーツ、保育所、カルチャーセンターとともに役所の支所や出張所、さらに日曜日の来客を見込ん

で投票所を開設する施設なども登場している。こうして近年のSCは、物販はもちろん多様なサービスを取り扱うインフラとして認知されるようになっている。

3. 将来のビジネスチャンスとして取り組まれているもの

　上記の2つは、本業にとって不可欠なシステムや施設として構築されたものであり、また本業の立て直しの手立てとして取り組まれた業務がインフラとして認知され、その役割を発揮するようになったものなど、本業の利益にとって不可欠であることがその生成の契機となっている。これに対し、現在は本業にとってさほど不可欠なものではなく、また初期投資の大きさに比べて収益が見込めるわけでもないが、将来のビジネスチャンスと見込まれて構築されようとしている施設やネットワークがある。

（1）買物弱者の支援

　日々の生活品を購入するのに困難を感じている消費者は全国に約600万人いるという[9]。その理由は、自動車を利用することができない、徒歩で行ける距離に食料品店がないことがおもな要因となっている。その対策として、『地域生活インフラを支える流通のあり方研究会報告書』では4つの形態が提起されている[10]。これに沿って、買物支援の対策を概観しておく。

　1つは、商品を届けることであり、ネットスーパー各社や食品宅配に携わる生協や物流事業者の業務が注目されている。しかしながらネットスーパーの場合、対応可能な地域を見る限り、商品の配達は買物の困難さを解決することよりも競争手段として展開されている側面が強い。民間事業者が買物弱者のライフラインを構築する試みの難しさが現れている。

　2つは、店ごと届けることになる移動販売の形態である。注文を受けた商品の配達ではなく、いわば移動式の「店舗」内で買物をできるという優位性がある。近年では食品スーパーと連携しながら商品の委託販売を行う「とくし丸」などのように、地域の生活を支えるまさにライフラインとして注目されている事例もある。

　3つは、顧客を店に届ける送迎などの移動支援システムである。コミュニ

ティバスや過疎地有償運送のような新規サービスも試みられ新たな交通インフラの萌芽となっている。

4つは、近隣型小型店を出店させることである。都心部では流通大手各社のミニスーパーが急増している。また過疎地においては、第三セクターがコンビニチェーンに加盟するといったユニークな試みもある[11]。

（2）エネルギー補充拠点

地球環境の悪化を防止するため、低公害化や温室効果ガスの削減が目指されている。自動車に関しては、現在の主流であるガソリン車から電気自動車（以下EV）へさらには燃料電池車といった次世代エコカーへと転換が図られようとしている。これのエネルギー拠点施設を構築しようと、流通各社は駐車場にEV充電器、水素スタンドの設置を進めている。

4. サービス提供の低コスト性が受け入れられたもの

人口の減少や高齢化といった社会の変化、経済成長が鈍化あるいはマイナスになる状況で、政府と自治体の財政内容が悪化していることは先に指摘した通りである。このような状況下で公共機関や公益法人の業務を代替して、そのコスト削減に貢献することが、流通の社会インフラ的な役割として期待されるようになった。具体的な業務は、各種証明書の発行、指定された種類の税納付、公共料金の納付などである。

これらのサービス業務は、本節2. で述べた集客のために付加されたサービスと同様、流通業にとって当初は「ついで買い」や「手数料収入」を期待して取り入れられたものであった。しかし、業務が定着し拡大する中で、これらの業務に期待される社会的役割および継続と普及に関する契機が、自治体で利用するよりも料金が安いことや、自治体や公益法人の高給職員による高コスト業務の節減へとシフトしたのである。2.にとどまる事例の場合には、料金に差があるわけではなく、あるいは自治体等における何らかのコストの削減につながるわけでもない。この点が両者の違いである。

（1）各種証明書の発行

大手コンビニエンスストアチェーンでは、店内で戸籍、住民票、印鑑登録などの証明書を発行することができ、これと提携する自治体が増えている。セキュリティに不安を感じる利用者も多く、住民基本台帳カードの提示や受け取りまでの手間が他のサービスに比べて煩雑であるため、まだその利用数は他の代行サービスほどには定着していない。しかし魅力はその安さにある。「三鷹市によると、証明書交付に係る費用は、市民課窓口の場合は715円／枚、自動交付機は380円／枚、コンビニ交付は241円／枚と試算されている」[12]。

（2）税および公共料金の納付

30万円以下の国税、地方税に加えて固定資産税、都市計画税、自動車重量税などの納付や、電気、ガス、水道、電話などの各種公共料金の納付がコンビニエンスストアで可能である。その立地の便利さ、長時間営業、待ち時間不要といった理由から利用者は増えており、自治体の窓口業務や公益法人の集金業務が代行され、コスト削減に役立っている。

5. 企業の社会的責任の延長あるいは社会貢献として　　提供されているもの

流通業としての本業に直接関係するわけではないが、企業に求められる社会的存在としての一般的な責任や貢献のために提供されている公共的なサービスがある。震災をはじめとした天災や、ライフラインの寸断が生じるような、また避難を必要とするような重大な事故に際して、流通業はその設備やネットワークをもって、避難者の救済や復興活動を行うことで社会に貢献している。また流通業は店舗という拠点を活用して、一般通行者の利便や地域の美観維持に貢献している。これらは本業でもなければ、集客目的やビジネスチャンスでもない。流通業が社会的存在であるがゆえに、その施設やネットワークを活用して社会インフラとしての役割をはたしているのである。

（1）防災時の貢献活動

　流通各社は、災害時に被災者を支援するため、物資の提供や避難場所の提供、また徒歩帰宅者の支援などを行うことができるようそれぞれの自治体との間で様々な協定を交わしている。たとえばイオンは、2015年時点で1都2府41県15政令市と包括提携協定を締結し、災害時には物資供給や避難場所の提供などを行うことになっている[13]。

　また日本フランチャイズチェーン協会加盟の各社は、災害時の徒歩帰宅者支援として、地図、水道水、トイレの提供を行う協定を、39都道府県10政令市との間で締結している[14]。

（2）トイレ利用やごみ箱の設置

　公衆トイレは、公園や人通りの多い商業地および駅周辺を除けば、徒歩であれ、自転車や自動車の運転通行であれ、一般道路沿いにはほとんど皆無といって良い状況である。しかもその維持や管理の費用を考慮して減少させられている。またごみ箱も同様の理由に加えて、テロ対策を名目に公衆設置数が減らされている。コンビニエンスストアをはじめ多くの流通業はトイレやごみ箱を店内あるいは店頭に設置し、一般通行者にも広くこれの利用を認めている。その目的は、もはや集客の範囲を超えて、社会に対する無償で公益を提供することになっている。

6．まとめ

　以上のように、生成した契機ごとに5つのタイプに分けて流通の社会インフラ化を概観した。これらが生じた契機にはそれぞれの相違はあるものの、これらに共通していることの1つは、市場ベースに乗るか否かにかかわらず、いずれもが国民の生活にとって重要な社会的役割をはたしているということである。これらに共通していることの2つは、流通業に特有の店舗、施設やネットワークといった物質的基礎があり、活用されているということである。総じて、流通の多くの業務で用いられる物質的基礎である施設やネットワークは、本業にとっての収益や集客などの相乗効果にかかわらず、広範な国民に利用され、社会的役割を期待されていることが確認できた。

　しかしながら、社会インフラを構築することはもちろん、維持することにすらコストを負担する必要がある。社会インフラ化を求められる民間事業者である流通業にとって、このことはいかなる性格の課題であると理解すれば良いのであろうか。また、個々の業務が生成した契機と密接な関係にある収益性やコスト負担の差（①それ自体から収益がありコストを回収できる、②他の業務に付加される収益でまかなえる、③単純に持ち出しでしかない）が、流通の社会インフラ化の維持や提供されるサービスの品質に違いをもたらすことは懸念されないのか。これらの問題については、節を改めて論じることとする。

Ⅲ　流通の社会インフラ化にともなう課題

　社会全体の産業や生活を支える下部構造であるインフラとは、誰もが利用できること（非排除性）を前提に構築されているため、本質的な意味において公共財であり、かつ非営利なものである。そのためインフラの構築や維持は、利益を求める民間業者に委ねていては十分にはたされないということになる。また逆に、民間事業者は本来インフラを、市場ベースとしての事業の外部にある（外部性という）基盤として扱い、納税によってこれの構築や維持にかかわり利用するものであって、自らが構築するものではないと認識している。

　民間事業者である流通業が構築した施設やネットワークが、社会インフラとして利用され役割を期待されることにともなって、この構築や維持のコストをどのように負担するのかという問題が生じる。以下ではこれを外部性の視点を取り入れつつ、さらに業態別に整理しながら検討する。

1.　外部性としてのインフラの類型とコスト負担との関係

　本来のインフラとは公共財であり、その利用に際して利用料金が必要な場合であっても、それは非営利の範囲内で設定される。民間事業者の施設やネットワークが社会インフラとして利用される場合も、この原則の適用が建前となる。しかしながら設置や管理を自前で行いながら、手数料収入などを

得ることができるものもあれば、他方でたとえば、防犯や防災などの社会インフラ的な貢献の部分に関して何らコストが回収できないものも多くあり、これでは立ち行かなくなる。コストの回収に関しては、考えられるいくつかのパターンがある。

(1) 市場ベースあるいは利用料金などから何らかのコスト回収ができるもの

民間事業者にとって、インフラは外部性であることから、事業利益としてそのコストを回収することにはならないが、何らかの形でコストが回収できるものがある。これには、設置されたインフラ的施設やネットワークに関して、①販売利益や利用料金および手数料などの収益が期待できるものと、②本業にとっての必要性から設置されているため本業の事業利益から回収できるものといった2つの類型があてはまる。

①販売利益や利用料金および手数料などの収益が期待できるもの

　　各種サービス商品のワンストップでの取扱いがこれに当たる事例である。Ⅱで検討した類型2.における、ATM利用、チケット販売や宅配の取扱い、また類型4.における各種証明書の発行、公共料金の集金代行などである。これらのサービスを提供するための社会インフラ的施設やネットワークの設置・維持のコストは手数料収益などから回収でき、取扱量や範囲を拡大させることで、市場ベースとして多少の利益を得ることも可能となる。

　　またⅡの類型3.で述べたエネルギー補充拠点の事例も、当面はサービスを提供する社会インフラとしての役割をはたしながら、今後の展開次第では、エネルギー商品の販売による市場ベースでのコスト回収が可能になることも考えられる。

②流通の本業関連事業から利益が付加されるもの

　　社会インフラとしての役割をはたしながらも、それ自体からの収益ではなく、他の事業からの収益で成り立っているものがある。買物弱者の支援や災害時に頼りにされる在庫商品および物流システム、また駆け込み先として頼りにされるセーフティステーションとしての長時間営業店舗のコス

ト回収がこれにあたる。女性・子供の駆け込み、高齢者の見守りといった役割をはたすために必要な施設やネットワークではあるが、これらは社会的な役割をはたすことにかかわる利用料金を徴収しているわけではない。本業のために構築された物流拠点と情報ネットワークを結合させた配送システム、および多店舗とそのネットワーク展開がこれを潜在的に可能としているのである[15]。

　つまりIIで検討した事例のうち、類型1.のシステムが類型3.や5.における事例に関する社会インフラとしての役割を潜在的に保証しているということができる。防犯や防災、買物支援に必要な社会インフラは、本業の利益によって保証されているがゆえに可能なのである。

（2）コスト回収ができないもの

民間事業者にとってインフラは外部性であるため、市場ベースからコスト回収をすることができないことは当然の前提であるが、これに加えて、利用料金など収益の形態はもちろん、他の事業収益の形態でさえコストの回収が困難となっているものがある。これには、①社会インフラとしての役割をはたす上で不可欠でありながらもこれに付随して生じる負のコストや、②ボランティアであると認識されている役割にともなうコストという2つの類型がある。

①負の外部性にかかわるためこれを解決するコスト回収が困難なもの

　流通業の店舗がセーフティステーションであるためには、長時間の照明が必要であるが、これに要する電気代などのエネルギー費用や環境への負荷が生じることになる。また消費者のニーズに応じた商品を品切れさせずに補充するというライフラインの役割を維持するためには、最小限の売れ残り商品が必ず出てしまうことになり、廃棄食品として処分されることになる。これらの消費電力や廃棄食品は、市場ベースでは解決できないため事業者にとっては負の外部性であると言える。

　負の外部性であるがゆえに、利用料金や手数料で埋め合わせることができるものではない。これらも元をたどれば、多店舗出店、長時間営業や多頻度小口配送といった経営によって利益をもたらすために不可欠なことで

あり、その意味ではⅡで検討した類型1.に付随する業務からもたらされる利益で支えられるべきであるが、これに付随して生じながらも無駄と受け取られがちな消費電力料金や廃棄食品代金という性格上、これらのいわば「余分なコスト」はどこからも回収できず、当面オーナーや流通各社といった事業者の負担となる。

②ボランティアであると理解されているためコスト回収が困難なもの

　負の外部性ではないが、事業として行われているわけでもなく、利用料金の設定もされずに社会インフラとしての役割をはたしているサービスが、Ⅱで検討した類型5.に含まれるトイレ利用やごみ箱の設置である。トイレやごみ箱周辺の清掃業務や水道・トイレットペーパー代は事業者の負担となり、そのコストは、オーナーや流通各社といった事業者の負担および努力として放任されている。

　市場ベースからも、また利用料金や手数料としてもコストを回収できず、オーナーや流通各社に放任されたままになっているこれら社会インフラ的なサービスは、事業者のボランティアや業界の慣習を超えて、社会として維持する必要がある。結局は誰がこのコストを負担するのかという問題に行き着くことになる[16]。

2．社会インフラ化に関する業態別の取組と課題

　民間事業者による公共的サービス提供への期待が高まり、様々に展開する流通業に対する多様な社会インフラ化の働きかけが強められている。流通業としても、本業にかかわって構築してきた施設やネットワークを活用できるなら、社会インフラ化は新規のサービスで新規客を獲得できるチャンスとなる。しかしながら流通業といっても、それぞれの業態ごとに、既存のインフラ的基盤やその活動内容に相違がある。これをおもな業態別に整理した上で、流通の社会インフラ化に関して業態を超えて共通する課題について考察する。

（1）コンビニエンスストアの社会インフラ化の特徴と課題

　社会インフラ化する流通を最も体現している業態がコンビニエンスストア

であることは、ここまでの論述でも明らかであろう。防犯に役立つセーフ
ティステーションとしての役割から、災害時の徒歩帰宅者支援協定、各種証
明書の発行や納税など行政を代行する業務、ATMや公共料金の収納代行と
いった金融機関としての業務、トイレ利用やごみ箱設置など一般通行人向け
のサービスにいたるまで国民生活にかかわる多様な役割をはたしている。さ
らには既存施設としての店舗だけではなく店頭商品の宅配、また過疎地への
出店[17]など新たな分野にまで活動領域を広げている。

　コンビニエンスストアが社会インフラ化する際、その傾向的な特徴は、小
商圏かつ小型店舗という自らの制約の下で新規客をいかに増やすかを重視し
て、物販に関連したサービスを積極的に取り込むことにある。コンビニエン
スストアは社会インフラ化するというよりも、「社会のインフラを取り込ん
で成長してきた」[18]と評されるように、すでに存在している社会インフラ
をコンビニエンスストア流にアレンジして取り込むことで自らが社会インフ
ラ的なものになったのである。

　よってその課題は物販から、金融、行政、宅配さらにはクリーニングなど
の既存専門業者のサービス分野に進出することであり、その際できるだけワ
ンストップの利便性を高めながらもいかに効率的に、低価格でサービスを提
供できるかにある[19]。このサービス分野への進出に際して生じるコストを本
業収益との相殺、オーナーへの転嫁、情報機器機能や物流効率の向上によっ
て吸収できるかがコンビニエンスストアの社会インフラ化の課題となってい
る。

（2）ショッピングセンターの社会インフラ化の特徴と課題

　SCとりわけ大型のRSCの特徴は、その広大な売場や駐車場施設にある。
SCは核となる大型店と専門店街（ショッピングモール）からなっているが、
近年の総合店業態の業績不振のもとでは、新規客を呼び込むことができるテ
ナントをモールに誘致すること、また施設全体に集客のためのスペースを設
置することなどが重視されている。

　テナントの誘致として近年注目されている分野が、医療、介護、保育の施
設である。施設全体にかかわるスペースとしては、イベントホールやコミュ

166

ニティ施設があり、地元の小学生の発表会や、簡単なコンサートなどの催しが行われている。またテナントやイベントスペースではないが、防災型SCとして、避難設備の充実や自家エネルギー供給システム、災害時の食料や必需品の備蓄を整えたSCも登場している[20]。

しかしながらここでも課題はコスト負担の問題である。いわゆる医療SCは民間の診療所を誘致しながらも、できるだけ広範囲の診療科を揃えることで成り立つが、病院ではないため入院患者を受け入れることができず、つねに新たな患者を呼び込むことが課題となる[21]。保育所の設置に関して、イオンでは従業員向けに開設した上で、余裕があれば一般にも開放するという方式を採用している[22]。これらの事例からわかることは、事業内容は社会インフラとしての公益の提供でありながらも、採算が市場ベースに委ねられているため、公共財のように赤字でも継続できるという性格のものではないということである。たとえば、イオンモールの防災型SCとして注目される大阪ドームシティSCに設置されたガスコージェネ設備（ガスを購入して自家発電する設備）は、平常時でも稼働させることで成り立つシステムであり、エネルギー関連の初期投資やランニングコストを市場ベースで軽減させることが課題となる[23]。

（3）ネットスーパー、移動販売車などの社会インフラ化の特徴と課題

買物弱者支援に貢献すると期待される社会インフラとして、ネットスーパーなどの宅配事業や移動販売車がある。ネットスーパーの場合、配達商品専用のセンター型と、ネット注文ごとに店舗からの商品をピックアップして届ける店舗型がある。また移動販売車の場合、スーパーや生協が自社店舗の商品を積載して移動販売するものと、業者に移動販売を委託するものとがある。両者のいずれの場合も、コモディティ商品の販売を行うことが本業であり、これが過疎地の買物支援や子育て支援、高齢者対応に役立つという役割が付加されているがゆえに社会インフラおよび公共的なサービスとして認識されているのである。

しかしながらネットスーパーでは、市場ベースで採算を見込むことができる配達区域が店舗周辺に限定されている。また移動車による販売も売れ残り

や移動のコストを考慮すると、市場ベースで事業を成り立たせることには相当な工夫と熟練が求められる。これらは社会的な貢献の大きさに比して、その参入や継続が難しい分野である。

　3つの業態に関してその特徴と課題を概観したが、それぞれの業態で遂行される業務の内容に応じた、サービスやスペース管理、配送という重点的な業務の比重に違いがあることがわかる。この重点的な業務の領域に応じてコスト負担が図られようとしているのであるが、いずれにも共通している課題は、社会インフラとしての貢献に要するコストを市場ベースだけでまかなうことが困難であるということである。よって、どのような業態の流通業であっても、求められる社会インフラ化を達成するには、外部性にともなって生じる社会コストをいかにして軽減するかが不可欠な課題となる。

3. 課題解決の視点

　流通の社会インフラ化に関する困難さが、民間の事業にとっての外部性、つまり外部で発生する社会コストの負担をともなうものであることを確認することができた。では流通業はコスト回収に困難を生じながらも、なぜ社会貢献に資する公益の提供を続けているのか。流通の本業に役立つ集客や将来ビジネスにつながらないと判断した場合には放棄することはできるのか。

　民間事業者として公益を継続的に提供することが困難である場合、講じることができると考えられる手立ては、①放棄すること、②優先順位を明確にして業務を限定すること、③負担コストを軽減する努力をすること、④助成や補助を受けることである。

　しかしながら、提供されるサービスが国民生活に不可欠な公共的な性格つまり公益性を有しているため、民間事業者が代行的に提供しているとはいえ代替的な方策もないままに放棄することはできない。ライフラインに限定して防犯・防災・買物支援だけを行うことも、同様の理由から現実的ではない。

　これらの理由から、流通業による公共的なサービスが、市場ベースと公共性の間で提供され続けている。外部で生じる社会コストの負担に見合った業

務を超過してまでも、期待される社会的役割をはたすための仕組みはどのように構築されているのか。これについて、スローガンである「新たな公共」概念を中心に、節を改めて論じることとする。

Ⅳ　「新たな公共」構想の意義と限界

1.「新たな公共」という考え方

　社会インフラとは経済活動や国民の生活活動を支える基盤であるため、本来は公的資金によって構築され維持される公共財であり、これによって提供されるサービスは狭義の公共サービスである。しかしながら、行政の財政的逼迫や従来は自助や共助とされていた買物支援などへの行政の関与が求められる中[24]、行政だけでは対処しきれず、民間事業者の関与が期待されるようになった。これが民間事業者による社会インフラとしての役割とされるものであり、その基礎にある考え方が「新たな公共」という理念である[25]。

　しかし事業としての利益を追求する民間事業者を活用する上で、当然のこととして懸念される問題がある。それは利益を前提とする民間事業者のボランティアに頼っていたのでは事業の継続が保証されないということであり、また市場ベースの活動として取り組まれていても利益が見込めない場合には撤退されるということである。

　そこで「新たな公共」に関して、事業として採算性を向上させるために、いくつかの提案がなされている。その1つは役割の分担である。行政と流通業だけではなく、「交通事業者、個人商店主、NPO、地域住民等の業種横断的なプレイヤー間の役割分担をきちんと行いながら、それぞれの主体の強みを活かしていける仕組み」[26]をつくり、各主体が有するリソースを活用することが提案されている。もう1つは、事業の内容にかかわって、事業者の事業内容に規模の経済性を求めると同時に、物販とサービスのワンストップ販売といった範囲の経済性を推進することや、図6-1に見るように、分配の最終段階（いわゆる「ラストワンマイル」）に共同配送のシステムを導入することなどが提起されている[27]。しかしながら、利益の保証は、逆に言えば、利益が見込めない事業は従来の公共からも除外されることに行き着くという

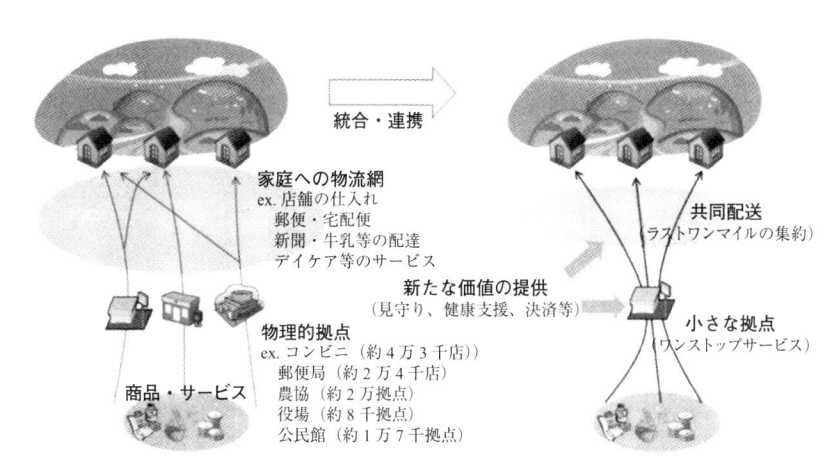

図6-1　地域の事業者間の連携、物理的拠点・物流網の利活用

出所）地域生活インフラを支える流通のあり方研究会(2010)、106 ページ。

危険をはらんでいる。

　また懸念されることはこのような利益に関することだけではない。「新たな公共」によって提供されるサービスの品質と価格についても、見落としてはならない重要な問題が生じている。以下では従来の公共との比較において、両者の政策執行手段の相違を述べた後、「新たな公共」によって提供されるサービスの品質および価格において生じているいくつかの問題を検討する。

2.「新たな公共」と従来の公共との違い

　行政と国有企業が独占的に行う公益の提供を従来の公共とするならば、財政難と人口減少や高齢化などによってこれが失われ、小さな政府を目標とする新自由主義的経済政策のもとで再建された民による公益の提供を「新たな公共」とすることができる。よってこれには、不採算とされた国有・国営企業の民営化も、またNPO等へ業務を付託することによる「行政の民間化」や非営利分野を営利企業に開放するための規制緩和などすべてが入ることになる[28]。この新自由主義的経済政策の下で再建された公共＝「新たな公共」は、従来の公共とどこが異なるのか。それぞれの政策執行手段や提供される

表6-2　従来の公共と「新たな公共」

	政策執行主体	政策執行手段	成果
従来の公共 （本来の公共）	公共機関（行政） 国有企業・公益法人	公共財	非営利 本来の公益（＝公共）
「新たな公共」 （民による公共）	民間事業者	自らのリソース	私的利益（商品売買による） 制約された公益（＝「新たな公共」）

出所）筆者作成。

公益の特徴からこれを検討する（表6-2参照）。

（1）政策執行手段

　従来の公共においては、政府や自治体などの公共機関と国有あるいは国営企業が公共財を用いることによって、公益を直接提供していた。これに対し「新たな公共」においては、行政は業務の遂行を、契約した営利企業である民間事業者に対して、おもに自前のリソースを使用させながら、法的コントロールによって規制・制御・調整を間接的に行うことになる。その内容は、事業領域の拡張や認可にかかわることであれば、たとえば流通の場合クリーニング取扱い、たばこの対面販売、銀行業免許の交付などであり、また立地や出店にかかわることであれば、まちづくり関連法制の整備と個々の事業者への適用などである。

　直接的であれ間接的であれ、いずれの執行方法も、社会の利益である公益を増やすことを意図したものである。しかし、後述するように、「新たな公共」では、民間事業者を間接的にコントロールすることで得られるサービス内容の特徴に変化が生じている。

（2）「新たな公共」が提供する公益の特徴と問題点

　民間業者を活用して提供される公益は、効率性の追求や多数の事業者という要因によって、公共機関が提供するよりも低価格で大規模かつ広範囲となる可能性が高い。これが公益の拡大につながっている。しかしながら、その品質は保たれるのか、また低価格で提供されるための原資を確保することに問題は生じないのであろうか。

①品質や提供方法にかかわる不安

　公共の事業者ではなく民間事業者が、公共的なサービスを提供する場合、そこには品質や提供方法にかかわるいくつかの不安な要素がある。

　流通の場合、たばこやアルコールの販売免許を拡大したものの、それがいずれの店舗においても同じ基準で守られているのかといった間接的コントロールの有効性、また行政を代行して各種証明書を発行する際のセキュリティにかかわることが懸念される。

②価格にかかわる問題

　前述したように、各種証明書の発行料金のように、民営化することによって従来の方法よりも、サービスを低コストで提供できるようになるものがある。この場合、たしかに社会の利益（公益）は増加するのであるが、このように提供されるサービス商品の価値についてはデフレスパイラルが生じることになる。つまり低賃金労働者が提供するサービスは同じ品質であっても、価値が少なくなることで価格が安く提示されるのであるが、これが連鎖すると、公共的なサービスとして括られる商品の一般的な価格水準が低下することになる。サービス商品の低価格提供が可能であるのは、流通業の従事者の賃金の低さと比較して供出される労働の強度が高いことにあるが、これが一般的な水準とみなされることで、公共機関でも低賃金＝非正規労働への置き換えが進められることになる。

　民間事業者による公益の提供である「新たな公共」では、民も公もWin-Winの範囲内でのみ公益の提供を行おうとする。公は採算に合わない低価格手数料業務を民に代行させようとし、民は自らの低コストシステムでこれを引き受けながらも法制上の優遇を得ようとする。これがコスト回収の困難さを抱えながらも流通業者が公益の提供を放棄しない理由となっている。しかしながら、この範囲内で進展している事態の中には、上記のような問題が潜んでいる。「新たな公共」によって提供されるサービス商品が有するこれらの特徴は、利用者にとっても、サービス商品を提供する労働者にとっても本当に良いこととは言えないのではないだろうか。

3.　流通の社会インフラ化と「新たな公共」の評価

社会インフラ化と評される流通業が、社会コストの超過的な負担をしてま

でも公共的なサービスを提供し続けている仕組みを考察するために、スローガンである「新たな公共」概念を検討してきた。その意図は、生活＝社会インフラ化する民間事業者の典型である流通業の社会インフラ化の意味を、その基礎となっている「新たな公共」という考え方の意義と限界の中に見出すことにあった。

　一般的に、分業社会において商品を提供するという資本の社会的な活動は個人の活動よりもより多くの社会利益をもたらす。これが資本の社会性つまり広義の公益性である。他方でここまで見たように、これとは直接関係なく社会に公共的なサービスを提供するという狭義の公益性があり、これの提供が増大している。

　しかしながら資本は社会からの何らかの要請に応じてより多くの公益を産出することに関しては、私的な利益を優先するため、これに要するコストを労働強化によって賄おうとする。Ⅲ-1-(2) で取り上げたコストを回収できない類型においてこの傾向が顕著となる。つまり、本来の公共でない「民による公共」にもとづく社会インフラの構築はその原資を組織内部からの収奪に求め、労働コストを節減しようとするのである[29]。

　このように資本の公益性は、その構築自体が不安定であり、受益者である消費者にとっても安心・信頼できるものとはならない。このような理由から、資本は制約された公益の提供者になれても、本来の公益の提供者にはなれないと言わざるを得ない。

　ところが、公益の提供が民間事業者に付託される場合、その付託先事業者が重要な社会的役割をはたし、多くの公益をもたらす事業者である場合、この制約された公益でしかないサービスが本来の公益の装いを持って提供されるという現象が生じる。つまり公益性が認められる分野の活動がすべて一括りにされてしまうことになっている。

　サービスの需要者である国民の側からも同様である。国民生活にとって公益性が認められるものすべてが公共とされ、これの提供が民間事業者に付託されている。本来の公共が失われたままで、これが「新たな公共」として再建されてしまい、この公共的なサービスが一般的に流通して、これに国民の期待が集まる仕組みがつくられている。

　公益が増加すること自体は、社会にとって有益であるが、本来の公共が失われた背景をそのままにしておいて良いのであろうか。提供サイドにおいても需要サイドにおいても、このいわば代替から生じた事態が、本来の公共を空洞化させ、その再建を遠ざけ、民営による低コストサービス商品の提供を行うことで、サービス商品の価値を共同で破壊していることになる[30]。これが、民間事業者が提供する公益の限界であり、流通の社会インフラ化の限界でもある。

V　結　論

　流通分野で顕著になっている社会インフラ化に関する以上のような状況は、公益を増進させるという資本の一側面をもって社会全体の本来の公共に代替させるというものであり、これは新自由主義的経済政策の遂行過程において、とりわけ今世紀以降、加速度的に進展した。政治と経済の構造的なグローバル化と、資本のグローバル競争が続く限り、この傾向は継続されることになる。流通の社会インフラ化の意義と限界は、このような背景と事情の中で把握されなければならない。

注
1)　地域生活インフラを支える流通のあり方研究会（2010）。
2)　社会インフラとしてのコンビニエンスストアのあり方研究会（2009）、コンビニエンスストアの経済・社会的役割研究会（2015）。
3)　近代社会における公共とは政府や自治体が成立している状態で、これらが主体的に関与して公共の利益を創出および管理する社会の全体をさす。よってそのコストは税金によって負担される。公共サービスとはその意味で本来的に政府や自治体が提供するサービスである。しかしながら、公共的な性格を表す「公共性」となると、これは公共の役割をはたす主体にかかわらず、広く定義することができる。その実現主体は政府と民間の分担など、狭義の公共主体を超えて広く存在するのである（村上（2007）、364-367ページおよび386ページ参照）。
4)　公益とは広義には社会にとっての利益のことであり、私的な経済主体にとっての私益の対義語である。公益性とはこれをもたらす性格を有するということであり、行政の活動や公共事業はもちろんであるが資本の公益性も確認できる。本書では、このいずれをも含む広義の概念として公益を用いる。
5)　社会インフラとしてのコンビニエンスストアのあり方研究会（2009）では、世界銀行が社会インフラを経済インフラとの対義語であると定義していることに対

して、同研究会としては社会インフラを広く「国民生活や企業活動に必要不可欠な基盤としての施設やネットワーク」であると定義している（6ページ参照）。

6）　事業の形態については、他にも第三セクターの形態などがある。公益法人や委託業者なども含めて、これらには何らかの形で公的資金が投入されている。しかし、本章が対象とする流通の領域においては、このような公共的事業形態は成功的に取り組まれているとは言えない。流通の領域における事業形態としての公共性については、本章では最小限の指摘にとどめ、機会を改めて論じることとする。

7）　内閣府（2015）第1章「高齢化の状況」第1節「高齢化の状況」-1.「高齢化の現状と将来像」参照。

8）　内閣府（2013）第3章「経済活動を支える基盤」第3節「インフラの供給基盤」参照。

9）　経済産業省（2010）等参照。

10）　地域生活インフラを支える流通のあり方研究会（2010）第2章-2.参照。

11）　コンビニエンスストアの経済・社会的役割研究会（2015）、73ページ参照。

12）　同上、90ページ。

13）　イオンホームページより。

14）　コンビニエンスストアの経済・社会的役割研究会（2015）、84ページ。

15）　このようにコンビニエンスストアの物流システムや多店舗展開は「無償の社会貢献」であるが、逆にかつてコンビニエンスストアの物流が交通渋滞の要因であったことや店舗撤退にともなう様々なコストを社会に負担させていることも事実である。

16）　社会インフラとしてのコンビニエンスストアのあり方研究会（2009）、43ページおよび67ページ参照。

17）　神石高原町による57％出資の第三セクターを設立したローソンの事例（『日経流通新聞』2011年8月11日）。

18）　『日経流通新聞』2010年5月3日。

19）　コンビニエンスストアは物販に関しても、雑誌、日配品、文房具、飲料など売れるアイテムばかりを既存業態からピックアップしたことにその成功要因がある。

20）　『日経流通新聞』2013年5月29日。

21）　『朝日新聞』2012年4月26日。

22）　『朝日新聞』2014年8月22日夕刊。

23）　『日経流通新聞』2013年5月29日。

24）　地域生活インフラを支える流通のあり方研究会（2010）、108ページ。

25）　「民による公共」とは、「公的な役割を民間が担いながら収益との両立を追求」（『日経流通新聞』2010年7月9日）すること、「民間事業者が公共サービスの提供を行う」（地域生活インフラを支える流通のあり方研究会（2010）、113ページ）ことである。

26）　同上、118ページ。

27）　同上、98 〜 106ページ参照。

28）　小坂（2013）、34 〜 36ページなどを参照。

29）　コンビニエンスストアの店員の業務量は年々複雑になり多能性を求められてい

るが、その一方で時給対象時間について、違法とも取れる時給のカウント方法が横行している。

　30）　竹内（2008）で多くの事例が紹介されている。

参考文献

経済産業省（2010）『買い物支援マニュアル買い物弱者を支えていくために〜 20 の事例と 7 つの工夫〜』。

小坂直人（2013）『経済学にとって公共性とは何か─公益事業とインフラの経済学─』日本経済評論社。

小松隆二（2004）『公益とは何か』論創社。

コンビニエンスストアの経済・社会的役割研究会（2015）『2014 年度「コンビニエンスストアの経済・社会的役割に関する調査報告書」』。

社会インフラとしてのコンビニエンスストアのあり方研究会（2009）『競争と協働の中で社会と共に進化するコンビニ研究会報告書』。

セブン＆アイ HLDGS.（2015）『CRS コミュニケーションレポート 2015』。

竹内稔（2008）『コンビニのレジから見た日本人』商業界。

玉生弘昌（2013）『問屋無用論から半世紀─これが世界に誇る日本の流通インフラの実力だ─』国際商業出版。

地域生活インフラを支える流通のあり方研究会（2010）『地域生活インフラを支える流通のあり方研究会報告書〜地域社会とともに生きる流通〜』。

内閣府（2013）『平成 25 年度年次経済財政報告』。

内閣府（2015）『平成 27 年版高齢社会白書』。

野村総合研究所、神尾文彦、稲垣博信、北崎朋希（2011）『社会インフラ次なる転換─市場と雇用を創る、新たなる再設計とは─』東洋経済新報社。

村上弘（2007）「公共性について」『立命館法学』2007 年 6 号（316 号）、345-399 ページ。

山本正也（1998）『「官」から「民」へのパワー・シフト─誰のための「公益」か─』TBS ブリタニカ。

Philip Kotler and Nancy Lee（2006）*Marketing in the Public Sector: A Roadmap for Improved Performance*, Pearson Education.（スカイライトコンサルティング訳（2007）『社会が変わるマーケティング─民間企業の知恵を公共サービスに活かす─』英治出版株式会社。

『朝日新聞』2012 年 4 月 26 日、2014 年 8 月 22 日夕刊。

『日経流通新聞』2010 年 5 月 3 日、2010 年 7 月 9 日、2011 年 8 月 11 日、2013 年 5 月 29 日。

第7章
総合小売業の公益性

　戦後の日本では、総合スーパーに代表的な総合小売業[1]とこれを核とする大手流通グループが、全国的な商品流通と価格水準の形成を主導し、様々な小売業態や商業集積を登場させながら、社会と経済に多大な影響を与え、日本の流通機構と商品流通に重要な役割をはたしてきた。とりわけ高度経済成長期当初よりその中心的存在であった総合スーパーは、社会環境や消費者のニーズおよび購買行動の変化に対応しながら、成長・業績不振・変革という状況をへてきたのであるが、近年は業績不振だけでなくその存在意義が問われ、「脱総合」という言葉に象徴される事態にいたっている。

　しかしながら、今日でも消費者にワンストップ・ショッピング[2]で生活用品を取り揃えることを可能としてきた総合小売業の売場が求められなくなったわけではない。社会環境と消費者ニーズが同じではなくなった状況にあって、同じ形態の業態では通用しなくなっただけのことである。つまり「脱総合」とは、これまでの総合小売業にとっての経営環境が変化したことに対して、その対応がなされた結果生じている事態であり、本章ではこれを新たな総合小売業への転換であるととらえる。その際、総合小売業がはたしたワンストップも転換後の新しい総合としての役割も、前章で論じた広義の公益性にもとづくものである。

　以上の概括的な問題意識を検討するために、本章では2つの課題を設定する。第1の課題は、総合スーパーの発展と成長、変革および戦略の変化という事態を、これを取り巻く環境から説明し、またそれぞれの事態に対応する中でその役割も様々に変化してきたことを確認することである。さらに、こ

れらの事態はおおよそ、総合スーパーが総合小売業態であることに起因しており、よって様々に生じる変化や対応は、総合小売業態に関する何らかの論理によって説明できると推察できる。この何らかの論理にもとづいて、先述の「脱総合」という事態について説明することが本章の第2のかつ主要な課題である。

　これらの課題を解明するために、本章では日本における代表的な総合小売業態である総合スーパー、具体的にはイトーヨーカ堂、イオンリテール、ユニーの各社を対象として、以下の手順で考察を進める。まず高度経済成長期以降の社会環境や消費者のニーズおよび購買行動といった経営環境の変化と総合小売業の発展との関連について分析する（ⅠおよびⅡ）。次に現在の状況に対応する典型的な事例として、おもにイオンリテールとイトーヨーカ堂の政策を分析し、総合小売業態に共通する変革の方向性を見出す（Ⅲ）。これらを踏まえて、「新たな総合」について、その実在である商業集積および資本配置の両側面から考察することによって、「脱総合」についての見解を示す（ⅣおよびⅤ）。

Ⅰ　総合スーパーの登場と流通近代化および減収への対応

1. 高度経済成長期における総合スーパーの登場と流通近代化

　戦後復興の時期をへた1950年代半ば、軽工業だけでなく重化学工業の分野でも消費財の工業的生産が進展し、大量生産方式が開始されることになった。当時の経済環境は、加工食品、既製服、家電製品といった新商品の需要に対して供給が追いつかないモノ不足、大量に生産された商品を大量に滞りなく販売する売場不足、またメーカーごとに売り出される商品の品質はもとより、メーカー主導で決められる価格も不均等なままであるという流通過程におけるプライスリーダー不在という諸問題を抱えていた。

　このような状況にあっては、特定の商品に消費者の需要が集中することで大ヒット商品が生まれ、これを確実にしかも安く提供できる流通組織が消費者に待ち望まれることになる。これに応えるべく1960年頃より登場した総合スーパーは、大規模店舗においてワンストップ大量陳列を行うことで大量

販売を可能とし、全国的にチェーン店を展開しながらそのバイイングパワーにもとづく本部一括の大量仕入を行うことで安売りを可能とした。

　日本固有の総合小売業態として成長した総合スーパーの特徴は、アメリカで確立していた主要な業態を組み合わせたことにある。つまり非食品総合小売業態（以下GMS）と食品スーパー（以下SM）の結合形態を基礎としながら、ディスカウントストア（以下DS）および近隣型ショッピングセンター（以下NSC）の特徴をも兼ね備えていた。日本では高度経済成長期に急速に進展した工業化と商品購買を基本とする消費生活への移行に対して、買物環境をはじめとした社会的な諸整備が追いつかず、さらには所得の低さや移動および運搬手段が限られていたため、総合スーパーがその箱型店舗にあらゆる業態を抱えることになったのである。こうして日本では総合スーパーが総合小売業態の典型となり、モノ不足と売場不足、価格の不均一状況にあって、大規模店舗とチェーン本部一括仕入をはたすことで、確実な商品提供と低価格販売を実現したのである。

　この時代の経済と流通機構の発展水準においてそれほど多様化していないニーズを満たすには、大量販売に適した画一的な商品を最安値でかつワンストップで取り揃えた業態が消費者にとって好都合であり、これには箱型店舗と単一資本のチェーン展開という形態が適していた。こうして日本の総合小売業態の典型と言える総合スーパーは、社会と消費者にとって最適かつ最も進んだ近代的小売業態として売場を全国的に展開し、大量システムの時代に生産と消費を結合させるという基本的な役割をはたすことで社会に貢献してきたのである。

2. スーパー冬の時代と減収増益体制の構築

　1970年代半ばのオイルショック以降、日本経済の状況は大きく変化する。この頃には高度経済成長を牽引した耐久消費財の家庭普及率がほぼ上限に達するなど、戦後急速に伸びた国内需要が一巡していた。またオイルショックにともなう輸入原材料価格の上昇は、国内消費財の価格高騰を招来した。こうして高度経済成長期の売り手市場は、低成長期の買い手市場へとその様相を変化させることになった。2度目のオイルショックの後、流通業界でも

1982年度決算から総合スーパー各社の業績に明らかな変化が現れることになる。高度経済成長期から続いていた年2桁の総合スーパー大手5社売上高平均伸び率が3％台に低迷したのである[3]。これがいわゆるスーパー冬の時代の始まりであった。高度経済成長期を売れる時代とするならば、この低成長期は明らかに売れない時代の始まりであった。

　売れない時代の買い手市場を攻略するために、流通各社は商品種類を増やして消費者のニーズを喚起することを試みた。しかしながら多品種類の商品を投入するには、商品開発コストの上昇による高仕入価格がもたらされ、さらに多品種類商品の品揃えにコストが掛かることになる。こうして仕入れられる商品が高単価になるだけでなく、個々の種類の商品量は画一的な商品の大量投入に比べれば少量にならざるを得ず、当然売れない商品種類が生じることになる。

　流通各社からすれば、国内需要が伸び悩む状況にあって、モノがほぼ満たされた消費者のニーズを喚起するために投入した多品種類の商品を無駄なく流通させることが課題となった。総合スーパーも同じく、総合小売業態であろうとするならば多品種システムに対応し、いっそう多くなった商品種類を総合的に扱わなければならなかった。これができなければ、減収はそのまま減益に直結する。総合小売業態はワンストップという販売の優位性をもって成長してきたがゆえに、商品種類の増加への対応は他の業態に比べて死活的な課題であった。

　このような状況への対応として最も成功した経営改革が、イトーヨーカ堂の業革であった。これは多品種類の品揃えを試みながらも、売れる商品種類と売れない商品種類を素早く選別し、後者を排除しつつ前者に特化することで無駄を削減するという方策である。損失を最小限に抑えるならば減収であっても増益が見込めるというわけである。POSレジを導入し、店頭での売れ行き情報を集約する。この情報を納入業者に伝え、売れる商品のみ、売れる時間に、売れる数量だけ納品させることで在庫と廃棄処分を圧縮させることが可能となった。

　この一連の課題を解決するために、卸売商業をはじめとする納入業者の協力を得るいわゆる間接流通の構築がいっそう強化された。単体としての総合

180

スーパーの売場を徹底的に把握管理し、納入業者からの商品を滞りなく無駄なく搬入させるのである。品揃えの改革を軸にしながらも、無駄を削減する合理的な売場づくりを行うには管理しやすい箱型の店舗が適していた。また取引に関しては間接流通を強化する必要があった。取引相手といっそうの緊密な関係を構築し展開するには、売場のすべてを単一資本として支配する形態が適していた。

3. 日本独自の総合小売業態である総合スーパー発展の要因

　高度経済成長期とその後の低成長期では、売り手市場と買い手市場という違いはあるが、その基調には日本の高コスト商品流通の存在という共通した環境がある。日本の消費者ニーズに応えるためには、高品質なNB商品をできるかぎり多様に品揃えし、大規模店舗であっても消費者の身近に立地する必要がある。高コスト商品流通とは、このような活動を行う結果として、仕入価格や仕入諸掛、出店コストが高止まりすることである。しかしこれを販売価格にそのまま転嫁することも、また自らの利益を減ずることもなく商品を流通させることが日本の総合小売業態の典型である総合スーパーに求められた活動内容であり、これを実現することに総合スーパーの発展要因があった。

　高度経済成長期には、大量システムのもとで生産と消費を結合させるための売場を量的に拡大させるという役割が総合スーパーの活動にとって重視されたのに対して、低成長期の売れない時代には多品種システムのもとで効率的に消費財を行きわたらせ、多様化するニーズを満たすという流通の質的向上をはたす役割が重視されるようになった。それぞれの時期においてその役割を変革しながらも、基本的には箱型の大規模店舗においてワンストップの売場を提供し続けることで、一方では消費者の買い回りコストを引下げることに寄与してきたのである。

　しかしながら、いくら役割をはたそうとも、赤字経営では立ち行かなくなる。よって他方では、利益取得に適した形態も同時に構築しなければならない。高度経済成長期のそれは、バイイングパワーにもとづく大量仕入であり、低成長期のそれは多品種品揃えと物流による高コストを納入業者に転嫁

するシステムであった。規模格差にもとづく低価格仕入と、情報の格差にもとづく間接流通のフル活用という違いはあるが、いずれの時期にあっても、単一資本による仕入力と販売力を発揮することでこれをなし得て来たことにかわりはない。

　生活用品をワンストップで提供するという社会貢献性を有していたことと、強大な資本力を持って取引を優位に進めることができたことで、総合スーパーは総合小売業態として活動し得たのである。この時期までの総合スーパーは、このように箱型の大規模店舗の形態で単一資本として存在し、総合小売業態として自らを構築し維持してきたのである。

II　長期不況期における業績不振の要因と対応策

1. 小売業を取り巻く経済環境の変化

　1990年代初頭のバブル経済の崩壊によって、日本経済は戦後最大の不況に陥ることになる。不良資産を抱えた企業の業績不振、過剰な設備や在庫商品の処分、過剰な労働力のリストラなどの課題が山積することになる。このような状況にあっても、バブル経済崩壊直後の消費不況期にはいわゆる価格破壊による過剰商品の処分販売が行われるなど、徐々にではあるが不況から脱出する準備が講じられていた。しかし消費の回復が見え始めた1990年代後半に、国際競争から立ち遅れた状況を打開しようと急ぐあまり、企業減税、消費税率の引き上げ、リストラや非正規雇用の拡大といった新自由主義的な経済政策が採用されることになり、所得減少と将来不安が消費をいっそう停滞させた。他方で売れない状況から抜け出そうとする企業の安売り行動が低価格販売を常態化させ、その原資を得るための労働力コストの節減が図られることになった。こうして日本経済はデフレスパイラルの様相を呈し、回復しかけていた景気はデフレ不況へと進み長期化することになった。

　低成長期に始まった売れない状況は、こうしていっそう売れない状況になり、さらに低価格販売を行うことで企業の粗利益が減少した。減収のみならず減益を基調とするデフレ不況が定着することになった。

2. 消費要因の変化と小売業の状況

　デフレ不況を特徴とする長期不況下では、小売業に影響を与える2つの消費傾向が見られた。

　1つは可処分所得の低下にともなう節約と買い控えの傾向である。バブル経済崩壊直後に見られた消費者の低価格志向は、デフレの影響もあり、安いだけでは購買にいたらなくなった。低価格は当然であって、さらに価値ある商品すなわち値頃感を重視した消費スタイルが目立つようになる。とりわけ買い控えが可能な非食品物販においてその傾向が顕著に現れた。

　消費者のこのような低価格高品質志向に応えたのが、衣料のファーストリテイリングや家具のニトリといったSPAであった。SPA各社は得意とする専門領域で、品質とデザインに優れた自社企画商品を海外工場で委託生産し豊富に品揃えしながらも売り切ることを特徴とした。それまでの総合スーパーの中価格中品質商品では、値頃感を重視する消費スタイルに対応できない状況になったのである。

　2つは、不安定雇用と低賃金を補うべく広がった長時間労働や共働きによる購買行動の急激な変化である。買物や移動に時間をかけることが敬遠され、できるだけ近くで買物を済ませようとする傾向が強まることになる。

　小商圏型の小売業態であるドラッグストアやコンビニエンスストア、さらには通信販売での購買機会が増えることになる。これらの業態では、買物のための移動に要する時間が節減されるという利便性に加えて、商品の受け取りや支払いについても利便性が強調されている。これまでの大商圏や中商圏[4]を対象とする有店舗小売業は、利便性の提供に関して圧倒的に不利な状況に置かれることになる。

　長期不況下で進展した低価格高品質商品と利便性の提供がこれまで以上に優先される買い手市場において、従来の総合小売業態である総合スーパーはいかに特徴ある売場を提供できるかという課題に直面することになった。

3. 高コスト商品流通への新たな対応

　デフレ不況下で節約と買い控えの傾向を強め、買物時間を節約しようとする消費者の購買を得ることができる商品流通を実現しようとするならば、こ

れまで以上のコストを費やすことが必要となる。厳しい値頃感に対応できる
よう商品の品質を高め、多様なニーズに対応できるよう品揃えを豊富にし、
近隣立地や配送などのサービスを充実させる必要があるからである。しかも
これを販売価格の引下げ競争が繰り広げられるデフレ経済下において追求し
なければならないのである。

　ではどうすれば良いのであろうか。この課題を解決している新たに登場し
た好調なライバル業態を見る限り、専門性とアクセスを含む利便性を強調す
ることにその答えを見出すことができる。SPAに代表される専門量販店は、
多品種類の商品を取り揃える際に、すべてを総合的に品揃えするのではな
く、特定の専門領域で取り揃えている。これに比べると総合スーパーが行っ
てきた同一商品の本部一括仕入では多品種類商品の取り揃えに限界があるこ
とは明らかである。またSPAは生産段階から自社企画の専用商品を入手する
など、従来のバイイングパワーとは区別される低価格の実現手法を活用して
いる。さらに徒歩圏内の立地によるアクセスや自宅配達といった利便性を実
現する際にも、徹底した実地調査と機動的な出退店を行うことで、来店や商
品配送に関して高い成果をあげている[5]。

　総合スーパーも同様の対策を講じつつある。セブン＆アイグループでは、
グループ内のロフトや赤ちゃん本舗などの専門店を活用することでイトー
ヨーカ堂を含む自社グループ内での専門的な深い品揃えを強調しつつ、これ
らをネットで結合させて受け取りや決済の利便性を提供しようとしている。
またイオンリテールは、専門店自体の展開やさらには自らの売場をユニット
として特徴づけるなど多様な専門化政策を試みている。さらに多くの大手流
通グループが、売場に自己のみならず他資本を導入して、総体としてのワン
ストップの売場を構築しようとしている。

　高度経済成長期には単一の資本として売場のすべてをまかなって総合小売
業態を追求した総合スーパーではあるが、長期不況期には多くの他資本のテ
ナントと自らもテナント化することで、値頃感のある高品質商品を豊富に品
揃えするための専門的な売場集積という総合性を構築する傾向にある[6]。し
かしながらこのような政策によって、SPAと同じレベルの専門性を実現でき
ているのか、また自己の売場を縮小させることによる売上高の減少に対処で

きるのかといった問題が生じる。これらの課題については節を改めて、おもにイオンリテールとイトーヨーカ堂の事例を取り上げつつ考察を進める。

Ⅲ　長期不況期における総合小売業態変革の事例と方向性

デフレを特徴とする長期不況下においても好調な業績をあげている小売業態の特徴が専門性と利便性にあることを確認した。本節ではこの2つの視点から総合スーパーの改革事例を概観し、総合小売業態の変革について基本的な方向性を見出す。

1.　イオンとイオンリテール

（1）　イオングループ

売上高8兆円超を誇るわが国最大の流通グループイオンは、創業時から持株会社イオンホールディングスが発足するまで、総合スーパー・ジャスコがその中核企業であった。現在のグループ構成は表7-1に見るように、総合

表7-1　イオン 2017年2月期 事業セグメント別業績

（単位：百万円、%）

	営業収益		営業利益	
	実　績	営業収益比率	実　績	営業利益比率
GMS事業	3,012,263	36.7	2,481	1.3
SM・DS事業	2,890,232	35.2	31,288	16.9
小型店事業	378,703	4.6	2,776	2
ドラッグ・ファーマシー事業	623,631	7.6	22,053	11.9
総合金融事業	372,046	4.5	61,904	33.5
ディベロッパー事業	315,940	3.8	46,851	25.4
サービス・専門店事業	765,669	9.3	26,393	14.3
国際事業	398,395	4.9	-5,401	-2.9
その他	18,125	0.2	-4,036	-2.2
調整額	-564,863	-6.9	428	0.2
連結合計	8,210,141	100	184,737	100

注）四捨五入のため、各費目の比率合計と連結合計は一致しない。
出所）イオン「ホームページ」株主・投資家の皆さま/財務・業績情報/セグメント情報より作成。

スーパー、SM、コンビニエンスストア、ドラッグストアという流通関連事業を中心に、ディベロッパー、イオン銀行などの周辺領域にも事業を展開している。

イオングループはジャスコ発足以来、「緩やかな連帯」を掲げて業績不振企業の救済合併によって拡大してきたため、中央集権を強めることを課題としてきた。とりわけ長期不況期には、マイカル、ダイエーをはじめとする総合スーパー、多数の食品スーパー各社を傘下に持つにいたりこの傾向は強められた。2007年には「グループ内のNB商品」とも言われるようになったPB商品トップバリュ[7] を提供するトップバリュ株式会社、イオン商品調達、イオンSCMという特定機能会社を設立した。さらに店舗名に関しても、総合スーパーの店名のほぼすべてをイオンに、食品スーパーの店名の多くをマックスバリュに統一するにいたった。こうしてグループとしての一体化を図ることで、巨大な売上高を利益に転換する効率的な組織化を成し遂げ、イオンの改革は計画通りに進むかのようであった。

しかしながら、組織の再編がそのまま消費者の購買行動に結びつくわけではない。何よりも総合スーパーの不振が、買収による店舗数の増加によって増幅されながら、グループにおける最大の課題であり続けた。従来からの「何でもあるが欲しいものは何もない」という状況に加えて、中央集権スタイルがむしろ弊害となり、同じ店舗に一括仕入れされた商品が並ぶだけという状況を強めることになった[8]。

イオングループは2011-13年の中期経営計画では、「アジアシフト」「都市シフト」「デジタルシフト」「シニアシフト」という4つのシフトを改革の理念として掲げた。これにもとづいてアジア諸国へのモール進出や都市部攻略の小型スーパーが展開されることになる。続く2014-16年の中期経営計画では、総合小売業態の不振打開に重点が移される。4つのシフトに加えて「商品本位の改革」が提起された。さらに2015年7月の決算短信では、新業態としての「イオンスタイル」が確認され、その実行へと舵が切られることになった。

（2）イオンリテールの課題と対応

　イオンリテールには最大で555店の総合スーパー店舗が存在した。他社の買収という経緯から近接立地であるもの、買収された業績不振企業の店舗であったため改装がなされず老朽化したままのものも多くある。これら店舗の閉鎖を含む整理が急がれるが、課題はそれだけにとどまらない。比較的業績の良いSCの核店舗であっても必ずしも集客力のある魅力的な売場とはなっておらず、総合スーパーという業態そのものを見直す作業が急務となっているのである。

　2014年からの3カ年計画で提案された「商品本位の改革」では、消費者ニーズに適合した品揃えを売り手の事情からではなく、買ってもらえる商品を買いやすく提供することが強調され、これが翌年には新業態としての「イオンスタイル」に結実することになった[9]。イオンスタイル店では、それぞれの売場がユニットとして自立し、あたかも専門店のテナントのごとく配置されているところに特徴がある。そこでは地域に特有の商品が優先され、これまでのようにトップバリュで埋めつくされる売場の光景ではなくなっている[10]。

　他方利便性に関しては、都市部への小型SMの出店（都市シフト）や高齢者の買物に配慮したモール設計（シニアシフト）が見られるが、総合スーパーについては明確な政策はまだ示されていない。

（3）イオンスタイルの事例

①ユーカリが丘店

　2016年に改装オープンしたユーカリが丘店は次のような特徴を持っている。食であれば、地域密着やマグロ専門店といった独自性を前面に打ち出している。また住居関連であれば、ベッド、ソファ、子供部屋などのシーンごとに徹底した提案型の売場を展開している。衣料では、パターンオーダーに取り組むなど従来の総合スーパーの平場とは一線を画した内容構成となっている[11]。

②堺鉄砲町店

　2016年にイオンモール堺鉄砲町の核店舗としてオープンした堺鉄砲町

店は、人口密集地である堺市の中心寄りに立地するため競合店が多く、これらとの差別化を意識した内容構成となっている。たとえば物販であれば、オーダーのビジネスシャツ「ベラカミーチャ」の導入、泉州タオルや堺包丁など地場商品の取扱い、サービスであれば、住居余暇商品や筆記具への名入れなどを行っている[12]。

③出雲店

2014年に営業終了した総合スーパーの跡地に出店した出雲店は、小型モールの核店舗として2016年にオープンした。元々総合スーパーが対象とした地域商圏を、配置されたテナントとイオンスタイルのユニットで深堀りしようとする課題を有する店舗であることから、近隣の漁場や魚市場からの直送鮮魚や地場野菜を取り揃えるなど、大型モールとは異なるテナント構成や総合スーパーとも異なる特色を持っている[13]。

④東戸塚店

東戸塚店は、旧ダイエー店から転換された初のイオンスタイル店である。立地する地域の人口構成は30～40歳代のファミリー層が比較的多いため、その取り込みにキッズ関連のユニットと体験型スペースに重点をおいた店舗構成になっている[14]。

これらの事例からもイオンスタイルは地域の消費者構成、競合店などを考慮に入れつつ、特徴のあるユニットを専門店の売場のごとく自立させることで、消費者との関係を深めることを追求していることがわかる。これがイオンリテールの目指す新業態としてのイオンスタイルの経過的な事例である。

2.　セブン＆アイとイトーヨーカ堂

（1）セブン＆アイグループ

売上高約6兆円のセブン＆アイグループは、イオングループに次ぐわが国第2位の規模を誇る流通グループである[15]。1958年の株式会社ヨーカ堂創業より2005年のセブン＆アイ・ホールディングス発足までは、総合スーパー・イトーヨーカ堂がグループの親会社であった。現在のグループ構成は、表7-2に見るように流通とその周辺領域に事業セグメントを展開している。

表7-2　セブン＆アイ・ホールディングス 2017 年 2 月期事業別セグメント業績

（単位：百万円、％）

	営業収益		営業利益	
	実　績	営業収益比率	実　績	営業利益比率
コンビニエンスストア事業	2,550,640	43.7	313,195	85.9
スーパーストア事業	2,025,534	34.7	22,903	6.3
百貨店事業	852,174	14.6	3,672	1
フードサービス事業	82,562	1.4	515	0.1
金融関連事業	201,932	3.5	50,130	13.8
通信販売事業	139,226	2.4	-15,097	-4.1
その他の事業	57,424	1	4,632	1.3
消去および当社	-73,805	-1.3	-15,379	-4.2
合　計	5,835,689	100	364,573	100

注）四捨五入のため、各費目の実績合計および比率合計とセグメント合計は一致しない場合
　がある。
出所）セブン＆アイ・ホールディングス「ホームページ」IR情報/財務・業績/セグメント情
　報より作成。

それぞれのセグメントには、コンビニエンスストア・セブン-イレブン、総
合スーパー・イトーヨーカ堂、そごう・西武百貨店、SMヨークベニマル、
SCアリオ、ロフトや赤ちゃん本舗などの専門店といった流通企業を中心に、
外食デニーズ、セブン銀行などの有力企業が事業を展開している。

　しかしながら事業別セグメントの営業利益で見るならば、約86％がコン
ビニエンスストア事業、約14％が金融サービス事業からであり、SMを含む
スーパーストア事業を除く他の事業の業績は低迷している。とりわけ主要
会社に関しては、イトーヨーカ堂とそごう・西武という広義の総合小売業
態2社の業績不振が目立っている[16]。かつて「業務改革」で無駄のない在庫
と物流システムを築き、減収増益が目標とされた時代に小売業初の経常利益
1,000億円を目前にしていたイトーヨーカ堂も、デフレ不況が進行する中に
あって、衣料品をはじめとする分野でSPAに売上高を奪われるなど業績不振
に陥っている。高額消費への対応を期待されてグループ入りしたそごう・西
武も景気回復の遅れや実質賃金減少の影響を受けて思うように業績をあげる
ことができていない。

　セブン＆アイ・ホールディングス設立の意図は、個別の事業企業の困難を

グループ力で突破することにあった。セブン銀行の設立、電子マネー nanaco の発行、セブンプレミアムの投入などによってグループを結合させながら売上高と利益を確保するための方策が試みられ、2015年にはセブン流オムニチャネルであるオムニ7に大きく舵が切られることになった。これはグループのあらゆる事業と商品をネットで結合させ、商品の注文と受け取り、決済を自由に選択できるシステムであり、主要には全国に2万店近く展開するセブン-イレブン店舗を受け取り場所として活用するメリットを強調するものであった。グループ内の専門店や百貨店で提供される商品もネットを通じて取り扱うことで品数の豊富さをアピールし、注文と受け取りの利便性を提供するなど、グループの事業全体を結合させると同時に成長軌道に乗せることを意図していた。

　しかしながらオムニ7では状況が好転しそうになかった。そこには以下のような問題がある。1つはオムニチャネルそのものの限界である。オムニチャネルは急成長するアマゾンなどの通販専業企業に対抗するために有店舗小売企業が持ち込んだ反撃の方策であるが、通販専業企業と対等に競争できないことは、オムニチャネルの元祖とされるメーシーズの状況に表れている。メーシーズは通販専業企業に対抗するために、実店舗の閉鎖にとどまらず、商品構成や業態の見直しを実行したが、関連費用の増加による減益に苦しんでいる[17]。2つはセブン流オムニチャネルのように、個々の消費者を囲い込むことを主要な目的としたグループのネットワークでは、利用者がそれを通販との代替購入方法として認識しないということである。業務とシステムが煩雑になりコストが掛かるだけで、利用数は見込めないことになる。さらに3つめとして、グループにおける食材を含む最寄り品取扱いの最大手である総合スーパー業態イトーヨーカ堂はオムニ7には馴染まず、利便性を高めるにも自前のネットスーパーを展開する方が効率的であるという事情があった。

　グループ全体の利益を最大化するために赤字企業の問題を早急に解決しなければならないという課題に向けて、セブン&アイでは2016年の人事刷新後に戦略の転換が示された。中期経営計画「100日プラン」[18]では、主要戦略として「GMS・百貨店再生に不動産再開発の視点を入れる」「オムニチャ

ネル戦略の見直し」が他の3項目とともに明示された。オムニ7はグループ
としての顧客一元管理の手段に限定されるとともにスマホアプリにその領域
を狭めることになり、総合スーパー・イトーヨーカ堂については、この業態
そのものが全面的に見直されることになる。

（2）イトーヨーカ堂の改革

　イトーヨーカ堂についてこれまで確認され実施されてきた方策は閉店と食
品領域への特化であった。この間182店にまで増加し続けてきたイトーヨー
カドー店舗を、業績が好転する見込みのない不採算店から順次閉店させ、
個々の店舗でも食品売場は拡充させるが、それ以外の売場は縮小させる内容
の改装が試みられてきた。

　このような縮小政策を推進する一方で、新経営体制の下2016年10月に発
表された「100日プラン」では、イトーヨーカ堂を総合スーパー業態のまま
で再興することが困難であるとの判断が下された。それは閉店と食品特化の
いずれにも該当しないままになっていた大規模店と中規模店についても変革
内容が示されたことに表れている。2019年度の着地点に向けて、大規模店8
店はアリオ化し、中規模店32店に関しては、不動産価値を活用した再開発
（下層階は店舗、上層階はマンションなど）あるいはテナント比率を高めた新た
な商業施設とする方針が提起された。

（3）イトーヨーカドー店舗改革の事例

①福山店

　2009年に食品特化型の店舗に改装された福山店では、1階が食品館とさ
れ、地域性を重視した商材揃えが打ち出されている[19]。

②三島店

　三島店は、テナントの導入を図ることで構造改革を目指す中型店舗であ
る。売上高の自営比率を95％から77％に下げつつ、食品強化と引き換え
に衣料・住居の自営売場は縮小させる。三島店より大規模な他の旗艦店舗
の一部などは「アリオ化」も計画されるが、いずれの場合もテナントミック
スの推進により従来の総合スーパー業態を見直すことが確認されている[20]。

③川越店（仮称）および千住店（仮称）

　川越店および千住店に関しては、いずれも建物の立て替えが実施され、3階以上に分譲されるマンションの1・2階にテナントとして出店することが計画され、2019年度のオープンが予定されている[21]。

3. ユニー・ファミリーマートとユニー

（1）ユニー・ファミリーマートグループ

　2016年9月にコンビニエンスストア大手のファミリーマートとユニーグループ・ホールディングスが経営統合し、国内売上高4兆円でわが国第3位の流通グループとなるユニー・ファミリーマートホールディングスが誕生した。統合後の新たなグループでは、図7-1に見るように、コンビニエンスストア、総合スーパー、食品スーパー、SCなどの流通事業を中心に、金融などの周辺領域にも事業が展開されようとしていた[22]。

　この経営統合が目指す最大の目的は、旧ファミリーマートが旧ユニーグループ・ホールディングス傘下のサークルKサンクスを統合することで、店舗数と全店舗売上高でローソンを抜いてコンビニエンスストア業界第2位と

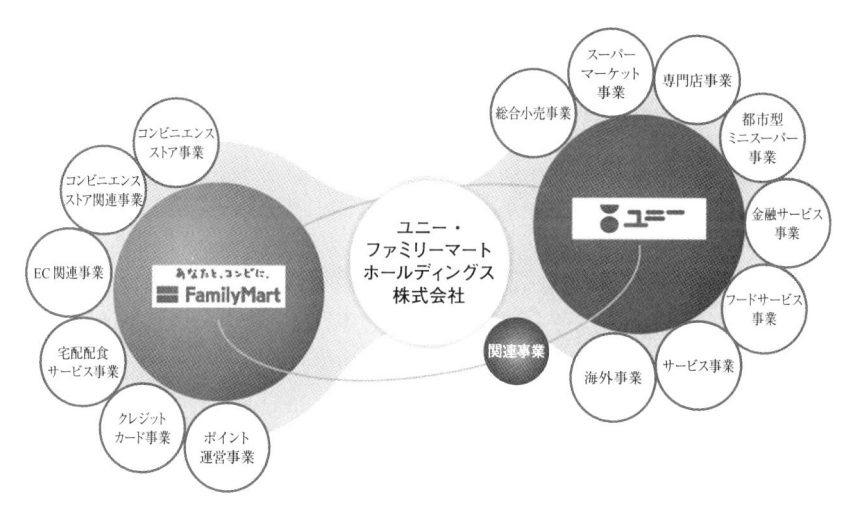

図7-1　ユニー・ファミリーマートホールディングス組織図

出所）ユニー・ファミリーマートホールディングス「ホームページ」グループ情報／グループ企業のご紹介より（2017年7月26日）。

なることにあった。他方、旧ユニーの目的は創業時からの中核事業である総合スーパーに関してその業績の先行き不安を打開するため、コンビニエンスストア・サークルＫサンクスを有効に活用することにあった。つまり経営統合という方法をとるにせよ、企業規模の拡大をはたし、グループ全体における総合小売業の比重を小さくすることで、将来の業績悪化の影響を最小にとどめつつ、人材をはじめとした経営資源を他の事業に移して行くことが容易になるとの判断があった。しかしながら、経営統合それ自体で総合小売業ユニーの課題が解決されるわけではなく、これは独自に解決されるべき課題であった。

（2）ユニーの課題と対応策

ユニーグループ・ホールディングスには総合小売業ユニーとサークルＫサンクス、専門店、金融などのセグメントが存在する。総合小売業ユニーは、228店舗で営業収益7,955億円、営業利益96億円という業績をあげていた[23]。主要な業態として、総合スーパー・アピタ、SMピアゴ、小型SMピアゴラフーズコア、モールSC、ミニモール・ラスパなどがあり、愛知県内を中心に中部・東海地方にかけて展開している。近年の業績は緩やかな下降傾向にあるが、消費者の購買行動にマッチした業態開発と地域への対応が徹底されていることで、イオンリテールやイトーヨーカ堂ほど業績不振が目立っているわけではなかった。

「新生活創造小売業」の理念にもとづく経営方針では、マーチャンダイジング改革、客数拡大、ローコスト化、SC化（テナント導入による魅力度アップ）の4つの取り組みが実行されていた。具体的には、商品領域の絞り込み（「50貨店化」）、ライフスタイルの提案や直営売場のテナントへの転換が重点として掲げられていた[24]。

しかしながら、経営統合後の新方針による総合小売業態の変革や個々の業態や店舗の改革計画はまだ策定されていない状況にあった。

（3）ドンキホーテとの提携

以上のような状況を打開すべく、2017年6月ユニー・ファミリーマート

ホールディングスとドンキホーテHDは新たな業態の店舗や商品の共同開発
に関する資本・業務提携を発表し、不振が続く総合小売業ユニーを再生させ
るため、ユニーの店舗の1階をSMとして残しつつ、2・3階でドンキホーテ
を展開する「MEGAドンキホーテUNY」の実験を行っている。ユニーはこ
のように安さに加えて楽しさを強調するDSであるドンキホーテの特徴を付
け加えることで、わずか2つの業態だけで新たなワンストップ型の総合小売
業態への転換を図ろうとしている。この転換による提携効果が出ていること
から、図7-2に見るように、ユニー全株式のドンキホーテHDへの売却方針
が発表された[25]。

　またファミリーマートもドンキホーテとのコラボレーション商品の開発や
陳列にかかわる実験を試みている。

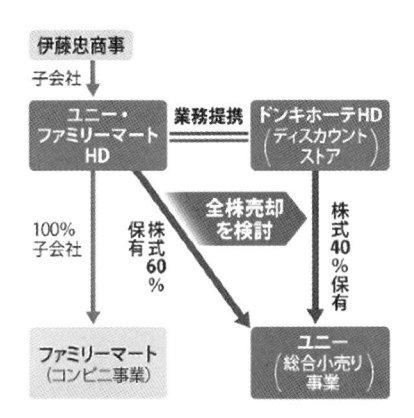

図7-2　ユニー・ファミリーマートHDとドンキホーテHDを巡る構図
出所）『毎日新聞　デジタル毎日』2018年10月10日付。

4. 総合小売業態変革の方向性

（1）変革事例に見られる特徴

　デフレ不況においても好調な小売業態に共通する特徴である専門性と利便
性という2つの視点から総合スーパー各社の変革事例を概観してきた。いず
れの流通グループに関しても、その特徴が現在の主要な総合小売業態である
総合スーパーからの転換を目指すという意味での「脱総合」にあることが確

認できる。つまり、総合スーパーは従来から生活用品をワンストップかつ低価格で販売する売場を提供することを使命とし、これに必要な効率的なシステムとして箱型の店舗とチェーン組織および本部による画一的商品の一括仕入という方式を採用してきたのであるが、今やこのシステムが転換されるべきであると認識されているのである。

　しかしこれを転換する道筋には各社の特徴がある。イオンリテールは総合スーパー・イオンの売場を専門化することに着手し、イオンスタイルという新たな総合小売業態を構築しようとしている。イトーヨーカ堂はオムニ7を見直した後、食品スーパー化およびテナントミックスへ踏み出そうとしている。ユニーは自社の既存の小売業態にライフスタイル提案を導入し、ドンキホーテの手法も導入しながら、それぞれの小売業態の実情に見合った売場を再構築することに着手している[26]。

（2）共通する方向性

　しかしながら、各社のアプローチは異なっていても、大筋ではいずれも食品領域の強化に加えて、売場ごとの専門性をアップさせるという共通した方向性を確認することができる。つまりいずれの変革も、それぞれの店舗が対象とする商圏に対応した店舗規模ごとの差はありながらも、同じ方向性を有している。

　小商圏を対象にする小規模店舗は、食品領域を強化するSMにシフトする傾向にある。食品領域の強化には、マンションの低層階へのSM出店、小型SMの積極的展開、自社売場を食品領域に絞り込むなど具体的な方策は様々であるが、総じて食品という特定領域への専門化であると見ることができる。

　中商圏を対象とする単独立地型の中規模店舗、あるいは大商圏を対象とするSC内の核店舗については、売場総体の専門性をアップさせるためにテナント比率を高めたSC化が図られるとともに、総合スーパー自らもユニット化することでテナントとの融合性を高める方策が採用されている。これらは、テナントを様々にミックスさせる中で、自らも食品を中心とした商品領域に専門化しつつ他資本のテナントと融合するという新たな総合性構築の方

策であると見ることができる。

現在取り組まれている総合小売業態の変革を概略するならば、食品への特化は自らの商品取扱い領域の絞り込みであり、これを単にSM化として実現するか、テナントミックスという新たな総合に取り込まれながら実現するかということになる。前者はSM化の単独採用、後者はSM化とモール化の同時採用としてとらえることができる。その際、前者にとどまらずに後者が志向される理由は、現代でもワンストップ性こそが流通の公益性として目指されるべき内容であり、これは商業集積におけるテナントミックスの形態で可能とされるからである。つまり全体的な総合性が継続されるから、自らの食品領域への特化が許されるという関係が、その前提となっているのである。逆に食品領域への特化、あるいはユニット化した新たな核店舗が全体の総合性をより優位なものにするという傾向にある。

この新たな総合の成立要因や実際の形態について、これを論理的に説明するために、商業集積と資本の配置の視点から節を改めて述べる。

Ⅳ　商業集積に見る新たな総合

1.　総合小売業の解体と再構築

（1）総合小売業の解体

資本は社会的な利益を提供するという役割によって社会に貢献する。この社会的な貢献が資本の公益性である。商業資本であれば、生産と消費を結合させるという役割をはたすことに基本的な公益性が認められる。

さらに商業は生産と消費をより合理的に結合させるために、商品種類を集積させることで消費者に対してワンストップの売場を提供してきた。一般的に商業が提供する売場が総合的であることは、その公益を増大させる傾向にある[27]。よって商業にとっては、売場と商品種類を総合的に提供すること、つまり総合的な商業が実在することはそれ自体が大きな公益を提供する条件であった[28]。

ところが先述のように、長期不況下の売れない状況においては、商品領域と商圏に関する分離が生じ進行している。前者については、不況下で生じる

消費者の買い控えに対処するため、深い品揃えを専門的な商品領域において実現しようとすることが商品領域の分離を招いたのである。後者については、買物コストと時間の節約に対処しようと、おもにアクセス上の利便性に優れた立地が選好されることで、従来の商圏に対応した商業立地に変化が生じたのである。

とくに商圏の分離については、たとえば買回り品を専門的に品揃えして販売する専門店は広域からの購買来客を対象とする広域商圏を必要とし、ラグジュアリーブランド取扱い店や百貨店はいっそうの広域商圏を必要とする。また食品販売であっても、低価格食品を薄利多売で販売する場合には従来よりも広域な商圏を必要とする。他方でアクセスの利便性を強調する小商圏型の業態であるドラッグストアやコンビニエンスストアが店舗数を増やし、商圏に制約されない通信販売の売上高が伸張している。こうして広域型の商業と近隣型の商業に適した商圏が成立し、不況下ではむしろこの両端がマグネットとなる傾向にあるため、総合スーパーが対象としてきた駅前や郊外住宅地近郊といった中商圏で購買行動を完結させる消費者が減少することになる。

専門領域ごとに細分化される商品領域の分離に加えて、両極への商圏の分離が同時に進行することでワンストップの優位性が揺らぐことになる。ワンストップ自体の必要性にかかわりなく、総合スーパーが提供してきたワンストップを選ぶメリットを、ワンストップを選ばないことによるメリット（低価格販売、高品質商品、アクセスを考慮して購買先を使い分けることなどによる利益）が上回る状況になることで、これまで箱型店舗にすべての商品を抱え込んでワンストップを提供してきた総合スーパーが必要とされなくなったのである。地理的および商品領域に関して、消費者が選好する購買行動の広がりと拡散が生じ、その結果これまで中商圏型の業態が対象としてきた地域のいたるところに店舗の空白地帯が存在することになる。

(2) 総合小売業再構築の可能性と困難性

資本の根本的な活動は、社会に商品を提供し、これを通じて利益を取得することである。しかし当該資本による活動が、競争関係にある他の資本や別

の経済主体によって担われる場合に比べて、それ以下の社会的コストの節減や消費者への利益供与しかもたらさないならば、この資本はそのままでは存続することも成長することもできないことになる。

　長期不況下において、日本の代表的な総合小売業態である総合スーパーが中商圏で中価格帯商品をワンストップで提供してきたメリットが他業態のそれを下回るようになった。しかしそのメリット自体がなくなったわけではなく、またこれに対する消費者のニーズがなくなったわけでもない。衣料、住居、食品というすべての商品領域に関して、必ずしも最高の品質、超低価格販売や豊富な品揃えでなくても、日常生活の必需品をひと通り入手できる売場が自宅からの移動時間が15分程度の中商圏内にあることは、とりわけ日本のように自動車移動による買物が不便な消費環境では不可欠な要素であり、そのような業態に対するニーズは残されている。総合スーパーであるか否かという業態は問わず、いずれかの総合小売業が再構築される可能性がここにある。

　しかしながら、長期不況の20数年の間に、日本社会の環境も大きく変化してきた。地域格差や所得格差が拡大し、これにともなって消費者のニーズやライフスタイルが多様化している。このような状況で、消費者が欲しいものをワンストップで提供するには、これまで以上に特徴ある商品の品揃えを追求することになるが、これをどの程度で実現することが中商圏に適した品揃えになるのか、またその品揃えは中商圏の来客数で採算が取れる効率的な売場面積に収まるのかといった再構築をはたす上での難問がともなうことになる。

　さらにこのような現実の売場として、商業集積とテナントミックスが追求されることになるが、これと単独立地型総合スーパーとの収益構造の違いに関しても考慮されるべき問題が生じる。

2.　商業集積に見る新たな総合の実在

　日本の代表的な総合小売業態である総合スーパーのこれまでのあり方は、単独立地型のビッグストアから始まり、郊外モールタイプの中・大型SC内における核店舗タイプへと発展してきた。いずれの場合においても、総合

スーパーは単独で大規模な総合小売店舗として存在し、基本的にすべての生活用品を提供するワンストップタイプの総合小売業態であった。

　他方、代表的な商業集積である中・大型SCの従来のあり方は、総合小売業に専門店モールを付設したタイプが基本であり、前者が商業集積における主要な業態であって、後者の専門店は前者を補完する付属的な業種店であった。

　しかしながら、長期不況下で「脱総合」と言われる事態が進行する過程において、現実的には総合スーパー店舗自体がモールに転換されるなど、総合小売業のあり方が単独の小売業態から小売業の集積体へと急速に変容している[29]。このような状況にあって、これまで単独でワンストップを提供してきた総合スーパーから変容したこの集積体の特徴づけは、従来の実在的な業態である総合スーパーおよび商業の集積体であるSC双方に関連づけて行われなければならない。

　新たに生成した総合小売業は次のような特徴を持っている。1つは、テナントの構成比率が高められ、開発所有主体の企業が、自らも専門テナントとして入居していることである。2つは、核店舗に関して、必ずしも総合スーパータイプの核店舗ではなく、ドラッグストア、ホームセンター、SMなどのサブ核店舗を中心に構成されている場合があることである。3つは、テナントについて、行政関連や美容院などサービステナントが入居していることである[30]。総じて特徴づけるならば、ワンストップ性の実現を、単独店舗としてではなく、商業集積におけるテナントミックスの構成によって可能としていることである[31]。

　新たな総合としてのテナントミックスを、先述した事例に関連づけて整理するならば、イオンリテールは自らの売場をユニット化することで擬似的な業種総合型あるいは部門総合型小売商という新業態イオンスタイルを試み、イトーヨーカ堂はSMという業種総合型小売商への業態転換を図っている。いずれもこれらを核店舗としつつ、他資本のテナントとミックスさせて擬似的な部門総合型小売商の新たな商業施設に転換するという方向性を明確にしていることが見て取れる。ユニーが総合スーパー・アピタの「50貨店」化などを通じたテナント比率の向上や「MEGAドンキホーテUNY」のような

SMと特徴あるDSをミックスさせた業態開発に着手していることも同様である。つまり従来の総合スーパー売場を業種店のレベルに戻して、あるいは業種総合型小売商へ転換して、自らもテナントとして他資本のテナントと融合（ミックス）するのである。

　従来のSCにおける核店舗は自らが他のテナントと融合しておらず、この点で明らかに異なっている。単なるSMへの業態転換を目的とするのではなく、また総合的な核店舗を自立させたままテナントを付属させる単なるモール化でもない。モール化とSM化を同時一体的に進展させることで、新たな核店舗とテナントとの高い融合性を実現しようとしているようである。近年の事態は集積体全体で融合した1つの総合小売業としての性格を強めていることに特徴がある。従来型の総合的な核店舗がない状況で、テナントが商業集積における従来の補完的な位置づけから、テナントミックスという全体でワンストップを実現する1つの小売業集積体へと変化したということである。これは脱総合スーパーであっても「脱総合」ではなく、実在的な総体としては新たな総合への進化であり、新たな総合とはこのようなテナントミックスの形で存在する小売業であると言える。

3.　資本配置に見る「脱総合」

　高度経済成長期に登場した総合スーパーは、単一の資本として総合小売業の大規模店舗を有して、仕入および販売活動を行っていた。その理由は、大量販売に適した単品種類の商品を本部で一括仕入するには、単一の資本として活動することが効率的であったからである。また現在のようにSPAやドラッグストア、ホームセンターのような総合スーパーにとってのライバル業態がまだ登場していなかったため、高い粗利益が保障され、増収の達成がそのまま増益に直結しており、それゆえ自社の売上高を追求することを優先させることが最も効率的な活動であったからである。

　しかしながら、売れない時代になり状況がかわる。消費スタイルが変化した消費者を相手にするには、単一の資本が得意としてきた単品種類の商品を大量仕入し大量販売するシステムが行き詰まることになる。このことは高粗利益率をともなう増収が不可能となることを意味した。多品種システムと厳

しい価格競争の下で増収を絶対目標にしようとするならば、赤字で販売する以外に方法はなくなる。またこれまでの広く浅い品揃えから深い品揃えに転換することは、売れ残りのリスクを自らに集中させてしまうことになりかねない。増収が困難な時代に増益を目指さなければならない状況にあって、リスクを分散させながら、かつ手っ取り早く利益を取得する方法がテナント誘致とこれによるテナント料の取得であった。総合スーパーは核店舗として商業活動を行うと同時に、ディベロッパーとして他資本が取得した利益を収奪するという二重の経済主体へと進化することになる。

　しかし他方で、テナントを誘致するには広大な売場に多数の来客を呼び込むことが不可欠である。当初は自らが核店舗としてその役割をはたそうとするが、むしろ逆効果になる[32]。来客数を向上させるためのテナント構成が模索された結果、売場効率を上昇させるためには不人気エリアを縮小させる必要があり、これを実現するための方法が、単一資本による総合売場の縮小とテナント比率の上昇であった。テナント料収入を高めるためにも、自らはダウンサイジングをした新たな核店舗業態となることに活路が見出されたのである。

　こうして単一資本としては、商業活動を行うことは副次的な活動となり、1つの商業集積を管理することが主要な活動となる。ディベロッパーとしての単一経営体が、多数資本の集積体としての総合小売業を管理するのである。この集積体に自社の売場も、総合的な核店舗としてではなく、擬似的な業種店あるいはユニット化したテナントとして組み込まれるようになる。したがって単一の資本としては、単体のみの経営によって利益を取得していた総合小売業態から「脱総合」をはたし、高い融合性を持つ集積体として進化した総合小売業を管理し、そこから利益を取得することになる[33]。この利益取得の対象を、従来の大商圏を対象にした大型SCのテナントだけにとどめず、中商圏を対象にしていた総合スーパー店舗を改装した規模の商業集積にまで適用範囲を拡大し、しかも自らもテナント化することが「脱総合」といわれる事態の特質である。

4.「脱総合」に関する見解

SCが業態および業種店の集積体であることや、商店街が業種店の集積体であることに鑑みるなら、テナントミックスで実在することになる新たな総合の形態は正確には既存の業種および業態の集積体である[34]。しかしながらこれが従来の商業集積からの進展であることを述べるために、この新たな総合小売業の実在形態と単一資本の利益取得の方法とを関連づけて検討したのである。

総合スーパーのような従来型の総合的な核店舗がなく、自らもSM化あるいはユニット化して他資本のテナントと融合しながら集積体として進化した総合小売業が新たな総合の実在であるが、この融合性が高まることで中商圏・中価格帯という小売業の範囲に限定された専門領域の品揃えが無駄なく効率的に実現されることになる。

またこの新たな総合小売業と、総合的な核店舗を有するこれまでのSCとの違いとは、支配的な単一資本の主要な活動が総合小売業を目的とした核店舗経営から、ディベロッパーの活動へと重点が移行したことにあり、支配的な単一資本の収益取得がより確実になることにある。

「脱総合」とは資本配置として見た場合に単一資本がとる行動の結果であって、実在の売場としては脱総合スーパーに過ぎず、ワンストップを新たに再構築する総合小売業への進化であると言える。またこの進化の斬新さは、総合スーパー再建の有力な方策としてかつてよりそれぞれ提起されてきたSM化とモール化に関して、これらを同時一体的に進めようとするところにある。

V　総合小売業の新たな役割－買物場所としての公益性－

いわゆる「脱総合」という事態の進行過程において再構築され進化した新たな総合小売業はどのような役割を担い、社会貢献を期待されるのか、その存在意義と実現の条件整備について考察する。

1. 新たな総合に期待される役割

　高度経済成長期の小売商業は、ワンストップの売場をもたらすことが即時的に社会への貢献であり公益性を有していた。総合スーパーはこの役割をはたすことで公益性を有する事業企業であると認識されていた。しかしながらオイルショックやバブル経済の崩壊をへながら売れない状況が深刻化するとともに、箱型の大規模店舗でワンストップの売場を提供することが即時的に公益性を有する時代は終わることになる。さらに長期不況期にいたって、ワンストップであるかにかかわらず、単に売場を提供するというだけでは公益性を有することができない時代となった。たとえば、通信販売の伸張によって、消費者は売場がなくても購買することができるようになる。また商業施設に来店する客は必ずしもモノを購入するためではなく、何らかのサービスや体験を目的として来店するいわゆるコト消費が増大している。このような消費スタイルを前にして、販売の場所である売場はかつてほどには必要とされなくなっている。

　また社会環境も変化している。人口減少や高齢化の進展による総消費量の低下、徒歩圏内で生活必需品を入手することが困難な買物難民の増加、非正規雇用労働者が増えることによる所得低下や労働コストを節減する方途としての長時間労働の蔓延など、消費の側では買えない要因ばかりが目立っている。このような状況では、単に売場を提供してもオーバースペースになるばかりで、売上高につながることはない。むしろ買えない状況にある消費者に対して買物の場所と機会を進んで提供するという活動が、現代の商業に求められている[35]。

　移動手段に優れない高齢者や買物の時間的余裕がない共働き世帯のような買物困難者に対して、アクセスしやすい中商圏内での買物場所を進んで提供することが必要とされている。また所得低下と将来不安を持つ勤労世帯に対して、専門的な機能を備えた高品質商品や逆に安全性すら疑わしい廉価食品ではない普通の中価格帯の商品を品揃えして提供することが必要とされている。このような買物場所を提供することが、現代の商業に求められる社会貢献であり、新たな総合小売業に期待される公益性である。

2．実現の条件整備

　しかしながらこのような買物場所を提供する新たな総合小売業を経営する
には、地代や建物の維持管理、光熱費、テナントの改装など、これまでに展
開してきた単独店舗経営に要する以上のコストが付加されることになる。消
費者のニーズがあっても、それが売上高を向上させ、コストを回収した上で
ディベロッパーとテナント出店業者の双方に利益をもたらすかは別の問題で
ある。

　コスト負担を軽減させる方策として、セブン＆アイ・ホールディングスの
ように、店舗建設地を再開発して上層階のマンションを分譲することで利益
を確保することは1つの有効な手段である。また別の手段として、施設の公
益性を高めることで行政の協力および配慮や補助を引き出し、テナント料抑
制の原資にすることが行われている。

　市街地再開発事業関連の補助を活用して新たに商業施設を創出する方策が
ある[36]。これは市街地内の整備等を行うことにより、都市における土地の高
度利用と都市機能の更新を図る事業であり、整備に要する費用の一部が国、
都道府県、市によって補助されるというものである。その一環として、戦略
的中心市街地商業等活性化支援事業費補助金やまちづくり交付金の活用が盛
んに行われている。後者の事例として、長野市の「もんぜんぷら座活用事
業」がある。この事業では、大型空きビルを市が取得し、市街に不足して
いた公益施設とSMを導入した上で、就職支援機能の拡充や会議室、ギャラ
リーなどが提供されている[37]。

　また商業等創業・経営革新緊急支援事業を活用している事例として、「と
ぴあ」の事例がある[38]。「とぴあ」は、旧マイカル店舗の跡地に、同事業の
補助金（国から総事業費の約6割にあたる6億3,000万円）を受けて行政主導で
設置された公設民営型のSCである。商業テナントのほかに、産直施設やフ
リーマーケット、市民サービス施設、集会所、研修室、高齢者スペース、行
政施設などで構成されている。アクセスに関しても地元バス会社と市の負担
で「ワンコインバス」を運行させている。

VI 結 論

　日本における総合小売業の活動経緯に沿って、総合スーパーを代表例としつつ、現在の「脱総合」と言われる事態を検討してきた。高度経済成長期、低成長期、長期不況期と変化する経営環境に対して総合スーパーは、総合小売業として様々に対応しつつその役割をはたしてきた。本章では「脱総合」という事態を、新たな総合小売業への転換であるとしてその内容を検討し、以下にまとめる2つの結論を持つにいたった。

　結論の1つは、総合スーパーの発展と社会的役割の変化にかかわる。総合スーパーは高度経済成長期には大量システムに対応した商品提供および全国的な価格形成を主導し、低成長期には流通JIT（Just In Time）へとその活動内容を変化させ、また自らの形態も単独立地型店舗からSC内核店舗などへと修正および進化させてきた。そして長期不況期にあって、「脱総合」という事態に直面しているのである。このように活動内容や形態を変化させることで、総合スーパーはその役割も変化させてきたのであるが、一貫していることはいつの時代にあっても、公益を提供することで企業として存続できたということである。長期不況期の小売業界において生じた「脱総合」という事態は、総合スーパーの業績不振自体が問題なのではなく、その社会的役割、公益性が同時に問われていることが問題なのである。逆にその役割や公益性を明確にできてこそ、総合スーパーは新たに登場する総合小売業として売上高の増加や業績の回復に向かうことができる。つまり、生活用品をワンストップで購入することに対する消費者のニーズは失われておらず、これに応えることができる中価格帯中品質の商品を総合的に取り扱う買物場所を中商圏の範囲で提供することが、新たな総合小売業に求められる役割である。これが本章の結論の1つである。

　もう1つの結論は、「脱総合」を論理的に説明することにかかわる。本章では、総合スーパーの発展経緯において展開された上記のような内容に沿って、「脱総合」という事態が、多様に変化する経済的および経営的環境の中にあっても、一貫する論理にもとづく進化であると理解することを試みた。

つまり支配的な単一資本の利益追求の側面と、ワンストップを提供する商業集積という実在の側面からこれを説明してきた。この結果「脱総合」が単一資本の行動のことであって、実在としての新たな総合小売業は、従来の総合的な核店舗としてではなく、支配的な資本自らがSM化あるいはユニット化した新業態として他資本のテナントとの融合性を高めて集積したテナントミックスとして措定されると認識するにいたった。こうして得られた新たな総合への進化というとらえ方が、現代の「脱総合」や総合の再建と表現される状況に対する本章のもう1つの結論である。

注
1)　小売業の総合およびその実在と概念について述べておく。総合スーパーは、総合的品揃えを行う総合小売業の中の1つの業態であり、「衣、食、住にわたる各種商品を販売し、そのいずれも小売販売額に対する割合が10%以上70%未満」と定義される（経済産業省（2009）、200ページ）。総合的品揃えを行う総合小売業の実在には、広義でとらえた場合、百貨店やDSも含まれる。しかしながら、総合小売業（ゼネラルマーチャンダイザー）は、GMSや総合スーパーに限定された呼称として狭義に用いられてきた経緯がある。また販売形態の共通性によってグルーピングした業態概念としての総合小売業態に関しても、同様のことが当てはまる。本章では、実在としての総合小売業、グルーピングされた共通性による概念としての総合小売業態のいずれについても、広義と狭義の対象は区別しつつも、とくに断らない限り狭義の対象を指すことにする。
2)　ワンストップ・ショッピングとは、1箇所の店舗で消費者の購買予定商品がすべて揃うことを可能とする商品集中の状況を指すが、消費者の関連購買行動に沿っていることが前提である（石原武政（2000）、118ページ参照）。以下ではワンストップ・ショッピングについては、ワンストップと略記する。
3)　田井・久保・奥村（1991）、23ページ。
4)　商圏についての明確な定義や分類の規定はない。買回り品の商圏、最寄り品の商圏、1次、2次、3次商圏などの分類方法はあるが、これも様々である（市原（1995）参照）。本章ではコンビニエンスストアやSMの商圏を小商圏とし、広域SCや百貨店の商圏を大商圏として、その中間にあって、購買頻度が比較的高い買回り品を含む生活用品をワンストップで販売する商業の商圏を中商圏と規定する。中商圏のおおよその目安は、商圏内人口5～10万人、徒歩、自転車、自動車などいずれの移動手段であっても、自宅から店舗までの所要時間15分～30分以内と想定している。
5)　出店後の営業成績が不振であれば、専門店は2年で閉店するが、総合小売業態はそのようにできない。他方で商圏人口の年齢構成は10年で大きくかわっている（『激流』2005年7月号、39ページ参照）。
6)　前者を統合型とするならば、後者はモジュール型と特徴づけることもできる。
7)　イオンの久木邦彦専務執行グループ商品担当によると、トップバリュは今や

「グループ内のNBになった」とのことである（『激流』2008年3月号、18ページ参照）。

8) トップバリュは、低価格ではあるが、それ以外の特徴をアピールしがたいままグループの全店舗にあふれていた。

9) これに先立ってSC内では、自転車、手芸、医薬品、雑貨店などの専門店化が取り組まれていた（『日経流通新聞』2009年11月27日、2012年4月8日、10月19日参照）。

10) これにともなって、トップバリュ株式会社は食品分野の扱いに限定され、イオン商品調達は解散されるなど、中央集権化は解消される方向となる（石橋（2016a）、12ページ参照）。

11) 『販売革新』2016年7月号、81-84ページ参照。

12) 『日本経済新聞』2016年2月9日、『販売革新』2016年7月号、88-89ページ参照。

13) 『日本経済新聞』2016年3月11日、5月3日、『販売革新』2016年6月号、92-94ページ参照。

14) 『日経流通新聞』2016年10月5日、『販売革新』2016年11月号、94-96ページ参照。

15) セブン-イレブンジャパンおよび7-Eleven,Incの加盟店売上高を含めたグループ売上高は10兆円を超える。

16) セブン＆アイ・ホールディングス（2017）。

17) 『日経流通新聞』2015年1月19日、『日本経済新聞』2016年8月12日（夕刊）参照。

18) セブン＆アイ・ホールディングス（2016a）。

19) 『販売革新』2016年11月号、34ページ参照。

20) セブン＆アイ・ホールディングス（2016b）、18ページ参照。

21) 同上、19-20ページ参照。

22) 新グループ初の2017年2月期決算では、セグメント別営業収益でコンビニエンスストア事業が54.2％、総合小売事業が45.8％であり、当期純利益でコンビニエンスストア事業が51.0％、総合小売事業が49.0％であった（ユニー・ファミリーマートホールディングス「ホームページ」セグメント情報）。

23) ユニーグループ・ホールディングス（2016）。

24) 同上および石橋（2016b）参照。

25) 『日本経済新聞』2018年10月11日、『日経流通新聞』2018年10月15日参照。

26) イトーヨーカ堂とユニーは「脱総合性」で、イオンリテールは「総合性」を基本としているとの見方もある（石橋（2017））。

27) 総合の実現に関して留意すべき点として、売買集中の原理は「商品取扱い技術の臨界点」の中でのみ有効に作用するとの指摘がある（石原（2006）、15ページ）。

28) 売買集中の原理は、「個店のレベルと商業集積のレベルという2つ段階で作用する」（同上、18ページ）。

29) これは以前からも追求されてきた方策である。イトーヨーカ堂の事例やダイエーのCVCの試みに関する指摘がある（島田（2005）、28ページ参照）。

30) 経済産業省（2004）、82ページ参照。

31) 総合スーパーとNSCとの関係については、以前からその類似点についての指摘がある（『販売革新』2008年6月号、40ページ参照）。

32) ビッグストア業態は実用品をピックアップ買物する店に過ぎず、すでに集客の中心を担うものではないとの指摘がある（島田（2005）、28ページ）。

33)　デフレ基調の長期不況下では、コンビニエンスストア加盟店やSCテナントのように最終消費者に販売することは高い収益を生まなくなった。むしろコンビニエンスストア本部やSCディベロッパーのように商品や店舗およびノウハウを提供することで得られるロイヤリティやテナント料が高い収益をもたらす。

34)　大甕（2015）および山下（2009）参照。

35)　西川はイオンスタイルの展開を「売る場」でなく「買う場」であると指摘する（西川（2016）、24ページ）。

36)　経済産業省（2004）、80ページ。

37)　『日経流通新聞』2006年9月4日、内閣官房地域活性化統合事務局内閣府中心市街地活性化担当室（2009）52ページ参照。

38)　経済産業省（2004）、82ページ。

参考文献

石橋忠子（2016a）「イオンリテールGMS解体的改革の全貌─店が主役を全社で支え地域社会に大型店を根付かせる─」『激流』2016年3月号、国際商業、10-14ページ。

──（2016b）「大手スーパーの経営戦略─ユニー─」『激流』2016年5月号、国際商業、22-23ページ。

──（2017）「総合スーパー─社会構造の変化に追い立てられ延命から『転換』に舵を切る─」『激流』2017年2月号、国際商業、24-27ページ。

石原武政（2000）『商業組織の内部編成』千倉書房。

──（2006）『小売業の外部性とまちづくり』有斐閣。

市原実（1995）『すぐ応用できる商圏と売上高予測』同友館。

井尻昭夫・江藤茂博・大﨑紘一・松本健太郎編（2016）『ショッピングモールと地域─地域社会と現代文化─』ナカニシヤ出版。

上田隆穂（2016）『生活者視点で変わる小売業の未来─希望が買う気を呼び起こす商圏マネジメントの重要性─』宣伝会議。

大甕聡（2015）「ショッピングセンター（SC）の賃料と共益費」大野喜久之輔・加藤司編著『商業施設賃料の理論と実務─転換期の不動産鑑定評価─』中央経済社、56-74ページ。

経済産業省（2004）「創業・起業促進型人材育成システム開発等事業─大型閉鎖店舗再生等対策の総合プロデュース人材育成事業─テキスト（経済産業省、平成16年3月）」。

──（2009）「我が国の商業」『商業統計』平成21年版。

島田陽介（2005）「ジュニアデパート時代は終わった！デスティネーションの新・専門店時代が来た」『販売革新』2005年10月号、商業界、27-29ページ。

菅原正博・山本ひとみ・大島一豊・野口淳（2011）『コミュニティ・ブランディング─新世代ショッピングセンター─』中央経済社。

田井修司・久保建夫・奥村陽一（1991）『生活をめぐる競争と協同─ダイエー・コープこうべ─』大月書店。

通商産業省産業政策局商業集積推進室編（1994）『商業集積を核とした街づくりを目指して─商業集積ハンドブック─特定商業集積整備法関係法規集』通商産業調査会出版部。

土屋純・兼子純編（2013）『小商圏時代の流通システム』古今書院。

内閣官房地域活性化統合事務局内閣府中心市街地活性化担当室（2009）『中心市街地活性化取組事例集【第1版】』内閣府ホームページ。

西川立一（2016）「イオンスタイルユーカリが丘－3世代対応を意識し、新“ユニット”も投入」『販売革新』2016年7月号、商業界、81-84ページ。

丹羽哲夫（2000）『ショッピングセンター－商業集積の支配人マニュアル－』商業界。

山下裕子（2009）「商業集積」石井淳蔵・向山雅夫編著『シリーズ流通体系1 小売業の業態革新』中央経済社、33-58ページ。

イオン（2015）「2016年第2四半期決算短信」。

セブン＆アイ・ホールディングス（2016a）「2017年2月期決算第2四半期報告」。

――（2016b）「2017年2月期決算第3四半期説明資料」。

――（2017）「2017年2月期決算短信」。

ユニーグループ・ホールディングス（2016）『2016年2月期有価証券報告書』。

『激流』2005年7月号および2008年3月号、国際商業。

『販売革新』2008年6月号、2016年6月号、7月号および11月号、商業界。

『日経流通新聞』2006年9月4日、2008年7月13日、2009年11月27日、2012年4月8日、10月19日、2015年1月19日、2016年2月9日、3月11日、5月3日、10月5日、2018年10月15日。

『日本経済新聞』2016年3月11日、5月3日、8月12日（夕刊）、10月5日、2018年10月11日。

終章
現代流通における競争と独占

　以上の各章において、不況・マイナス成長への対応策として講じられた新自由主義的経済政策によって弱者への経済的しわ寄せが生じること、この状況下における小売商業の活動と役割などについて考察してきた。この考察を通じて析出されたリーマンショック後の日本の流通において進展している小売商業の活動に関する特徴は、序章で見た3点（①小売へのパワーシフトの進展、②競争手段の変化、③公益の分担）として把握することができる。

　以上のことを確認した上で、論じるべき問題はその先にある。たとえば、パワーシフトとは何であって、これは独占と社会的分業からどのように説明できるのか、経済状況から影響を受けることで流通過程という競争の場の変容に対処する競争手段の本質はどのようなものになるのか、また競争手段の強化のための原資はどのように調達されるのか（つまりどのような主体がどのような使い方のためにどこから取得するのか）、資本による公益の分担という社会的な関係性とそれの物質的基礎が結びついた場合の実在をどのように規定するべきか、といった問題が論じられなければならない。本章では、小売商業の活動分野で生じているこれらの問題について検討を重ね、その評価を試みる。その際、独占概念からこれらを整理して説明する。

I　パワーシフトの進展

1．資本主義的な社会的分業の成立と広がり
資本主義的生産様式の下で成立する社会的分業は、それ以前の社会で成立

していた社会的分業とは異なる。後者は、生産者や商人が得意分野に特化することで作業の専門性が高まることと、この生産方法で提供される生産物に対する需要が存在することにのみ依拠して自然発生的に成立していた。これに対して、社会の生産物が商品の形態で存在する前者の場合、社会的分業は資本間の競争と、価値法則の上に成り立つ平均利潤法則を前提にして成立する。つまりそこでは、偶然や自然発生性だけではなく、社会的分業において同量の労働で多くの商品が生産され、資本蓄積が進むという経済法則によって規定されていることがその本質となる[1]。

このような資本主義的経済法則に支配されて、諸産業間における一般的な社会的分業、および商業であれば卸売商業と小売商業あるいは各業種への分化などの特殊的な社会的分業が順次成立するのである。作業場内における個別的な分業に比べれば、社会的分業は無政府的な競争の影響を多く受けるが、この競争自体が価値法則と平均利潤法則を前提に展開されていると理解するならば、資本主義的生産様式の下における社会的分業は資本主義的経済法則に支配されて成立しているのである[2]。そしてその本質は、商品量の増加と効率的な生産が行われることにある。

2. 独占資本による社会的分業の成立阻害

独占資本が支配的な資本となり、収奪を目的とする独占利潤法則が利潤取得の支配的な法則となる独占段階の資本主義の下では、社会的分業の成立をとりまく状況はかわる。独占資本が支配的な資本となることで資本の可動性が制約され、独占利潤法則が上位法則になることで平均利潤法則が効力を停止させられる。このように収奪を基礎とした独占資本の活動と取得様式の下では、自由な資本の移動と利潤の平等な分配を前提として成立していた独占成立以前の資本主義的な社会的分業の成立が阻害されることになる。

こうして独占は、自由競争段階資本主義の下における諸資本の活動領域をもたらした社会的分業の成立を阻害することで、諸資本の活動に関して、領域の境界線と担当者をあいまいにするのである。

3.　分業の揺らぎと諸資本の活動領域のつくり替え

　独占的産業資本と独占的商業資本の成立時から、自由競争段階の資本主義的生産様式の下で成立していた社会的分業にとって、その成立が阻害される可能性が生じていた。独占資本の活動範囲が広がり支配が強まるにしたがって、平均利潤法則の効力が停止され、資本の可動性が制約される。こうして社会的分業の成立が阻害される現実性が高まることになる。

　しかしながら資本主義的生産様式の下で成立していた社会的分業は、そのすべてが別のものに置き換えられて認識されるのではなく、分業の揺らぎとして現象する。これは社会的分業が成立している領域が実在としてなくならないため、この実在に関して残存する意識にもとづいて諸資本の活動領域が認識されることによる[3]。つまり独占資本による阻害が生じる前に成立していた領域が、諸資本の活動領域の制約にかかわらず揺らぎとして認識され続けるのである[4]。

　この阻害を反映した分業の揺らぎはしばしばパワーシフトとして把握され説明されてきたが、パワーシフトが論じられる際、パワーがシフトするとはどういうことを意味するのであろうか。

　本章では、パワーとは独占資本の支配力（価格決定、取引関係、経営方針への関与など）のことであると定義する。独占の成立による諸資本間の関係（活動の領域も含む）を規定する1つのあり方として独占支配力が生じるのであるが、これは一方での独占資本と他方での非独占資本の場合や、独占資本間での独占支配力の不均衡な発展である場合のように偏在していることが一般的である。さらにこの独占支配力の偏在具合が変化することがいわゆるパワーシフトであると理解することができる。

　パワーシフトの内容の決定は、より支配的な独占資本による利潤取得方法、つまりより効率的な収奪機会の獲得を反映して行われる（第2章39-40ページ参照）。その結果、より効率的な商品提供方法にもとづいて成立していた元々の社会的分業にもとづく諸資本の活動領域そのものも、この内容である独占資本の支配力の優劣に応じてつくり替えられるのである（同上35-36ページ参照）。このように独占は競争をつくり替え、容易に収奪できる機会をふやそうとし、独占資本間の格差を拡大させる傾向を強めることにな

る。その結果、それまで社会的分業によって得られていた生産と流通にかかわる全体的な効率が損なわれることにもなる。たとえば、独占的小売商業が主導するPB商品は、中小メーカーの商品開発機会を奪い、消費者ニーズを特定商品に誘導することで選択の範囲を狭くする傾向があるように、社会および経済全体としての生産と消費の拡大を阻害することにもなる（第1章21ページ参照）。

　近年の動向として、小売起点のサプライチェーンが重視されていることや、製と販の独占資本間で相互浸透（共同にもとづく経営）がすすんでいることに見られる事態も、分業の揺らぎすなわちパワーシフトに関するこのような理解によって説明できると思われる。

Ⅱ　競争の場の変容にともなう競争手段の変化

　ここでは独占段階資本主義の下で展開される競争と独占の相互関係について考察する。具体的には、本書が対象とする時期の日本の流通における競争の場の変容および競争手段の変化と[5]、ここから析出できる収奪の連鎖という問題を検討する。

1.　競争の場の変容と小売商業の対処

　リーマンショック後のマイナス成長や不況という状況にあって、一方では企業の利益取得が優先されながら、他方で企業にとってのコスト削減策として雇用破壊が進められた結果、勤労世帯の貧困化が進み、低所得者層や副業従事者が増えることになった。

　主要な経済主体である独占資本によって創出された新たな市場は、消費力に乏しいものとならざるを得ない。そしてこのように変容させられた市場を競争の場として活動する小売商業は低所得者層を対象にして、いかにして売るかという問題に直面することになる。ここではこの問題を、小売商業の次のような具体的な対処方法に分類しながら概観し、そこから析出される競争と独占にかかわる問題についての評価を試みる。

(1) 対象顧客と提供商品に関して

　日本では2014年に年収200万円未満の被雇用者が20年ぶりに1,000万人を超えた。家計における実質可処分所得は1997年の47.9万円をピークとして減り続け、2015年には世帯平均で月額7万円も低下している（総務省「家計調査」より）。このような状況では投入される商品は低価格帯にあることが最優先の条件となる。しかしながら、低価格競争はこれにとどまるわけではなく、低価格を実現するための価格競争を前提としながらも、高い価値が付加されることが次の条件となる。低価格販売を続けても経営が成り立つような高付加価値商品を調達することが競争の手段として追求されることになる。

　また売れない状況であっても売上高を伸長させるには他の事業者が提供する商品との差別化を図ることにより消費者の関心を惹きつけなければならず、そのためには画一的な商品ではなく、多品種かつ多様化した商品を投入する必要がある。商品の多品種かつ多様化を図る場合、従来これは対象顧客の所得帯別購買行動に応えるような商品配置を基本にして展開されてきたのであるが、低所得者層が急速に拡大した市場では従来のような所得帯別の差別化が意味をなさなくなる。低所得者層をさらに細分化して、商品の機能の一部やデザインなどに関する特定のニーズやこだわりをとらえることで、この層を再セグメント化することが重視されることになる（第5章121ページおよび139ページ参照）。

(2) 訴求方法に関して

　リーマンショック後のデフレ不況期においては、商品の訴求方法として単なる低価格訴求ではなく値頃感に訴求することが有効となる。値頃感訴求とは、低価格を強調する商品には高い価値を付加し、高付加価値商品はいっそう安く提供することである（第1章23-24ページ参照）。

　また消費者が買い控える傾向にある商品に関しては差別化を強調する必要があるが、その際には消費者個人のこだわりや価値観に訴求することが有効となる。つまりこの場合、商品に何らかの価値を付加するわけでもなく、販売に際して賑やかさやライブ感を演出することによって、またコモディティ

との違いやアップスケール商品であることを強調することによって、購入の可能性を、しかもより高価格での販売の可能性を高めることが追求されるようになる（第5章131ページおよび136-137ページ参照）。

　さらに販売する商品は同様であっても、販売の場である商業施設および店舗を体験型のものとして差別化することも有効な競争手段となる。

(3) 購買の利便性提供に関して

　消費者に商品を提供する際の活動にも変化が生じる。所得の低下やデフレ基調の経済状況にあっては、消費者の購買行動は節約的志向を強めるだけではなく、購買を急がずあるいは余計な購買を回避するために買い回りを控えることになる。これに対処するには、消費者の近くに店舗を進出させ、インターネット注文と配送サービスを行い、店舗販売とインターネット利用販売を結合させたオムニチャネルを構築するなど、購買の利便性を高めることが有効な競争手段となる。

　しかしながらこのような利便性が高まると、消費者は逆に近くの店舗にしか行かなくなり、広域買い回りの機会をいっそう減らすことになる。利便性が高まると、消費者にとって喫緊に必要なものだけが、さらに得な買い方でのみ購買されることになるのである。利便性を提供して売上高を伸長させることを目的にしながらも、結局自らは、店舗と情報および配送システムに高いコストを掛けることで薄利に陥り、消費は縮小傾向から脱することにはならない（第4章93-94ページおよび99-101ページ参照）。

2. 変化した競争手段の性格と収奪の連鎖

　新たな競争の場で講じられる競争手段は、高付加価値商品の低価格販売、再セグメント化した低所得者層への対応、商業施設および店舗の差別化、小商圏型店舗の展開、ネット通販やオムニチャネルの構築など、いずれも高コストを必要とする。さらにこのコストを掛けたとしても、当の小売商業が売上高や利益を上昇させることができるわけではなく、競争の場から退場させられないために取り組んでいる場合が多い。

　これらの具体的な競争手段の内容にかかわって、指摘されるべき問題が2

つある。1つは、低所得者層という特定の所得帯顧客への対応という性格上、競争が瑣末的で限定的なものになるということである。従来の所得帯別分類において1つのセグメントであったものを、個人のこだわりや大差のないニーズによって再び細分化することが取り組まれるのであるが、その際に投入されるそれぞれの商品ごとの売上高に関する数量予測や継続的な販売は可能なのか、また実行する意味があるのだろうか。さらに商品価値を高めずに賑やかさや販売促進に結びつくかどうかさえ不明な体験的要素を売場に取り込むことが、消費者のニーズそのものに応えたことになるのであろうか。利便性を高めることも、当該事業者にとっては業績を現状維持することにしかならず、社会の消費を拡大することにはなっていないという状況である。独占による搾取と収奪の結果としてもたらされた低所得者層が増加した市場において、流通と小売商業の活動は瑣末的かつ限定的で、流通の目的に照らしていびつな性格とならざるを得ない。

　2つは、このように展開される競争には高いコストが必要となるが、これらを実行するための原資を入手するために中小のメーカーや卸、物流業者からの収奪が行われていることである。搾取と収奪の強化で生み出された低所得者層が増加した競争の場で、これに対応する手段の原資もまた収奪によって取得されているということになる。アマゾンジャパンが物流業者に低価格配送を強要するばかりか、自らが値引き販売を行いながら、その差額を商品の仕入れ先に負担させていたこと、またコンビニエンスストアの利便性の多くが小零細事業主である店舗オーナーの負担によることや、体験型設備を充実させたSCのおもな収益がテナント料収奪から得られていることなどがその典型的な事例として挙げられる（第6章163-166ページおよび第7章199-200ページ参照）。

　以上のように、独占は競争をつくり替え、競争をいびつで限定的なものとする。また独占資本によってつくり替えられた競争が行われるに際して、経済主体はそのための原資を新たな収奪によって取得しながら競争するのである。現代流通における競争と独占は、このように収奪を連鎖させながら互いに前提し合い、それぞれの活動内容を含み合う関係にある。

Ⅲ　公益の分担

　新自由主義的経済政策の下で、社会の利益である公益の提供が低下し続けている。公益には、公共によって提供される公益だけでなく、資本によって提供される公益がある。1980年代以降とりわけバブル経済の崩壊をへて新自由主義的経済政策が遂行される中、公共による公益ばかりでなく資本による公益もその提供に支障や不具合が生じ、国民の消費生活に影響が及ぶ状況となっている。

1．資本としての公益性の後退

　社会の利益である公益としては、インフラのように非排除性を特徴とするため、公的資金によって構築および維持される公共財を用いて提供される公益が一般的な概念である。公共が提供する公益とはこのことである。しかし公益を広くとらえた場合、そこには資本による公益も含まれる。これは、資本が生産および消費にとって有益な商品を提供するという社会的な有益性そのものを指す。とりわけ流通過程で活動する典型的な資本である商業資本は、生産を消費に結びつけるという役割をはたし、いずれの生産者の商品も広く取り扱うという社会性を有し、多様な商品を取り揃えた総合的な売場を提供するという消費生活を維持向上させる上で不可欠な公益を提供してきた。

　しかしながら、1980年代の行政改革以降、新自由主義的経済政策によって社会保障や公共施策が後退させられる中で、公共による公益の提供だけでなく、一連の規制緩和によって資本による公益の提供までもが制限されてきた。たとえば買物困難者は、直接的には商業施設や店舗の撤退によって生み出されるが、消費者の利益を守るように定められていた大型商業施設の立地や営業時間、販売免許付与といった内容の規制が次々と緩和されたことから生じた帰結である。

　このように新自由主義的経済政策が引き起こす公共施策の後退は、公共の分野だけでなく、資本による公益の提供までも制限することになる。この点

では両者は独占資本のための国家政策としてまったく共通の理由と経緯を有しながら、その公益が損壊させられてきたのである。

2. 公益の損壊が生み出す消費制限への対処

新自由主義的経済政策が遂行されることによる公益の損壊の結果、新たな消費制限が生じる[6)]。医療保険料と本人負担の増加、介護保険料の相次ぐ引上げは可処分所得を確実に減じることになる。また年金の受給要件の悪化や、非正規雇用など不安定雇用の増加は将来不安を引き起こし、貯蓄性向を高めることになる。公共交通機関の利便性引下げは消費者の移動を困難にする。独占資本と独占資本のための国家政策が引き起こす公益の制限によって消費はいっそう縮小することになるが、これらをどこかで吸収しなければ、消費という流通と小売商業の存立基盤そのものが損壊しかねない事態が生じているのである。

小売商業は自らの存立基盤である消費者の生活基盤を損壊させないために、その原因となっているいずれの公益の低下をも、自らがそのコストを負担しながら分担しなければならない状況に置かれることになる（第6章151-154ページ参照）。小売商業はこの新たな消費制限を突破するために、次のような社会の利益を擁護する活動を通じて公益を分担しようとする。

1つは格差拡大の進行上で生じている低所得者層の生活を支えることである。輸入品や、品質および物流費や販管コストを抑制した低価格商品を提供することがその内容となる（第1章16-24ページ参照）。

2つは買物困難者への対応として、住宅地近隣店舗の出店や移動販売車の導入を行い、また総合小売業がはたしてきた中商圏・中価格帯の商品を販売するワンストップショッピングを再建する活動を展開していることなど（第7章195-199ページ参照）、自らがインフラ化することでライフラインとしての役割をはたしている。

3つは消費者のこだわりやニーズに対応する商品を提案することによって、効率的で無駄のない買物を助けることで、限られた所得であっても買物の満足度を高め、時短ニーズを満たすことである（第5章139-140ページ参照）。

　低所得者層の生活を低コストで保障することは、労働力価値の引下げに貢献することになる。また無計画な規制緩和の結果生じた消費生活基盤の損壊を補修することで新たなビジネスチャンスを得ることも可能となる。小売商業が資本として行う公益提供は、このように独占資本の意思を実現する国家政策を補い、資本としての公益を回復させ、さらに自らの活動を継続させるための施策も実行するものとしてとらえることができる。

3. 新たな公共の位置づけ

　以上見てきたように、公益には公共（公的資金）による公益と資本による公益があるが、新自由主義的な経済政策が遂行される下では、公共による公益ばかりでなく、資本による公益も後退させられてきた。消費の基盤であり流通にかかわるこれら公益の後退を、小売商業はおもな3つの活動を展開しつつ補ってきた。

　このように資本としての活動でありながらも、公共による公益を肩代わりする活動は、民間資本による公益が公共による公益に取って代わることを期待されつつ、「新たな公共」あるいは「民による公共」とも言われるが（第6章168-170ページ参照）、これの性格をどのように説明すれば良いのであろうか。

　説明の視角として、実在する主体の概念については、その社会的な関係性と物質的基礎から定義することが有意である。商品の低価格提供を可能とする大量商品取扱いの諸施設、情報と物流のネットワーク、大規模な売場であるだけでなく災害時の避難場所にも転用できる大型商業施設、移動販売車などの物質的基礎が活用されることで、民間資本による公益が提供されている。現在公益を分担する資本は、小売商業に限らずこのような物質的基礎を自らの利益取得と公益提供の双方に活用している。資本が公益を提供する際に、同じ物質的基礎でありながら、これを複数の目的に使っているのである。

　ある物質的基礎に付加される関係性が収奪であるならば、その実在する主体概念は独占資本である。同様に、ある物質的基礎に付加される関係性が公益であるならば、その実在する一般的な主体概念は公共機関となる。

　このように定義するならば、実在する主体の概念が新たな公共（＝民）と
は、ある物質的基礎に付加される関係性が収奪と公益の両方であることに特
徴がある。しかしながら、その際に活用される独占資本の物質的基礎を規
定する主要な関係性は収奪にあり、これが独占資本の活動を維持するために
も活用されることで、副次的な関係性としての公益が付随するのである。た
とえば現代のライフラインとして重視されるコンビニエンスストアの施設や
ネットワークは、資本として活動するための物質的基礎であって、これが災
害時のライフラインに転用される可能性があるに過ぎないのである。

　この意味で新たな公共は、独占資本が自らの維持を図るための仕組みであ
り、公益の分担は独占資本の新たな役割に過ぎないと理解することが妥当で
ある。

Ⅳ　結　論

　格差拡大傾向が著しい現代日本の流通において、独占的小売商業が従来の
活動領域である流通過程を超えながら、流通と小売商業にとっての存立基盤
を維持するために公益提供を分担しつつ、販売の手法を進展させ続けている
ことを見てきた。とりわけ競争と独占にかかわる内容としては、以下のこと
を確認することができる。

　1つは、独占の進展によってこれまでの社会的分業の揺らぎが顕著になっ
ていることである。収奪を目的とする独占利潤法則が上位法則となり、自由
競争段階の資本主義的生産様式の下で成立していた平均利潤法則が効力を停
止させられ、資本の自由な移動が制約されることで、これまでの社会的分業
に揺らぎが生じるのである。こうして独占は社会的分業をあいまいにするこ
とで諸資本の活動領域をつくり替えるのである。

　さらに個別独占資本の収奪が優先されることで、PB商品開発やサプライ
チェーン構築について見たように、競争の抑制によって全体効率が犠牲にさ
れるという事態が生じることになる。

　2つは、流通と小売商業の競争手段が、独占による搾取と収奪の強化に
よって制約されたものとなることである。拡大する低所得者層に対して、低

価格高付加価値商品を提供すること、しかもこれらの商品の購入に際して過剰な利便性を提供すること、低所得者層の再細分化を行うことなどが求められる。総じて独占による搾取と収奪の強まりによって生み出された貧困と格差拡大に対して有効に対処できるような競争手段を駆使して競争することになる。ここで展開される競争は、消費を豊かにするという流通本来の目的から発生した自由な競争ではなく、独占による搾取と収奪の強化で生み出された消費状況を取り繕うという内容を特徴とする、いびつで限定的なものになる[7]。つまり独占は競争をつくり替えるのである。

さらに重要なことは、独占によってつくり替えられた競争を有効に実行するには、多大なコストが必要となるが、経済的主体はその原資を別の対象から収奪することで入手しているということである。このように独占によってつくり替えられた競争では、収奪が連鎖するばかりでなく、この収奪を行うことができる経済主体とできない経済主体との間の格差も拡大することになる。

3つは、流通および小売商業による公益の分担についてである。新自由主義的経済政策が遂行される状況下において、公共施策が後退させられることで消費者の可処分所得や消費性向が減じさせられ、移動や買物といった社会的コストが増えることになった。流通と小売商業の存立基盤である消費が損壊されかねない事態を回避するために、小売商業は本来公共が提供する公益を、自らの物質的基礎を活用しつつ分担し、しかも社会的に生じる負のコストまで分担するという状況になっている。つまり小売商業は資本として公益の提供を行うのであるが、これは自らの活動および競争の基盤を維持するためにはたさざるを得なくなった新たな役割である。独占によって損壊されつつある資本の存立基盤を小売商業が維持・回復させながら自らそのコストを負担することで競争を継続しているのである。つまり独占は競争する主体にコスト負担を転嫁し、各主体は独占の維持装置として公益の提供などの新たな役割を担うという相互に前提し合う関係が進展する。

以上のように確認できた内容から現代流通における競争と独占について総括するならば、次の2点にまとめられる。

1つは流通とりわけ小売商業にとっての客観的状況として、独占による収

奪が優先された状況下での流通過程における競争は、全体効率が制限されることによる無駄、強化された搾取と収奪の結果を取り繕うことによるいびつさ、および存立基盤そのものを維持するためのコスト負担が押しつけられたものとなることである。そして2つにはこのような無駄といびつさゆえの追加原資と公益の負担にかかる原資を入手するためにプレイヤー間での収奪の連鎖が生じ、これをめぐる格差が拡大するということである。

　現代流通における競争と独占は、以上のように互いに含み合う関係にある。しかしながら、個別の収奪機会を全体の効率より優先させることや、収奪の連鎖を前提とした競争、また多大なコスト負担を必要とする新たな公共として期待される活動も、いずれは社会と経済がそのコストを吸収しなければ立ち行かなくなる。そのために社会は、雇用をはじめとした社会的法制および諸規制の緩和など、新自由主義的経済政策の下で独占の収奪を優先させる目的で壊された競争環境を取り巻くルールを見直した上で再構築すべきである。

注
1)　大谷（1979）、460-461ページ、およびマルクス（1867）、478ページ参照。
2)　マルクス（1867）、466ページ参照。
3)　資本主義的独占は産業資本の分野でおもに成立したため、当初は独占的産業資本による商業資本の排除として認識されていた。
4)　「溶かし込むことのできない実在的な側面」については上野（1993）、30ページ参照。
5)　リーマンショック後の消費動向の特徴や、提供商品および売り方の特徴など、各章で論じた事例にもとづく。
6)　自由競争段階資本主義の消費制限は、消費の量が生産の量を規定するということに過ぎなかった。独占段階資本主義の一般的な消費制限とは、生産の飛躍的発展にとって消費がいっそうの制限となるということであった。これに対して新自由主義的経済政策による消費制限には、収奪強化による公益と消費生活基盤の損壊によって引き起こされるという特徴が加わる。
7)　たとえば、低価格高付加価値商品を提供することは、増加する低所得者に販売する上での競争優位のためであり、所得が低下する消費者にとっても貧困を感じさせない方便となるといった理由から用いられる競争手段である。

参考文献
上野俊樹（1993）「競争と独占」上野俊樹・清野良栄編著『現代資本主義をみる目』文理閣、1-37ページ。

大谷禎之介（1979）「社会的分業」『大月経済学辞典』大月書店、460-461ページ。

仲上哲（2012）『超世紀不況と日本の流通』文理閣。

―（2016）「広がる所得格差―流通業は何ができるか―」ダイヤモンド・リテイル
メディア『DIAMOND Chain Store』2016年7月15日号。

マルクス, K.（1867）『資本論』第1巻、マルクス・エンゲルス全集第23巻a、大月書店。

著者紹介

仲上　哲（なかがみ　てつ）

1960年　奈良県河合村にて出生（届出 大阪府豊中市）、神戸市などを転居後、河合町立の小中学校を卒業。
1979年　奈良高校卒業。
1983年　大阪市立大学経済学部卒業。
1988年　京都大学大学院経済学研究科修士課程修了。
1992年　京都大学大学院経済学研究科博士後期課程単位取得退学。
　　　　阪南大学商学部専任講師。
2011年　阪南大学流通学部教授、現在に至る。

＜研究活動＞
主な著作として、『「失われた10年」と日本の流通』（編著、文理閣、2009年）。『超世紀不況と日本の流通―小売商業の新たな戦略と役割―』（文理閣、2012年）。翻訳書として、『マス・マーケティング史』（R.S.テドロー著、近藤文男監訳、ミネルヴァ書房、1992年）。
日本商業学会、日本流通学会、日本消費経済学会に所属。

格差拡大と日本の流通

2019年2月25日　第1刷発行

　　　著　者　仲上　哲

　　　発行者　黒川美富子

　　　発行所　図書出版　文理閣
　　　　　　　京都市下京区七条河原町西南角〒600-8146
　　　　　　　TEL （075）351-7553　FAX （075）351-7560
　　　　　　　http://www.bunrikaku.com